长江养老保险股份有限公司 支持

中国养老金第三支柱研究报告

ZHONGGUO YANGLAOJIN DISANZHIZHU YANJIU BAOGAO

中国保险行业协会 编

中国金融出版社

责任编辑：贾　真
责任校对：张志文
责任印制：程　颖

图书在版编目（CIP）数据

中国养老金第三支柱研究报告（zhongguo yanglaojin disan zhizhu yanjiu baogao）/ 中国保险行业协会编. —北京：中国金融出版社，2018.6

ISBN 978-7-5049-9419-6

Ⅰ. ①中…　Ⅱ. ①中…　Ⅲ. ①退休金 — 劳动制度 — 研究报告 — 中国　Ⅳ. ①F249.213.4

中国版本图书馆CIP数据核字（2018）第016735号

出版发行　中国金融出版社
社址　北京市丰台区益泽路2号
市场开发部　（010）63266347，63805472，63439533（传真）
网 上 书 店　http：//www. chinafph. com
（010）63286832，63365686（传真）
读者服务部　（010）66070833，62568380
邮编　100071
经销　新华书店
印刷　北京市松源印刷有限公司
尺寸　169毫米×239毫米
印张　23.5
字数　350千
版次　2018年6月第1版
印次　2018年6月第1次印刷
定价　53.00元
ISBN 978-7-5049-9419-6

编委会

前言

当今为缓解人口老龄化趋势下的财务危机，建设多层次养老保障体系，合理构建政府、用人单位和个人三方责任分担机制，增强养老金体系可持续性，是世界养老金制度改革的最大共识。从世界范围看，养老金基于风险保障的目的和属性，一直是商业保险的主要服务领域，而且在诸多发达国家已成为国民经济的主要产业，以及保险服务实体经济的重要方式。我国政府前期更注重第一支柱基本养老保险的改革，第二支柱年金制度、团体养老保险制度在改革中逐步建立并有所发展，第三支柱税优养老金制度，行业呼吁多年未能落地。发展养老金第三支柱，使其成为国民退休收入结构的重要组成部分，有助于纠正中国养老金体系的结构性失衡。为澄清基本理论和认识，探讨养老金第三支柱发展模式，2016 年 7 月中国保险行业协会（以下简称中保协）发起立项课题，组织行业内外优势资源开展完成"中国养老金第三支柱研究"课题项目。

一、课题研究背景

受人口结构变化、国家计划生育政策、社会经济环境变化等因素影响，我国人口老龄化日趋严重，呈现规模大、速度快、负担重等特点，作为以老年人口为保障对象的制度，人口老龄化可能引起经济衰退，直接影响养老金财务可持续性，影响公众信心，进而影响养老金体系的可持续性。各国面对人口老龄化带来的严峻挑战，或者延迟退休，重新调整对老龄的定义，或者调整政府职责回到保基本，并支持私人养老金发展。目前我国经济发展进入新常态，党的十九大报告提出要实现"老有所养"，为养老金体系改革指明了方向，即提供全面、充足适当、可负担、可持续、稳定的老年收入。目前要改变我国第一支柱独大，第二、第三支柱较弱，政府负担较重的失衡结构，加大私人养老金发展，完善多层次养老保障体系势在必行。

作为追求长期稳定收益的养老金，其资金性质属性与保险资金最相似，作为养老金的主要参与者，我国商业保险机构积累了养老金管理方面的相关优势，一是基于年金化产品设计和供给上的绝对优势，二是基于全面、专业、标准化的运营服务优势，三是基于精算技术和长寿风险管理的专业优势，四是基于长期资产负债管理的优势。商业保险始终在积极开拓市场，努力成为个人和家庭养老保障计划的主要承担者、用人单位发起的养老保障计划的重要提供者、基本养老保障市场化运作的积极参与者。从国际经验看，保险业基于独特的风险保障属性，使其能成为养老金第三支柱的先行者、主力军和多面手。

当前中国养老金第三支柱发展面临的挑战是，如何寻找到适合中国国情、具有中国特色，符合中国历史发展阶段，又充分吸取国外经验教训避免走弯路的发展模式。本课题力求跳出现有的模式框架，将第三支柱作为税制改革和国家福祉的一个组成部分，纳入一揽子顶层设计中，从而更好地推动中国养老金第三支柱的研究和实践。

二、课题研究过程

中保协立足服务养老保障体系的大局，秉承开放、包容的研究态度。一方面，由出自养老保险监管部门并长期从事养老金理论和实践的段家喜同志（现为长江养老拟任副总经理）牵头担任课题组组长，并抽调长江养老、平安养老、泰康养老、国寿养老、太平养老、安邦养老、阳光人寿等行业公司中具有战略研究能力和宏观政策把握水平的骨干人员组成课题编写组；另一方面，广泛听取和分析采纳国内外、业内外、高校智库等多位专家学者或从业人士对养老金第三支柱的意见建议，先后邀请中国社科院世界社保研究中心主任郑秉文、人社部劳动和社会保障科学研究院院长金维刚、国务院发展研究中心金融研究所所长张承惠和教授朱俊生、北京大学经济学院主任郑伟、全国人大常委会委员郑功成，以及德国波士顿咨询、英国、澳大利亚等国际养老金方面专家参与指导课题研究，通过专题报告、沙龙研讨等方式，充分了解、吸收和借鉴各方意见。

课题组在整个研究过程中，以建设开放可持续的养老金第三支柱为目标，深入剖析新常态下中国发展养老金第三支柱的背景、现实意义，并请德国、英国、美国等多国养老金领域从业人员或专业咨询机构介绍各国养老金改革状况及第三支柱现状，为课题研究引入了大量第一手信息和资料，使课题研究既贴合国情，又充分吸取国际经验，通过分析明确了商业保险业在养老金体系中的功能和定位，并提出中国发展养老金第三支柱的政策建议。

三、课题核心内容

课题分为主报告、中国篇、国际篇和附录四部分，包括一个主报告和十四个分报告，共 30 万字。课题组在全面分析美国、英国、德国等八个国家和地区养老金体系及第三支柱发展情况的基础上，厘清商业养老保险、年金、养老金，以及三大支柱之间的关系和边界，并就养老金第三支柱发展问题得出以下初步结论：多类金融机构参与养老金第三支柱，但商业保险是主要提供者；税优政策是养老金第三支柱的重要引擎，EET（缴费、投资环节免税，领取环节征税）和直接补贴模式各有适用人群，发挥不同效果；模式属性是养老金第三支柱的关键问题，德国模式强调养老金对于投资风险和长寿风险的保障作用，认为投资是手段和工具，起辅助作用，从国家治理模式、金融体系特征、民众财富管理传统、社会老龄化状态、养老金储备等各种因素分析，相较于美国，中国与德国的国情更接近，德国的保险保障模式对中国更有借鉴意义。通过历史和国际经验比较借鉴，并结合我国的国情特色、中央政策、人民偏好等，课题组提出建设中国特色养老金第三支柱的四点政策建议。

一是建立多样化普惠的养老保障体系。用税优政策来建立或撬动发展养老金第三支柱，是国际通行做法，通常有延税型和免税型两种。2018 年 4 月下发的《关于开展个人税收递延型商业养老保险试点的通知》（财税〔2018〕22 号）中明确了 EET 模式，对高收入纳税人群有较好的激励作用，但中低收入人群可能因达不到起征点而无法享受。建议以此为开端，加强税制改革，未来引入直接补贴模式，让更多的人群享受政策福利，提升制度的公平性和覆盖面，促使税优政策走向普惠，提高第三支柱替代率。

二是建立养老金三支柱对接机制。养老金三支柱间存在功能重叠和市场竞争，为解决这一冲突，不少国家打通三支柱间的资金流动，如美国 IRAs 承接了大量 401K 计划资金转入，实际是第二、第三支柱的混合体，英国允许参保人以“协议退出”方式退出第一支柱，转移到第二支柱等。建议我国允许符合一定条件的参保人员或离职人员将第一支柱或第二支柱的个人账户直接转移至第二支柱或第三支柱，实现市场化投资管理等，有效提升参与率。

三是强调风险保障属性。养老金具有储蓄、保险和再分配三大功能，目前国务院批复保险业先行先试，在某种程度上也认可了第三支柱以风险保障为优先的功能导向。建议第三支柱税延养老保险产品设计一定要以资金安全为底线，要求收益稳健、长期锁定，满足资金的安全性、收益性和长期性管理要求。

四是鼓励多机构共同参与。借鉴国际经验，建议鼓励多类金融机构共同参与，发挥各自在养老金积累期和领取期的不同功能和优势，但基于养老金的保障属性，要制定统一的产品标准，根据参保人年龄不同，要求不低于 50% 以上的资金配置到纯保障功能的商业保险产品，确保养老资金安全稳健。

自2017年7月国务院发布《关于加快发展商业养老保险的若干意见》（国办发〔2017〕59号）以来，关于第三支柱养老金的理论研究和政策制定正紧锣密鼓的开展，本课题是国内首次对养老金第三支柱作出的较为全面的研究，其研究成果为养老金第三支柱优先保险保障的功能正名，并对税延养老保险方面的探索具有较强的现实指导和参考价值。

最后，课题组对为本书出版作出贡献的单位和同志表示深深的敬意和衷心的感谢。养老金领域研究博大精深，由于课题组的水平有限，加之时间仓促，难免有不妥、疏漏之处，恳请各方专家批评赐教。期待各级政府、社会各界专家学者关注养老金第三支柱的发展，加强相关理论研究和总结，更好地指导中国养老金第三支柱的壮大。

目 录

主报告

中国篇

国际篇

图表目录

主报告

中国篇

分报告一　养老金第三支柱的内含与外延

分报告二　发展养老金第三支柱的背景分析

国际篇

主 报 告

建设开放可持续的养老金第三支柱

支持发展税优个人养老金，是第三支柱发展的重要内容，既是养老金体系面临人口老龄化挑战后的改革方向，也是大部分发达经济体的通行做法。从近期的有关报告来看，越来越多的新兴市场国家面临严重的退休或养老保障危机，这些国家有意借助市场力量发展第三支柱来缓解危机。中国已经探讨养老金第三支柱多年，以保险业为主的市场力量也呼吁多年，但政策迟迟未出台，市场迟迟未启动。《关于加快发展商业养老保险的若干意见》（国办发〔2017〕59号，以下简称59号文）于2017年年中颁布并明确指出，“2017年底前启动个人税收递延型商业养老保险试点”，这再次引起对中国养老金第三支柱建设问题的热议。虽然理念已经得到越来越多的人认同，但随着第一支柱的日益艰难和第二支柱的日渐停滞，建设养老金第三支柱的紧迫性也日益突出。59号文的发布是一个良好开端，但还有很长的路要走，特别是对于建设什么样的养老金第三支柱、如何建设第三支柱等关键点依然分歧多多，推进政策出台及落地依然困难重重。解决好这些关键点和困难，才能真正找到正确的发展方向和路径，才能真正实现“发展第三支柱提升制度可持续性”的初心，最终使中国养老金体系的公平性、可持续性跨上新台阶。

一、关键问题

养老金第三支柱领域的研究已经形成诸多共识，但分歧依然存在，如税优政策的顶层设计，给予什么样的税优政策及多大力度的税优政策；建立什么样的第三支柱市场框架；个人养老金的属性以及不同金融机构应当担任什么角色；应如何发挥作用；如何加强养老金市场的监管；不同监管部门应当扮演什么角色；如何扩大个人养老金覆盖面，以及如何借力个人养老金的发展助推完善养老金体系；等等。这都是建设中国特色养老金第三支柱的关键问题。

（一）税优方式问题

税收政策支持是税优个人养老金的主要标志，也是促进其快速发展的重要引擎。这在理论和实践上均得到证实或认可，在中国也形成共识。从理论来看，给予税收优惠，会直接改变参与主体的成本收益函数，相比较个人可支配储蓄，享受税收优惠政策的养老金储蓄可以获得更高的税后回报，进而影响参与主体的消费投资决策，改变其行为，促进个人养老金市场的发展，使得市场均衡量要远大于没有税优政策情况下的市场均衡量，并最终达到“建立形成长钱机制、提升养老金储蓄率”等目的。

税优政策属于个人养老金顶层设计的问题，采取什么样的税优政策将直接影响未来市场的发展方向与空间。2018 年 4 月，财政部、税务总局、人力资源社会保障部、中国银行保险监督管理委员会、证监会联合下发《关于开展个人税收递延型商业养老保险试点的通知》（财税〔2018〕22 号），规定自 2018 年 5 月 1 日起，在上海市、福建省（含厦门市）和苏州工业园区实施个人税收递延型商业养老保险试点。试点地区个人通过商业养老资金账户购买符合规定的商业养老保险产品的支出，允许在一定标准内税前扣除。计入个人商业养老资金账户的投资收益，暂不征收个人所得税。个人领取商业养老金时，再按规定征收个人所得税。此文已明确先进行递延纳税试点，是否需要在此基础上推出直接补贴政策，以惠及更广大人民群众，需要进一步研究、讨论和解决。

个人养老金的税收政策涉及缴费、投资和领取三个环节，并依不同环节是否享受税优政策，细分为 EET、TET、ETE、ETT、TTE、EEE、TTT 和 TEE 八种形式[①]。考虑到消费者的“短视行为”，大部分国家将税优政策放在缴费环节，并普遍对投资环节免税，而在领取环节合并纳税，即所谓的 EET 模式。就税优方式来看，在规定缴费限额的基础上，有直接补贴和税收递延缴纳两种，前者是指直接给予参保人群以一定额度的奖励或补贴，如德国政府对参加里斯特养老金计划的人每年给予 154 欧元的基础补贴（已婚夫妇为每年 308 欧元）和 185 欧元的子女补贴（此为 2008 年前出生的子女，2008 年以后出生的子女则为每年 300 欧元）。后者是指允许消费者在税前缴纳保费，有的国家将这一部分税收直接减免，有的则将应缴纳的税收延迟到退休时缴纳。如美国的 IRA（个人退休账户）规定，个人在税前向账户缴费，账户资产的增值部分无须缴纳投资收益税，而在领取时缴纳个人所得税。

无论直接补贴还是递延纳税，于财政而言本质上是一致的，都是对民众购买个人养老金的行为征负项税，以此激励其购买。但其作用效果不同，递延纳税对于高收入群体有较好的激励作用，中低收入群体可能因收入不到起征点而无法享受；直接补贴更多向中低收入群体倾斜，操作简便，有利于让更多的人群享受政策福利，具有可控性、可获得感好等特点，更有利于提升制度公平性和覆盖面。

（二）替代率问题

衡量个人养老金在体系中的作用，主要有两项指标，一是收入替代率，即个人养老金提供的退休收入占退休前收入的比重。各国私人养老金的毛替代率不一，德国、新西兰、比利时、加拿大、英国、爱尔兰、美国 7 个发达国家养老金（包括公共养老金和私人养老金）的总替代率平均为 58.94%，私人养老金平均为 23.03%，占三分之一强；有的国家低如新西

① E表示免税；T表示征税；EET表示在缴费、投资环节免税，而在领取环节征税；依此类推其他形式的含义。

兰为 12.4%，有的国家高如美国为 33.6%。个人养老金属于私人养老金，则替代率更低些。二是个人养老金提供的退休收入占其退休总收入的比重。即多少退休收入来自个人养老金，多少来自公共养老金。这两项指标均与一国的养老金制度的顶层设计、税收制度、养老金制度发展历史等因素有关。有的国家强调政府的责任和公共养老金的作用，则个人养老金的作用和替代率就相对低些，有的国家更市场化，则个人养老金的作用和替代率就高些；即使在私人养老金占主导作用的国家中，模式也不尽相同，有的以职业年金为主（如澳大利亚），有的则以个人养老金为主。

个人养老金收入替代率主要由税优的力度决定，税优力度大，个人缴费相应会多些，将来的替代率就会高些；反之则低。税优的力度既取决于养老金体系的改革方向（特别是对三支柱结构的规划），又取决于个人养老金目标替代率的设定，更取决于财政的可负担性。

（三）参与率问题

参与率是个人养老金发挥作用的客户基础，参与率不高是个人养老金发展滞后的主要表现之一。各国个人养老金参与率差异较大，如新西兰高达 72.9%，而葡萄牙只有 4%。影响个人养老金参与率的因素很多，从各国经验来看，可以通过建立“自动加入”机制、促进支柱之间对接等措施来提高个人养老金的参与率或覆盖面。

“自动加入”（Auto Enrollment）机制是指员工在入职时就被默认自动加入个人养老金制度，如果希望“不加入”，则需专门提出申请或中止缴费。“自动加入”形成“自动缴费机制”，克服部分人的“惰性”，进而增加养老储蓄。这一措施在美国、英国等国家都有较好的应用和实践①。自动缴费机制比税收补贴对增加养老储蓄的效果明显，其原因在于大部分

① 美国的统计表明，年龄20~29岁的员工对没有引入自动加入机制的401K计划参与率仅为30%，而对引入自动加入机制的401K计划参与率达到77%。根据美国斯坦福大学经济学教授 Raj Chetty的研究结果，“税收补贴政策主要影响那些高收入、金融知识丰富、最不需要政府干预养老规划的少部分人群；而自动缴费机制会增加大部分人的养老储蓄”。

人具有某种惰性，加之部分国家申报税收优惠程序比较复杂，如果政府让个人主动选择加入养老金第三支柱、开设养老储蓄账户或申请税收减免等事项，大部分人可能不会参加；反之如果政府让个人主动选择是否退出已经开设好的账户，大部分人不会选择退出。依此，建立个人养老金自动加入和自动缴费机制可有效提升参与率。

支柱之间的对接是指第一、第二、第三支柱个人账户之间养老储蓄资金的流动，主要是指第一支柱向第二、第三支柱，以及第二支柱向第三支柱的资金流动，即第三支柱可接受或承接第一、第二支柱个人账户的资金转账，第二支柱可以接受或承接第一支柱个人账户的资金转账。这也是发达国家比较成功的做法，如美国 IRAs 并非纯粹的第三支柱，而是第二、第三支柱的混合体，接受了大量 401K 计划的资金转账，2012 年传统 IRAs 转账流入资产 3000 多亿元，而个人缴费的资产不足 15 亿元。英国则允许符合一定条件的参保人通过“协议退出”的方式从第一支柱退出，转移到第二支柱。

（四）属性问题

属性问题实质上是发展方向问题，是要发展一个“强调养老风险保障属性”的第三支柱，还是要发展一个“强调投资属性”的第三支柱？这是制度设计时需要结合经济社会发展和养老金体系改革方向来考量的事项。

养老金是指退休人员从退休开始直至死亡期间（或确定期间），连续定期被支付的资金[①]。从这个定义来看，养老金为退休人员在其退休后直

① 值得关注的是，养老金计划其自身的可持续性也面临风险，主要有以下八类：一是替换率风险，即积累阶段缴费不足会导致养老金在人们退休后不能维持退休前的生活水平；二是投资风险，即投资效益不佳导致退休基金不足；三是利率风险，即退休时的低利率导致退休年金减少；四是长寿风险，即个人寿命将会超过他们的退休储蓄可以负担的年限；五是通货膨胀风险，即通货膨胀将会降低退休储蓄的购买力；六是政治风险，即政府在法律方面的明显改变对养老金计划的缴费或收益产生不利影响；七是可转移性风险，即当个人变换工作时累积的养老金收益不能完全转移；八是雇主破产风险，即雇主破产导致养老金计划产生赤字（Bodie，1990；Diamond，1997）。

到死亡（或确定期间）提供了收入保障，其实是终身年金（或定期年金）的一个典型例子。养老金有两个基本目的，即确保个人一生的平滑消费，以及针对长寿风险进行保险；而在养老金领取之前，有大量的资金沉淀且需要投资管理。由此显见，养老金（包括个人养老金）具有“养老风险保障”和“投资”的双重属性。这一点似乎毋庸置疑，也不应存在争论和分歧。但在第三支柱制度设计时，应根据经济社会和资本市场发展成熟程度、养老金体系的结构和发展方向，以及金融结构稳定优化的方向等情况，确定在不同时期不同阶段应当强调的属性，并以此支持不同行业在其中发挥不同的作用。

从国际情况看，欧美各国均认可个人养老金的金融属性（特别是投资环节的金融属性），均认为，养老资金进入投资环节后，与其他资金性质基本类似，属于金融产品，均应接受金融监管机构的监管。但英、德等欧洲国家更注重个人养老金的“养老风险保障”，将个人养老金纳入保险监管的框架，甚至法律规定只由商业保险经营个人养老金；而美国、加拿大等国家则更注重个人养老金与资本市场之间的联系，注重个人养老金的“投资”属性，甚至将其纳入证券监管的框架之中。

（五）经营模式问题

从国际情况来看，税优个人养老金的经营模式主要有两种：一是产品化模式，税优政策直接与产品关联。即政策规定，参保人可以自行购买不同经办机构提供的“合格产品”并享受相应的税优政策。这一模式的优点是有利于不同经办机构的自由竞争，但其缺点是管理分散，会出现同一参保人购买多家经办机构的多个产品，而且可能出现不同经办机构之间信息不畅通等问题，带来管理上的困难。这主要适用于税收管理比较先进的国家。二是账户＋产品化模式，税优政策直接与账户关联。即政策要求经办机构为参保人开立超级账户（通常是唯一的），并在账户层面享受税优政策，允许参保人自行选择配置经监管部门批准后的、不同经办机构提供的“合格产品”。超级账户与税收管理系统对接，并具有基础信息、税收、资金、产品配置等管理功能。这一模式的优点是便于综合管理，防止税收漏损，比较适合于税收管理欠发达的国家。

（六）监管问题

监管高效是风险有效防范的前提。养老金管理的是老百姓的“养命钱”，安全稳健是第一位的。税优个人养老金是多金融机构参与的市场，在分业经营、分业监管的框架下，必然涉及多头监管。建立“透明、有效、协同”的税优个人养老金监管框架，成为制度设计者需要思考的问题。

个人养老金的监管主要包括税收监管和运营行为监管两方面内容，主要涉及金融监管部门和税务部门。税收监管通常由税务部门实施，主要为了保障税收政策的正确使用，防止滥用税收优惠政策，造成税收的不当损失。运营行为监管通常由金融监管部门实施，主要为了保护参保人的利益、保障市场健康发展、防范金融风险。

二、总体框架

从全球情况来看，税优个人养老金是第三支柱的核心，具有税收激励、完全积累、市场经办、个人自主、双峰监管等特征，大致可以划分为保障模式和投资模式两种类型。前者以德国为代表，强调养老金对于投资风险和长寿风险的保障属性，认为投资是手段和工具，起辅助作用，制度设计上突出保险业发挥主导作用；后者以美国为代表，强调养老金资产的管理与增值，制度设计上突出基金、资产管理发挥主导作用，在领取阶段强调年金化领取和保险业的作用。

基于经济社会发展阶段、人口状况以及养老金体系结构等因素以及发展第三支柱的初心，中国养老金第三支柱应当选择保障模式，突出强调养老金是“长寿风险保障＋长期储蓄”的本质属性。中国养老金第三支柱的总体框架设想如图1所示，个人自行或通过其用人单位，经由具备经营资格的金融机构建立“以养老为目的”的补充养老金计划；计划具有唯一性，并通过中国保险信息管理平台与税务系统对接，以便实现税务监管；金融机构提供不同类型的金融产品并配置于计划之中，无论在积累期还是在领取期均强调保险保障属性，同时发挥基金等投资管理机构的作用。

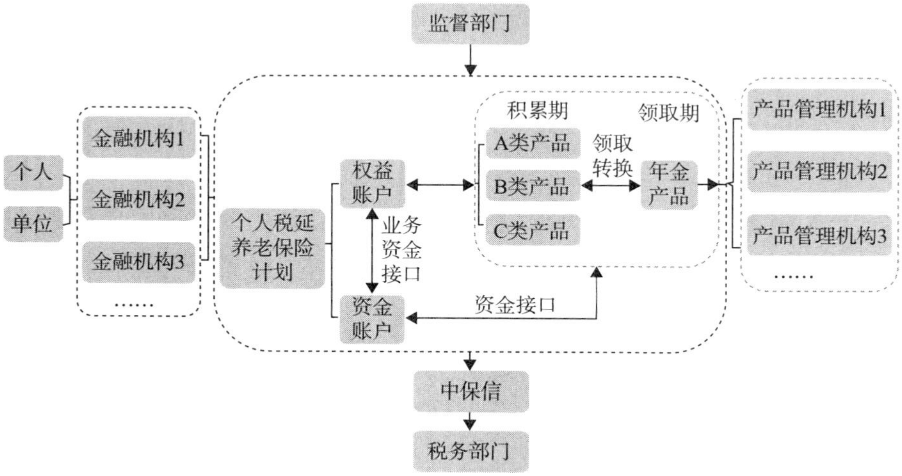

图1　中国养老金第三支柱的总体框架设想

（一）兼容开放

59号文已经明确保险业先行试点养老金第三支柱，让资本实力雄厚、专业能力突出、经营诚信规范的保险机构先行试点。这也是各国通行的做法。从国际经验来看，有些国家（如德国、英国等）保险业在养老金第三支柱中发挥主导作用，甚至在早期只允许保险业开展此类业务，然后再逐步开放到银行、基金、资产管理等行业。中国建设养老金第三支柱，如何发挥好后发优势，如何突出保险业核心作用的同时兼容其他金融机构参与，是制度设计时需要考虑的问题。上述制度框架具有兼容开放的特色，各金融机构可以在同一平台上参与并竞争。税收优惠政策落地到参保人，具体体现在个人税优养老金计划上，各金融机构经其监管部门核准经办资格，可以从销售（计划设立）、投资顾问（产品推荐及配置）以及产品（合格产品提供及投资管理）等领域参与市场竞争。与此同时，这一制度框架还具有统一平台的特点，即各金融机构为参保人建立的养老金计划，统一通过中国保险信息管理平台与税务系统对接，既可保持计划的同一性，又便于税务监管和金融行为监管。

（二）灵活多样

在上述制度框架下，养老金计划下可配置多样化的产品，实现保障和投资双重目的。例如，在积累期，产品类型包括收益确定型、收益保底型和收益浮动型三种类型，投保人可在计划下，根据自身情况和法律法规要求，选择适合自己的资产配置策略，满足投保人多样的资产配置需求。如无自行选择配置的投保人，可参与计划下的默认产品配置，不受投保人受教育程度和专业能力的限制。由于产品类型丰富，经办的金融机构可根据自身的优势，研发不同的产品（试点期均为养老保险产品，放开后可为各种不同的金融产品）参与个人税延养老保险计划，丰富计划下可选择的标的产品；同时，也可促使金融机构专注于产品研发、资产管理、财富规划等，提升整体的资产管理水平，为投保人提供更加专业化、多元化的服务。总体而言，计划应具备安全性高、保障性强等特点。积累期，收益确定型和收益保底型产品在保证最低收益的基础上，加入身故及全残保障责任，体现保险保障功能；收益浮动型产品则通过其稳健策略和灵活性，让投保人能充分享受资本市场发展带来的红利；领取期，则应要求一定比例转换为年金产品，以保障投保人的长寿风险，提高老年生活质量。养老金第三支柱产品配置示意详见图 2。

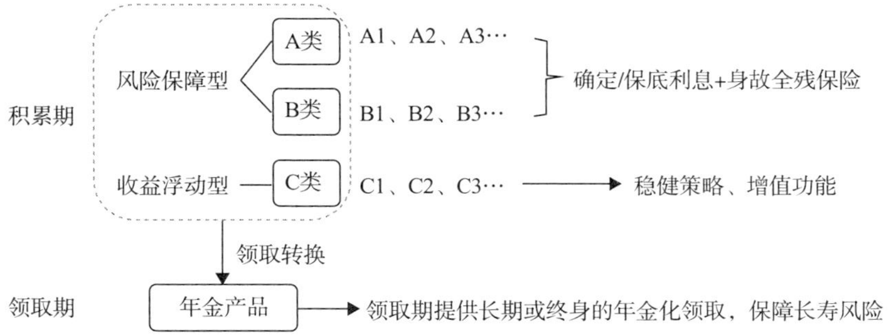

图 2　养老金第三支柱产品配置示意

（三）平台增信

从世界范围内第三支柱发展的情况来看，大部分国家第三支柱的参保群体往往比较有限，中国企业年金制度发展 10 年，目前的参保人数依然不足城镇职工基本养老保险参保人数的 10%。如何提升公众对制度的信心，以及如何设计简洁的框架及强有力的财政配套支持，是制度设计的重点。借助具有政府背景的公众平台，不仅可以提升效率和控制风险，还可以起到增信的作用，提升制度的公信力，以最终提高参与率。在上述框架下，计划下设的权益账户与资金账户可分离，权益账户由中国保险信息管理平台记录，登记投保人缴费、投资明细及领取情况；投保人通过关联银行账户实现缴费前和领取后的资金管理；经缴费、投资收益及赎回等形式产生的资金，全部汇入资金总归集账户。银行账户变更，只需在权益账户中进行变更即可，不会导致总归集账户的变更；领取时，只需根据权益账户记录的当前个人银行账户，将总归集账户下资金划拨到当前个人银行账户即可。中保信的税延保险平台是推动商业养老保险税收递延政策真正落地的基础设施建设，是行业层面搭建的功能强大的统一信息平台，在此平台下可实现对投保人身份校验、税延产品登记、个人账户信息查询，也需要与税务信息系统有效对接，实现投保人纳税抵扣、税务稽查等功能。同时，平台又是个人税延养老保险信息的集中数据库，可为今后的研究、决策以及完善政策提供数据支持。投保人只需通过个人税延养老保险信息系统，即可完成计划下的缴费、投保、查询、领取等功能，对个人来讲操作方便，也便于推行计划的电子化和无纸化，节省运营成本。

三、主要考虑

发展一个“强调养老风险保障属性”的第三支柱，还是发展一个“强调投资属性”的第三支柱，这是养老金第三支柱制度设计的关键问题。发展模式的选择决定了未来市场发展的方向，也决定了不同金融机构在市场的作用，或者说涉及未来的利益格局，由此成为各方的争论焦点。影响养老金第三支柱发展模式选择的因素有很多，包括经济社会发展、现有的养老金体系架构以及政治体制等。考虑以下因素，课题组建议中国应当选择“突出保险保障作用兼顾投资”的第三支柱模式，即保障模式。

（一）发展第三支柱的目的是提升养老保障能力与水平

在作出选择或设计之前，首先需要厘清或铭记建设第三支柱的初心或根本目标，或者说实施这项税收优惠政策的政治意图。中国基本养老保险已经完成“扩面”任务，制度上已经实现“全覆盖”，但人口老龄化不断加剧、制度赡养率不断提高，加之转轨成本的未负担以及统账混管等问题，基本养老保险制度可持续性饱受诟病和质疑；第二支柱覆盖面过低且日渐固化，无力担负起“提升更广大群众养老保障”的历史使命。给予第三支柱税收优惠政策，发展以商业养老保险为主体的第三支柱，其根本目的在于：用税收政策鼓励人们自主建立养老金计划，为退休生活积累一笔长期安全的养老资产储备，以缓解公共养老金替代率水平逐年下降和养老金缺口等问题，使得更广大的人民群众能够过美好的退休生活。投资只是手段，而不是根本目的。选择投资模式，会将第三支柱引入歧途。

发展保障模式的养老金第三支柱，突出商业保险在第三支柱中的主导地位，既可以有效实现商业保险在养老保障体系中的两个基本定位：一是基本养老保险的有力补充，二是国家养老储备金的重要来源和组成部分；也可以有效扶持或引领弱小的商业保险稳定健康发展，进而平衡和优化金融结构，实现中国金融的稳态发展。

（二）第三支柱属于市场范畴

依据发起或管理主体的不同，世界银行将养老金体系划分为三大支柱：第一支柱为强制、由政府管理的DB型现收现付制，即公共养老金，其目的和功能主要是收入再分配，特别是发挥代际再分配的功能；第二支柱是由用人单位（包括企业和政府雇主）发起、由市场管理的DC型完全积累制（早期以DB为主，当前以DC为主），主要目的是养老储蓄；第三支柱为个人购买、市场管理的自愿性养老储蓄，是前两个支柱的补充，主要目的是提供补充养老保障。多支柱的制度设计有助于形成政府、用人单位和个人共同分担养老责任的机制，能够更好地适应养老保障各目标人群的需求并实现养老金制度的多重目标（如收入再分配、储蓄和保险等）。从国际情况来看，各个国家均认可个人养老金的金融属性，认可个人养老金属于市场范畴，政府责任通常仅限于提供税收优惠激励以及监管。通常而言，负责劳动资源管理的政府部门主导管理公共养老金，并从计划的公平性和非歧视性等角度，参与第二支柱的监管（通常也仅限于计划，而不涉足计划建立后的监管）。绝大部分国家养老金第三支柱的监管由金融监管机构和税务部门负责，前者负责市场行为监管，后者负责税务监管。但由于金融监管体系及养老金第三支柱发展模式的不同，各国具体负责养老金第三支柱监管的部门有所不同，有的国家将其纳入保险监管框架内，甚至法律规定只由商业保险经营个人养老金，如德国等大部分欧盟国家（在欧盟层面也设立养老金与保险监管局，专门负责市场化养老金及保险的监管）；有的国家将其纳入证券监管的框架之中，但年金化领取的产品依然属于保险性质，由保险监管部门监管，如美国。

（三）相比较于美国而言，中国更应向德国学习建设第三支柱的经验

养老金制度是一个国家建立和发展现代化社会经济体系的核心组件。设计和推行合理的养老金制度，设定国家、雇主和个人之间在养老金储备中的责权利，必须充分考虑国家治理模式、金融体系特征、民众财富管理传统、社会老龄化状态、养老金储备的当前结构等因素。选择什么样的模式，决定未来的发展方向和空间。德国和美国是当前全球养老金第三支柱两大发展模式或道路的典型代表，前者强调保险保障属性，后者强调投资属性。基于以下五个方面，中国更应向德国学习。

一是从国家治理模式来看，德国的国家治理模式推崇制衡与协商并重，鼓励政府、社会组织与民众之间的责任共担，与美国所崇尚的绝对自由放任、绝对三权分立与制衡有着巨大差异。中国传统文化和当代社会形态中的和为贵、家国情怀、协商式民主等价值观，与德国的国家治理模式具有相通之处。

二是从金融体系特征来看，德国是典型的银行主导的金融体系，美国是资本市场主导的金融体系，2000年德国银行储蓄存款及向私人部门贷款额占GDP的比例为2.132，美国该比例为0.872；德国证券市场资本总额占GDP的比例为0.668，美国该比例则为1.549。中国的金融体系与德国相类似，2016年底银行业资产占金融业总资产的比例为85%，处于绝对主导地位，其次是信托业的7%和保险业的5%，证券业和基金业仅为2%。

三是从民众财富管理传统来看，欧洲国家的民众普遍有着偏好储蓄的传统，德国为甚，根据OECD 2016年家庭储蓄的统计数据（32个国家），2013年德国的储蓄率为9.14%（排第6位）；美国民众的储蓄率长期偏低，仅4.92%（排第17位）；中国民众的储蓄意识较强，为38.46%（排第1位）。可见，中国与德国的民众在财富管理上具有更为接近的行为特征。

四是从人口老龄化状态来看，考察截至2016年底60岁以上老年人口占比指标，德国达到了27.4%，显著高于美国同期的21%。虽然中国同期为

16.7%，似乎好于美国，但从过去10年的上升幅度来看，中国在这个指标上年均上升0.51个百分点，大大高于美国的0.38个百分点。而且，从中国发达地区看，以上海为例，同期该指标已经高达31.6%，过去十年年均上升1.08个百分点。中国人口老龄化的严峻程度更加接近于德国，而非美国。

五是从养老金储备的结构来看，德国养老金制度早在1889年就开始建立，第一支柱长期占据主要地位，占比为85%，第二支柱作用较小，第三支柱起步较晚，直到2001年才开始建立。相比较而言，美国养老金制度具有更为均衡的结构性特征，第一、第二、第三支柱之间的比例关系为11%、59.1%、29.9%。中国的养老金储备显然更加接近德国的特征，第一支柱占比为主，达到85%，第二支柱仅为15%，第三支柱还未开始启动。

四、政策建议

为了更好发挥“后发优势”，少走弯路，尽快建设“覆盖更广大人民群众”的养老金第三支柱，在借鉴国际经验的基础上，提出以下几点政策建议。

（一）税优政策应走向普惠

建议采取比较简明的个人养老金税优方式，主要有两项：一是直接补贴中低收入人群，具体额度可视财政及参保状况逐年确定；二是实行EET，允许个人在一定额度内税前列支个人养老金缴费，并在投资环节免税，而在领取环节则合并其他收入缴税。

与此同时，进一步考虑税优力度问题。中国制定养老金第三支柱税优政策时，应当给予多大的税优力度，没有国际经验可资借鉴，必须立足于中国国情。当前中国已经出台第二支柱的缴纳比例和税收政策，“企业缴费每年不超过本企业职工工资总额的8%，企业和职工个人缴费合计不超过本企业职工工资总额的12%”。[1]根据国家有关税收规定，“单位根据国家有关政策规定的办法和标准，为在本单位任职或者受雇的全体职工缴付的企业年金或职业年金（以下统称年金）单位缴费部分，在计入个人账户时，个人暂不缴纳个人所得税。”“个人根据国家有关政策规定缴付的年金个人缴费部分，在不超过本人缴费工资计税基数的4%标准内的部分，暂从个人当期的应纳税所得额中扣除[2]”。为此建议个人养老金的税优力度确定为12%，即“个人购买个人养老金的缴费，在不超过本缴费工资计税基数的12%标准内的部分，暂从个人当期的应纳税所得额中扣除[3]”。这样在理论上第三支柱与第二支柱达到相同的替代率，以进一步提升个人在养老保障方面的责任[4]。同时视情规定并调整个人缴费的最高限额。

① 《企业年金试行办法》(原劳动和社会保障部令第20号)规定“企业缴费每年不超过本企业上年度职工工资总额的1/12。企业和职工个人缴费合计一般不超过本企业上年度职工工资总额的1/6。”2017年12月18日发布、2018年2月1日起实施的《企业年金办法》（人社部、财政部令第36号）规定“企业缴费每年不超过本企业职工工资总额的8%，企业和职工个人缴费合计不超过本企业职工工资总额的12%。”修订后的36号令与职业年金的缴费比例相一致。《机关事业单位职业年金办法》规定“单位缴纳职业年金费用的比例为本单位工资总额的8%，个人缴费比例为本人缴费工资的4%”。

② 《国家税务总局关于企业年金 职业年金个人所得税有关问题的通知》（财税〔2013〕103号）规定。但职业年金采取强制方式建立，并规定：“单位按本单位工资总额的8%缴费，个人按本人缴费工资的4%缴费。”

③ 若实施直接财政补贴政策，则可依此估算。

④ 2018年4月，财政部、税务总局、人力资源社会保障部、中国银行保险监督管理委员会、证监会联合下发《关于开展个人税收递延型商业养老保险试点的通知》（财税〔2018〕22号），规定：“取得工资薪金、连续性劳务报酬所得的个人，其缴纳的保费准予在申报扣除当月计算应纳税所得额时予以限额据实扣除，扣除限额按照当月工资薪金、连续性劳务报酬收入的6%和1000元孰低办法确定。取得个体工商户生产经营所得、对企事业单位的承包承租经营所得的个体工商户业主、个人独资企业投资者、合伙企业自然人合伙人和承包承租经营者，其缴纳的保费准予在申报扣除当年计算应纳税所得额时予以限额据实扣除，扣除限额按照不超过当年应税收入的6%和12000元孰低办法确定。”

（二）有效提升参与率

一是引入“自动加入”机制。对于中国目前的税收征缴和管理方式来说，由用人单位（同时也是代扣个人所得税单位）代理员工办理加入第三支柱的相关手续，将会大大有利于制度的推广和市场的开拓，有利于参与率的提升。

二是打通第一、第二、第三支柱之间资金流动的渠道。中国公共养老金采取统账结合的模式，已经建立了个人账户；企业年金（职业年金）也有个人账户，将来第三支柱也会设立个人账户。三者之间存在功能重叠，甚至市场竞争。应该建立以下制度，以促进三者之间的对接，提升第三支柱的适用性和参与率：（1）允许符合一定条件的参保人将第一支柱中的个人账户直接转移至第二支柱或第三支柱，并实现市场化投资管理；（2）允许离职人员将其企业年金（职业年金）归属个人的资金转移到其第三支柱；（3）对于所在单位未建立企业年金的，允许将企业年金中给予个人的税收政策转移叠加到个人养老金。

（三）突出风险保障和长期储蓄功能

个人税延商业养老保险计划应当遵循“收益稳健、长期锁定、终身领取、精算平衡”的设计原则，满足投保人对养老资金安全性、收益型和长期性的管理要求。要通过相关政策和制度设计来实现这一目的，主要措施包括：一是保险业先行先试；养老金关系国计民生，也是保险业的战略性增长点，是保险业服务实体经济和民生的重要领域。保险业是养老金的先行者、主力军和多面手，具有独特的专业优势，可以有效满足群众的养老保障需求，可以全方位、多角度服务养老金体系建设。支持保险业先行先试养老金第三支柱，可有效保证养老金风险保障和长期储蓄功能的充分发挥。二是建立“默认养老金融产品”制度。“默认养老金融产品”应当体现“养老风险保障属性”，具有“利益稳健、长期锁定、互助共济”等特征。三是设置不同产品配置比例和投资范围。如果参保人没有进行产品选择，个人养老金账户资金将自动配置到“默认养老金融产品”中；如果参保人进行产品选择，应要求其将个人养老金账户资金的一定比例（如50%）配置到“默认养老金融产品”中。“默认养老金融产品”机制的引入、认同和推广将在很大程度上缓解个人选择决策的尴尬局面，极大地改善因个人资产配置不合理或选择失当所导致的一系列衍生问题。一方面可以简化个人选择决策，为参保人提供稳健的产品配置选择；另一方面也可以充分引导并保障第三支柱发展的正确方向，理顺不同行业在其中的作用。

（四）明确监管的主牵头人

基于中国金融监管现状，建议建立“功能监管与主体监管相结合”的、多部门合作的养老金第三支柱监管模式。其要点如图3所示。

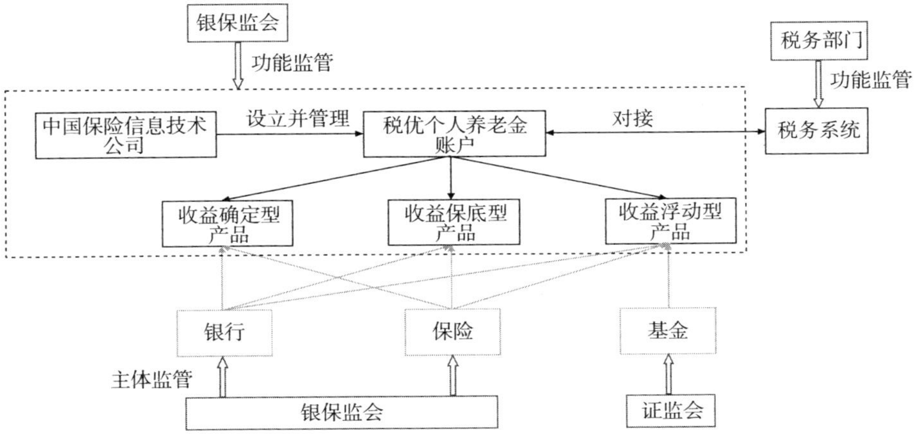

图3 养老金第三支柱监管参考模式

一是财税部门负责税务监管，包括个人养老金税收优惠政策的制定及调整、消费者的税收政策普及教育、税收政策使用效率及效果的评估、税收政策滥用行为的惩处及纠正等，防止逃税漏税，保证税收政策的公平使用。监管手段主要包括跟踪分析账户管理平台和信息系统数据、不定期现场检查和抽查等。

二是建立主监管人制度。借鉴欧盟做法[①]，注重个人养老金的风险保障属性，明确银保监会[②]在第三支柱中的主金融监管人地位。由银保监会会同证监会制定税优个人养老金的运营行为监管规则和标准，并对“税优个人养老金账户”和运营行为实施功能性监管，包括但不限于个人养老金的账户、产品、销售以及投资行为等。银保监会、证监会分别对监管范围内的金融机构实施主体监管。

税优个人养老金在中国是新生事物，也是事关老百姓“养命钱”和福祉的大事，既需要回归“本源”借鉴各国经验教训，高起点做好顶层制度设计；也需要根据不断变化的形势不断进行调整和改革，实现政策“初衷”。

① 欧盟在应对金融危机时改革了原有的金融监管框架的体制架构，更注重养老金与保险之间的联系，成立了欧洲保险和职业养老金管理局，专司保险和私人养老金（包括第二、第三支柱）的监管。

② 根据2018年3月第十三届全国人民代表大会一次会议审议通过的国务院机构改革方案，银监会和保监会合并，组建中国银行保险监督管理委员会（以下简称银保监会）。

中国篇

分报告一 养老金第三支柱的内涵与外延

一、研究对象的界定

养老金是一项重要的公共政策，涉及亿万百姓的福祉、社会的稳定和经济的发展，涉及经济、社会、人文、人口、政治等方方面面，也是长期以来困扰各国的全球性问题。近年来，国内关于养老金方面的研究很多，但诸多概念的内涵与外延尚存不一致。很多时候，看似在讨论一个问题，其实是在争论问题的两个方面。而这些分歧在某种程度上导致了一些无意义的争论。例如，社会上有一种鼓吹“养老金第三支柱基金化”的倾向，认为基金业应当在养老金第三支柱中发挥重要作用，甚至成为主要部分，其关键在于抛弃了养老金的“风险保障和共济互助”功能，混淆了基金作为一种投资工具如何发挥作用与养老金本质如何保留之间的关系，进而将一些舆论引向了歧途。

本报告重点研究养老金第三支柱、税优个人养老金以及商业保险的作用。相关概念的内涵及关系界定如下。

（一）公共养老金与私人养老金

公共养老金一般是指由政府发起设立并强制实施的退休金计划。其起源可以追溯到 19 世纪晚期的德国，当时德国政府为缓和社会矛盾和安抚工人运动，在借鉴商业养老保险经营模式与理念的基础上，引入公共养老金计划，规定工人活过 70 岁后才能定期领取养老金。随后得到各国的认可和效仿，到20世纪80年代初，全球已有12个国家建立了形式不一的公共养老金制度，产生了较好的社会效应。公共养老金基金收入主要来源于雇主和雇员的缴费或者税收以及政府财政预算资助，在基金出现收支缺口时，政府有义务给予支持以保证给付。公共养老金的覆盖范围一般都比较广泛，基金规模比较大，政府对公共养老基金投资决策有较大影响力。目前，公共养老金主要采用现收现付制、待遇确定型，以发挥收入再分配功能，促进社会公平。

私人养老金是指由雇主或个人设立并实施的退休金计划。OECD有关规则中将私人养老金计划表述为：一种由当局政府以外的机构所管理的养老金计划；私人养老金计划可由充当计划发起者的雇主、养老基金或市场机构来管理，并可补充或替代公共养老金。对于“private pension”的界定，有窄口径和宽口径两种。从“窄口径”来看，“private pension”至少应包括企业年金（enterprise pension）、职业年金（occupational pension）和个人年金（personal pension），即所谓的第二、第三支柱；而“宽口径”则可定义为所有“以市场化形式运营的能够实现养老保障目标的养老金”，“包括企业年金、职业年金、个人养老金账户、寿险保障类占比10%以下的养老保险产品、团体养老保险、养老保障管理业务，以及委托金融机构市场化投资管理的基本养老保险基金、国家养老战略储备基金等。”[①]私人养老金的主要目的是弥补公共养老金待遇的不足，提高退休职工的老年生活质量。私人养老金一般采用基金积累模式，通过专业化、多元化、市场化投资运营提供管理效率，控制投资风险，以获得较好的长期收益水平。

（二）养老金的三支柱和五支柱

1994年，世界银行在其报告《防止老龄危机——保护老年人及促进

① 段家喜. IOPS养老金监管核心原则及其修订的思考[J]. 中国保险市场, 2016（4）.

增长的政策》中首次提出公共养老金计划、职业养老保险计划和个人储蓄计划的“三支柱”概念。其中，“第一支柱”为强制、由政府管理的DB型现收现付制，其目的主要是收入再分配；“第二支柱”为由市场管理的DC型完全积累制，通常资金管理采用个人账户的形式，并由市场机构进行投资管理，其主要目的是储蓄；“第三支柱”为自愿性养老储蓄[①]，是前两个支柱的补充，其目的是向老年时有更多消费需求的人提供补充养老保障。2005年，世界银行在其《21世纪的老年改革保障——养老金制度改革国际比较》中将“三支柱”拓展为“五支柱”。其中，“零支柱”为提供最低水平保障的非缴费型养老金；“第一支柱”为与本人收入水平挂钩的缴费型养老金；“第二支柱”为不同形式的强制性个人储蓄账户；“第三支柱”为灵活多样的自愿性保险；“第四支柱”为家庭成员之间或代际之间非正规保障形式[②]。

多支柱的制度设计有助于形成政府、企业和个人共同分担养老责任的机制，能够更好地适应养老保障各主要目标人群的需求以及实现养老金制度的多重目标。从三支柱到五支柱的扩展，一方面反映了老龄风险的严峻，需要更多的政策工具来应对；另一方面也反映了世界银行对于各国养老金制度改革的基本共识，诸如“多支柱的制度设计具有明显优势”“较多的选择有助于有效保护老年群体并保证财政可持续性”“只有通过多种途径和渠道才能为老年人有效地提供退休收入”。

从三支柱到五支柱的扩展，还反映了世界银行养老金改革观点发生的两个重大变化：一是进一步关注基本收入保障对于相对弱势的老年群体的作用，强调政府在老年收入保障方面的托底性、基础性作用，在实现“减轻贫困”方面的作用；二是进一步强调强制性养老金制度内外的所有支柱

① 世界银行. 防止老龄危机——保护老年人及促进增长的政策[M]. 北京: 中国财政经济出版社, 1996.

② 世界银行. 21世纪的老年收入保障——养老金制度改革国际比较[M]. 北京: 中国劳动社会保障出版社, 2006.

均应通过市场手段的运用以期达到为个人熨平消费的作用，这既包括支持发展私人养老金，也包括在公共养老金领域引入市场机制。部分国家养老金体系改革的经验与教训表明，养老金制度难以靠单支柱支撑，多支柱的制度设计能够更好地实现养老金制度的多重目标，包括消除贫困、熨平收入和保证收入替代，同时能有效地应对养老金制度普遍面临的经济、政治和人口风险。同时多支柱制度设计有更大的灵活性，有利于风险分散，能更好地适应养老保障各主要目标人群的情况。

当前中国养老金体系也已形成三支柱的总体框架。通常认为：第一支柱是指政府提供的公共养老金，包括城镇职工基本养老保险和城乡居民基本养老保险；第二支柱是指所有用人单位提供或发起配资的计划，包括企业年金和职业年金；第三支柱是指个人养老储蓄计划，主要由个人缴费，以商业养老保险为主，甚至有学者认为第三支柱均指商业养老保险①。

（三）第三支柱、商业养老保险与税优个人养老金

在“三支柱”语境下，养老金第三支柱是与公共养老金计划（第一支柱）、职业养老金计划（第二支柱）相对应的个人储蓄计划，广义上讲应包括所有个人自愿购买的能够实现养老保障功能的金融产品或账户，如养老保险、年金保险、定期寿险、基金、银行储蓄等，但并非所有的第三支柱金融产品均享受税收优惠政策，都需要政府的特别支持发展。依据是否享有税收优惠政策，养老金第三支柱可划分为税优第三支柱和非税优第三支柱。税优第三支柱是由政府税收政策激励、个人自主自愿参与的个人养老计划，非税优第三支柱是完全由个人自主购买、自主退出的个人养老计划。

商业保险是养老金市场的重要参与者，商业养老保险是公共养老金的补充，它以人们生命或身体为保险对象，在被保险人年老退休或保期届满

① 郑秉文. 中国养老金发展报告2015——第三支柱商业养老保险顶层设计[M]. 北京: 经济管理出版社, 2015:9.

时，由保险公司按合同规定支付养老金。从广义角度看，商业养老保险指由商业保险机构管理运营的、用于退休养老而积累的资金安排，包括契约型和信托型；从狭义角度看，商业养老保险指传统的契约型年金保险，主要是根据中国保险监管机关人身保险管理规定，在产品命名规则中的年金养老保险。从参与主体看，商业养老保险包括团体形态和个人形态，团体养老保险通常由团体单位或雇主购买，个人商业养老保险则由个人购买，属于养老金第三支柱。2017年7月颁布《国务院办公厅关于加快发展商业养老保险的若干意见》（国办发〔2017〕59号）首次以国务院文件的形式对商业养老保险和税延型商业养老保险的边界，进行了正本清源。文件指出，"商业养老保险是商业保险提供的，以养老风险保障、养老资金管理等为主要内容的保险产品和服务。"从中可以看出，决策层基于中国国情，强调了养老金第三支柱的"保险和风险保障属性"，要求商业保险机构"积极参与个人税收递延型商业养老保险试点，为个人和家庭提供个性化、差异化养老保障"。

从各国养老金发展的历史和现状来看，政府层面支持养老金第三支柱发展的税收政策有两大类：一是给予消费者的某类养老储蓄行为税收优惠政策；二是给予养老业某类特许产品以税收优惠政策，以鼓励消费者购买。个人养老金与个人商业养老保险通常所指为同一概念，是养老金第三支柱的重要组成部分，并区分为税优的和非税优的。

综上所述，养老金第三支柱包括税优第三支柱和非税优第三支柱；商业养老保险包括个人的，也包括团体的，有税优的，也有非税优的；税优个人养老金有保险形态的，也有非保险形态的（见图1–1）。

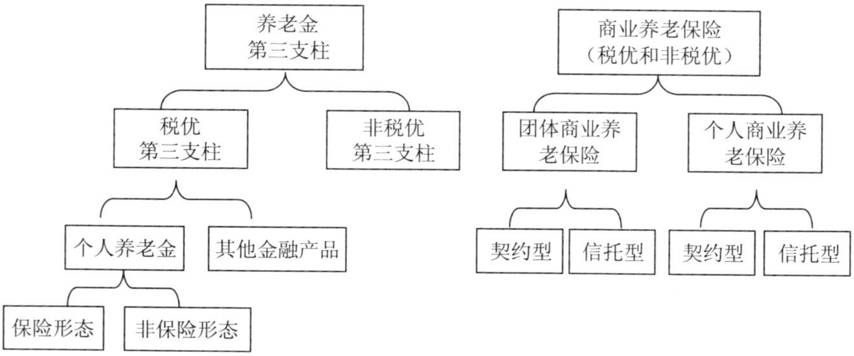

图 1-1　相关概念之间的关系

二、对养老金第三支柱发展存在共识和分歧

当前对于中国养老金第三支柱（特别是税优个人养老金）的发展模式和政策，各方都从不同角度提出了各自看法，存在一定的共识，但也还有诸多分歧，需要进一步加强研究，统一认识。

（一）养老金第三支柱保险化与基金化之争

养老金第三支柱是一个开放的市场，保险、证券基金、银行均参与其中。面对即将迎来重要发展机遇期的养老金第三支柱市场，三个行业均表现出高度关切和热情，但对于各自应发挥的作用、地位及边界存在较大分歧和争议。特别是保险业和基金业就未来养老金第三支柱的模式框架和政策导向争议较多，形成鲜明的“保险化”和“基金化”两个派别。

持有“基金化”观点的认为，基金业是养老金管理的主力军，如中国证券投资基金业协会副秘书长郑富仕在论坛上公开表示，受托人义务是养老金管理的精神内核，公募基金行业的受托人又是与生俱来的天然属性，可以而且必须为养老金管理发挥作用。汇添富基金公司董事长李文表示，管理好养老金是公募基金行业的社会责任和历史使命，公募基金以规范的制度设计和优异的投资业绩，已成为养老金投资管理的主力军。甚至有人认为，对于中国来说，公募基金在养老投资上大有可为，未来十年是公募基金的黄金十年（董登新，2017）。

而持有“保险化”观点的则认为，政府对养老金第三支柱的考虑日渐成熟（徐敬惠，2017）。《国务院办公厅关于加快发展商业养老保险的若干意见》的颁布表明了国家层面支持保险业在养老金体系中发挥更大更好作用的意愿，标志着“加快发展商业养老保险”已经上升到国家战略层面。保险业具有长期资金的成熟管理理念和丰富管理经验，同时在健康保险、农业保险等领域积累一定的税收优惠政策的管理经验（曹德云，2017）。保险监管部门则多次发声，分析加快商业养老保险发展的优势和意义，大力发展商业养老保险有利于解决“健全多层次养老保障体系，应对人口老龄化趋势和就业形态变化，促进社会和谐稳定、促进实体经济和资本市场发展，促进金融市场稳定”等问题（袁序成，2017），并表示：“个人税收递延型商业养老保险已经有了初步的产品示范条款、税延保险制度框架，税延保险信息平台建设也基本就绪，能够确保试点政策出台后在较短的时间内落地实施”（袁序成，2017）。

（二）争取政策所做的努力

用税收政策来建立或撬动发展养老金第三支柱，是国际通行做法，通常有延税型和免税型两种政策。中国保险监管机关自2006年以来一直致力于推动出台税收政策以支持以商业养老保险为主体的第三支柱发展。中国保险监管机关在其内部文件和重要工作安排中持续多年将养老保险列为商业保险的新增长点，并努力协调政策。2007年，中国保险监管机关与天津市联合印发《加快天津滨海新区保险改革试验区创新发展的意见》（保监发〔2007〕110号），滨海新区被有关部门正式列为发展个人延税型补充养老保险的试点地区，允许30%工资收入可以税前列支购买商业养老保险产品，以吸引优秀人才进入天津市滨海新区。但很快就被国家税务总局叫停，随后税务部门明确表示，中国尚不具备搞税延型个人养老金的条件。2008年，国务院办公厅颁发《关于当前金融促进经济发展的若干意见》（国办发〔2008〕126号），文件明确提出“研究对养老保险投保人给予延迟纳税等税收优惠”，并将商业养老保险发展作为抗击金融危机的一揽子经济政策之一。2009年，上海市建设国际金融中心和国际航运中心，国务院印发文件《关于推进上海加快发展现代服务业和先进制造业建设国际金融中心和国际航运中心的意见》（国发〔2009〕19号），该文件正式提出在上海“适时开展个人税收递延型养老保险产品试点”，随后中国保险监管机关组织行业对相关问题进行了深入研究，甚至研究起草了《上海税收递延养老保险费率政策改革试点实施办法》，并在一定范围内征求意见，多次上报有关部门后“无疾而终”。沉寂一段时间后，2012年个人延税型商业养老保险试点再次成为热门话题，有关媒体报道深圳等地方政府已经申请开展“个人税收递延性养老保险试点”，在中共十八届三中全会通过的《中共中央关于全面深化改革若干重大问题的决定》明确提出“制定实施免税、延期征税等优惠政策，加快发展企业年金、职业年金、商业保险，构建多层次社会保障体系。”2014年，国务院颁布“新国十条”，即《国务院关于加快发展现代保险服务业的若干意见》（国发〔2014〕29号），再次明确“适时开展个人税收递延型商业养老保险试点”。2015年3月召开的“两会”上，《政府工作报告》直接提出“推进个人税收递延型商业养老保险”，让公众看到希望和曙光。在这一过程中，商业保险积极开展相关研究，加大各方面协调，举办各种形式的论坛，教育消费者，呼吁政策早日出台。2017年“两会”期间，财政部表示，根据“十三五”规划纲要和国务院有关文件要求，2015年以来，财政部一直在会同国家税务总局、国家发展改革委、人力资源和社会保障部、人民银行、中国保险监管机关等相关部门，对个人税收递延型商业养老保险试点涉及的相关政策和技术问题进行研究，目前已基本形成政策建议。

（三）已形成的共识

经过十多年的研究、呼吁、沟通和协调，“税惠型个人养老金”试点终于有了结果。2017 年颁布的《国务院办公厅关于加快发展商业养老保险的若干意见》明确:“2017 年底前启动个人税收递延型商业养老保险试点”，让公众再次看到了希望，多年的努力也形成诸多共识。

第一，充分认识发展第三支柱的必要性。无论是从客观经济发展，建立形成长钱的机制，以稳定繁荣资本市场，还是从质疑当前第一支柱基本养老制度可持续性的角度，普遍认为，完全依靠第一支柱实现养老很难支撑，希望建立健全养老金三个支柱体系，合理划分政府、企业和个人责任。金融行业和金融监管部门，尤其是与之关联很密切的保险行业或保监部门，都强烈呼吁促进发展私人养老金，呼吁发挥好商业保险在养老保障体系中的作用，得到高度的肯定和认可。“新国十条”明确提出，“到 2020 年，保险要成为政府、企业、居民风险管理和财富管理的基本手段，成为提高保障水平和保障质量的重要渠道。”中国社科院郑秉文教授领导的课题组，从三支柱“瘸腿”的视角呼吁“发展第三支柱的急迫性”。课题报告《中国养老金发展报告 2015——“第三支柱”商业养老保险顶层设计》指出，“多年来，在没有税收优惠政策的条件下，保险业仍不遗余力，成效显著，但总体来看，商业养老保险的规模很小，在三支柱框架中与其他两项相差悬殊，从严格意义上讲，在第一支柱独大和第二支柱税收政策刚刚完善的情况下，第三支柱基本处于缺位的状态，三支柱框架还难以成立。”这些观点得到学界和此领域官员的认同。

第二，全面总结国际经验。分析他国经验的主要目的，是学习和借鉴其好的经验，并吸取其教训。郑秉文教授领导的课题组，在分析美国、英国、加拿大、德国、日本、法国、瑞士、荷兰、意大利、西班牙、瑞典、芬兰、韩国等国家养老保险体系和商业养老保险发展历程的基础上，得出以下 8 点相同点：一是逐步建立起清晰的多支柱养老保险制度；二是普遍建立起专门、独立的第三支柱养老保险计划；三是第三支柱设计灵活多样，适合不同群体；四是普遍重视税收激励政策，优惠政策灵活多样；五是普遍重视对非正规部门人员的覆盖；六是普遍重视改革，不断完善制度设计；七是产品形式灵活多样，金融机构广泛参与；八是投资方式灵活多样，注重风险管理。部分学者还对美国的IRA进行了重点研究，以纠正一些过去错误的观点。

第三，税优政策是第三支柱的引擎。各方普遍认识到税收政策对于养老金第三支柱发展的重要意义。郑秉文教授等人均将税收政策缺失作为第三支柱发展滞后的重要原因之一。中国人民银行金融研究所所长姚余栋等人则在论坛等公开场合多次呼吁“尽快出台税优政策，支持发展养老金第三支柱”。对于税优政策的类型，有学者建议直接免税，也有学者建议给予直接补给，并将企业年金、职业年金、个人所得税政策推广使用于所有人群。

第四，金融机构在第三支柱中发挥重要作用。普遍认同，第三支柱属于私人养老金。在第三支柱实际运作管理中，要充分调动金融行业各机构的积极性，结合行业特点赋予不同管理角色，通过通力合作来实现第三支柱的健康发展。但对于不同类型金融机构应有的功能定位和作用空间还有分歧。

三、税优个人养老金的主要特征[①]

公共养老金是人类的制度创新之一，制度化实现了年青一代对老年一代的赡养；但该制度自诞生之日起，即面临人口老龄化、经济增长波动等方面的挑战。在其改革过程中，私人养老金作为结构式改革措施被大多数国家引入体系，并在缓解公共养老金压力等方面显得越来越重要。

① 段家喜. 税惠型个人养老金的五大特征[J]. 中国保险市场, 2017（13）.

私人养老金包括职业年金（occupational pension）和个人年金（personal pension），前者是由雇主发起设立，后者则是由个人购买的（有的国家允许雇主配资）。由于政治、经济、社会、人口、文化等方面的条件不同，各国选择了不同的私人养老金发展模式，部分国家积极推出税惠型个人养老金制度（见表 1–1），在缓解人口老龄化、提升保障能力等方面发挥了重要作用。根据 OECD 的研究报告，2013 年有 17 个 OECD 成员（总共 34 个）建立了强制或准强制的私人养老金制度，有 12 个国家的个人养老金覆盖率[①] 超过 20%，分别是加拿大、捷克、丹麦、芬兰、德国、冰岛、韩国、挪威、新西兰、荷兰、瑞典和美国。

表 1–1 部分国家建立税惠型个人养老金的时间轴

国家	初建时间	建立背景等	覆盖率
加拿大	1957 年	1957 年推出注册养老储蓄计划（RRSP），后又推出注册养老收入基金、免税储蓄账户等	24.7%
美国	1974 年	1974 年国会通过《雇员退休收入保障法案》，允许建立个人退休账户（传统 IRA），缴费可税前列支；后分别于 1978 年、1986 年、1996 年和 1997 年推出 SEP-IRA、SAR-SEP-IRA、SIMPLE-IRA 和罗斯 IRA	22%
日本	1984 年	1984 年的税制改革，规定了个人年金保费的扣除条件	...
英国	1986 年	1986 年先推出 EET 式的个人养老金计划，个人自行缴费，也允许雇主为雇员缴费，后又推出个人存托养老金和自主投资型个人养老金	11.1%
法国	1994 年	1994 年对于参与补充性退休计划的个体经营者给予税收优惠，随后于 1997 年、2001 年、2003 年再次改革，均要求养老金以年金的形式支付	5.3%
韩国	1994 年	1994 年开始实施个人年金计划（PPS），包括个人退休年金账户及个人年金保险等	23.4%

① 覆盖率是指占工作年龄人口（15~64岁）的比重。资料来源于OECD：Pensions at a glance 2015。

续表

国家	初建时间	建立背景等	覆盖率
瑞士	1999 年	1999 年联邦宪法第 111 条第 4 款对鼓励个人购买商业养老保险提出相应的政策规定,包括人身保险、养老金账户和养老金托管账户等形式	…
德国	2002 年	2002 年推出里斯特养老金，后于 2005 年推出吕库普养老金	35.2%
瑞典	不详	个人购买商业养老保险的保费可以在一定额度内抵扣所得税	36%
芬兰	2005 年	只有保险公司允许提供养老金储蓄计划，其保费可在一定额度内抵扣所得税	20.9%

从全球情况来看，税优个人养老金主要具有税收激励、完全积累、市场经办、个人自主、双峰监管五大特征。

（一）税收激励

税收激励是养老金第三支柱发展的引擎，在某种程度上，没有税收政策的支持，就没有真正意义上的第三支柱。各国养老金第三支柱的税收优惠政策各不相同（见表 1–2），归纳起来，主要有三种：一是直接财政补贴。如德国里斯特养老金计划的国家补贴由基础补贴和可能出现的子女补贴构成。基础补贴自 2002 年到 2008 年逐年增长，目前为成人每年 154 欧元，已婚夫妇为 308 欧元；子女最高补贴为 185 欧元（2008 年前出生的）或 300 欧元（2008 年以后出生的）。同时自 2008 年起，26 岁以下年轻人士参加还能得到最多 200 欧元的一次性特殊奖励。澳大利亚规定，若个人从税后收入中再缴纳超级年金基金的，则个人每缴纳 1 澳大利亚元，政府也将匹配缴纳 1.5 澳大利亚元，每人每年最多可得到 1000~1500 澳大利亚元的政府补贴。二是税收减免和抵扣。如美国允许个人在税前向传统型个人退休账户缴费，账户资产的增值部分无须缴纳投资收益税，只有在账户资金支取时缴纳个人所得税，属于EET模式；而罗斯个人退休账户是个人税后收入缴费，在资金支取环节享有税收优惠政策，但账户资金的增值和领取可以免税，属于TEE模式。荷兰、韩国、芬兰、丹麦、比利时、卢森堡、西班牙等多数国家的个人养老金均采取EET模式。意大利、瑞典等个人养老金采取ETT模式，适应不同收入群体。三是设定缴费限额，即只能在一定缴费额度内享受税收减免。设置缴费限额的主要目的是在效率的基础上关注公平，防止富有人群滥用税收政策，造成税收的失衡流失。如德国里斯特养老金计划设有最低和最高缴费限额，2005年之后缴费限额最低为每年60欧元，最高缴费限额为参保人前一年度税前总收入的4%，2008年之后最高为每年2100欧元，如果缴费额低于4%，则国家补贴会相应减少。

表1-2　部分国家税优个人养老金税收政策情况

国家	基本情况
英国	缴纳个人养老金的费用在税前不可扣除，但税务局按个人缴费的一定比例（8：2）供款，即个人缴费80英镑，税务局供款20英镑
澳大利亚	第二支柱并不强制个人缴费。若个人自愿从税前或税后收入中向超级年金账户缴费，就形成了养老金第三支柱。税前的超级年金缴费，能够减少个人的税前收入，将收入降至较低所得税税率区间（15%）。个人从税后收入中缴费，可享受政府的缴费匹配，即政府按照1:1.5的比例补贴，最高限额为每年1500澳大利亚元
加拿大	缴纳注册退休金储蓄计划（RRSP）费用的税前扣除额根据个人的收入水平确定，每年最高供款额是个人前一年度工作所得的18%，2013年最高扣除限额为23820加拿大元，2014年为24270加拿大元，但如果之前年度的扣除限额未用完，可以将未用额度转至今年使用。如果结转了以前年度未用限额，缴纳的养老金费用仍高于扣除限额，超出限额2000加拿大元的部分每月需缴纳1%的税款。但如果将超出部分取回，或者所有的缴费都是符合条件的团体RRSP缴费，或者是属于1995年2月27日之前的缴费，则不需缴纳1%的税款。集体注册退休金计划（PPRP）的税前扣除规定与RRSP一致

续表

国家	基本情况
新加坡	补充退休计划（SRS）的缴费可税前扣除，扣除额为上一年度该个人及其雇主为其实际所缴纳的养老金费用。非居民不可享受任何税前扣除。2013 年居民可缴纳的 SRS 费用最高额为 12750 新加坡元，外籍居民为 29750 新加坡元
美国	传统个人退休金计划允许税前扣除，2013 年个人最高缴费上限为 5500 美元，50 岁及以上个人缴费上限增加至 6500 美元。但如果当事人或其配偶纳入了雇主补充养老计划（其中就包括 401K 计划），则缴纳的费用可能仅能部分税前扣除或者完全不能扣除。罗斯个人退休金计划则领取时不缴税
日本	2013 年合格个人养老金的税前扣除计算方法如下：缴费（A）低于 2 万日元时，缴费可全额税前扣除；缴费（A）在 2 万~4 万日元时，税前扣除额为：$A \times 0.5+10000$；缴费大于 4 万日元时，税前扣除额为 $A \times 0.25+20000$，但最高扣除额不得超过 4 万日元
德国	参加里斯特养老金计划的成员有权从政府获得补贴，包括直接补贴和特殊津贴。直接补贴 2008 年起为成人每年 154 欧元，儿童每年 185 欧元或 300 欧元（2008 年后出生）。政府对从所得税中扣除特殊津贴的方式设定了免税限额，从 2008 年起，从所得税中扣除的特殊津贴最高限额为 2100 欧元

（二）完全积累

养老金具有储蓄、保险和再分配三大功能。美国经济学家马丁·费尔德斯坦和杰费里·李伯曼给出两大养老金制度划分标准：一是依据养老金待遇计发方式可以分为确定缴费型（DC）和确定给付型（DB）；二是依据养老金基金的资金循环方式则可分为积累制和现收现付制。不同的机制产生不同效果，在现收现付制下，以同一时期在职人员的缴费来支付退休人员的养老金，以当年或近期内资金收支的横向平衡为资金筹集和待遇支付的原则，具有很强的再分配功能；而积累制则是参保人员在工作期间以固定缴费率在养老金账户上积累资金，由投资管理机构对账户进行投资管理，参保人员退休后按个人账户积累的养老金资产数量领取养老金，基本上是遵循“参保人员自养”的原则，具有很强的储蓄和保险功能。两种模式机制各有利弊，能够实现不同的功能。为此，大多数国家养老金体系同时存在两种机制，通常公共养老金采取现收现付制，由政府直接运营、体现国家责任，实现再分配功能；而私人养老金则采取完全积累制，实现储蓄和保险的功能。

在完全积累制下，个人养老金的根本来源是个人的强制储蓄，个人养老金资产积累速度与水平完全取决于其以往缴费、管理费用以及投资业绩等，个人养老金收益与其一生收入正相关。如图 1-2 所示，若以 8% 的年投资回报率积累，20 年后单位基金将增加到 4.66 倍；而若以 3% 的年投资回报率积累，则只能增加到 1.80 倍。从这个角度来看，完全积累制下的个人养老金制度绩效主要取决于投资，投资风险由参保人员个人承担，如果投资风险过大，不仅无法获取预期收益，甚至还可能危及本金。为此，大部分国家积极依托资本市场获得长期稳定收益，同时对于各类资产（特别是风险资产）的比例设有较为严格的限制，并对管理费用的收取设限。

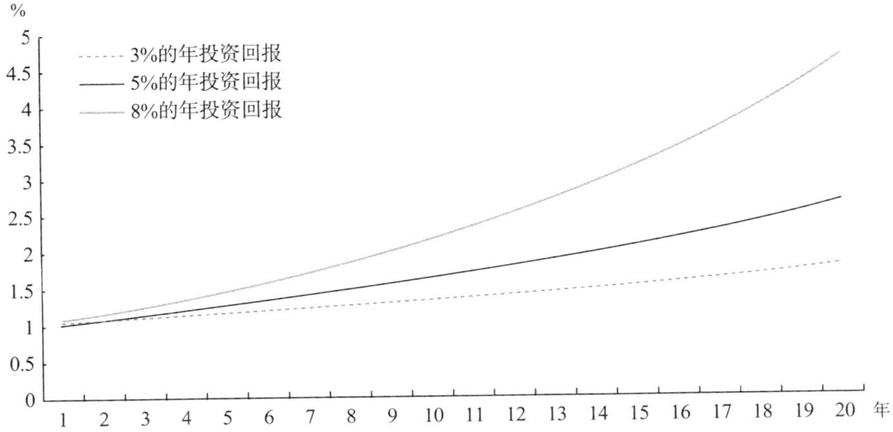

图 1-2　不同年投资回报率下的基金积累速度

（三）市场经办

养老金的管理方式主要有政府直接管理、公众机构管理和私人机构管理三种。对于养老金第三支柱，绝大部分国家是采取市场化运营模式，以便更好地发挥市场机制在资源配置中的基础作用。个人养老金的市场化运营主要体现在经办机构、投资工具、投资范围以及投资规则的市场化。政府不直接管理基金或产品，而是通过立法、税收、限定投资工具和投资范围等实施间接的监督和控制，并从市场经济中寻求支持，将政府管理责任转移给商业保险公司或其他金融机构经办，经办机构在政府制定的“游戏规则”下运作并发挥其作为市场机构的有效管理、适度竞争以及网络健全等优势，提高管理效率。

个人养老金是银行、证券、保险、基金等多行业同台竞争的市场，但由于历史、经济、文化及对养老金的认识理念等方面的原因，各个国家不同类型金融机构在管理个人养老金资产领域所发挥的作用不同。大部分国家认同个人养老金投资环节的金融产品属性，欧洲国家更注重养老金与保险业、保障之间的联系，强调养老金在老年收入保障方面的作用，甚至将养老金纳入保险监管的框架。例如，目前英国个人养老金主要有团体个人养老金、个人存托养老金和自主投资式个人养老金三种类型，主要由商业保险机构提供，其中团体个人养老金是契约型合同，只能由保险公司经营，保险公司在个人养老金市场占有近 90% 的份额。而拉美国家则更注重养老金与资本市场、投资之间的联系，强调养老金的投资属性，通常将个人养老金纳入证券监管的框架之中，基金占有更大的市场份额。2015 年全球养老金资产超过 38 万亿美元，采用信托业务模式的养老基金管理的资产份额最大，为 26 万亿美元，占 68%；接下来依次是银行和投资公司（7.7 万亿美元，占 20.2%）、保险公司（4.3 万亿美元，占 11.3%）、雇主储蓄基金（0.2 万亿美元，占 0.5%）。中国尚没有正式的养老基金，长江养老等专注信托型养老金资产管理业务的养老保险公司就属于 OECD 所界定的养老基金（Pension Funds）。养老保险公司应当在包括个人养老金在内的养老保障体系中发挥积极主流的作用。

（四）个人自主

绝大部分国家对于个人养老金采取自愿的方式，政府通过税收政策的优惠，让利于民，让社会公众看到实惠，引导并鼓励其参与。这一点有别于公共养老金的强制性质，以及职业年金的半强制性质或采取自动加入机制来提升制度覆盖率。在个人养老金领域，个人拥有比较充分的自主权，主要体现在参加与否及其程度、选择管理人或经办机构、资产组合配置以及待遇的领取形式等方面。

第一，个人自主决定参加与否以及多大程度上参加。个人养老金本质上是个人对自己养老保障负责的一种表现，个人可以根据自身收入水平、家庭负担、投资能力以及保障水平等实际情况，决定是否参加以及参加程度。通常政府的税收规则会非常清晰，个人参加程度不同，缴费不同，所能享受到的财政税收优惠或补贴也会不同；而超过限额的部分则需要正常纳税。正基于这一特点，大部分国家个人养老金的覆盖率要低于公共养老金和职业养老金。如何提高个人养老金的覆盖率是有效发挥其作用的前提，也是制度设计时需要考虑的问题之一。

第二，个人可以自主选择管理机构或产品。个人养老金计划产品形式灵活多样，不同金融机构提供形式不同的产品，以满足不同群体的差异化养老保障需求。但通常在适格的管理机构发行的适格产品范围内，个人可以自主决定购买。如德国的里斯特个人养老金计划就包括里斯特养老保险、银行储蓄计划、基金储蓄计划和住房里斯特计划四种形态，个人可以自主选择和转换。

第三，个人拥有较为充分的投资选择权。个人养老金具有鲜明的个人完全产权属性，全部资产以及收益在扣除必要的税收和费用之后全部归参保人所有。从产权上分析，个人养老金为私有产权性质，所有权属于个人。个人拥有投资决策权，享有收益权，并承担相应的投资风险，权利与义务、收益与风险相对应。由于个人拥有比较充分的自主权，面对复杂的决策时，惰性（保持原状）和拖延症（明确再做决定的想法）均会影响个人决策；同时大部分居民缺乏应对复杂养老金投资组合的专业技能。为此，大部分国家，一方面监管要求对个人养老金投资采取稳健的投资策略，严控风险；另一方面提供默认投资工具选择，以提高效率，减少纠纷。

第四，个人自主决定待遇的领取形式。个人养老金的待遇领取主要有一次性领取和年金化领取两种形式，个人可自主选择。但为防范老年贫困风险，保证所累积的养老金资产能够真正用于养老保障，通常各国限制一次性领取，并通过规则引导个人选择年金化领取，甚至要求年金化领取或购买商业年金保险产品。如美国传统型 IRAS 在缴费环节延迟缴纳税收，在领取环节征税，59.5 岁之前提取须缴纳 10% 的罚金，但在补偿大额医疗费用、失去工作能力、支付高等教育费用和第一次购房时则可免除罚金。而德国的里斯特计划则允许参保人员将 20% 的积累资产在退休时一次性领取，其余部分则应采取定期领取的方式，并规定年龄达到 85 岁的退休者必须年金化其账户资产。

（五）双峰监管

养老金面临人口风险、宏观经济波动风险、政治风险、资本市场波动风险、投资与管理风险等；而且“委托—代理”问题所引发的逆向选择和道德风险可能直接引起养老金资产的滥用和欺诈，进而引起系统性风险和养老金制度的不可持续。为此，各国普遍加强对养老金的监管，这既是防范风险的需要，也是制度增信的需要。

税优个人养老金的监管主要涉及税收和运营行为两个方面，大多采取财政税务部门和金融监管部门“双峰”监管体制。通常财政税务部门负责制定税收政策，并进行监管，其主要目的是维护公平，防止逃税漏税。如在美国，财政部负责制定个人养老金的税收优惠政策，国家税务局具体监督执行税收优惠政策。金融监管部门负责对投资等运营行为进行监管。

在运营行为监管环节，各国差异较大，主要体现在监管主体的确定以及监管方式的选择等方面。个人养老金均交由金融机构经办，但在监管主体的确定上主要有三种情形：一是双主体监管，主要是在英国、澳大利亚等采取“双峰”金融监管体制的国家，如在澳大利亚，审慎监管局和证券投资委员会均对个人养老金实施监管，前者偏重于监管机构、产品及治理等，后者则偏重于监管投资行为。二是与保险业合并监管，如2008年金融危机后欧盟设立了“保险和职业养老金管理局”，强调养老金与保险的联系，将养老金纳入保险的监管框架。三是与证券业合并监管，如在美国，证券交易委员会依据《证券法》《证券交易法》和《投资公司法》监管养老金资产管理机构和各类投资产品，但保险公司经营的年金保险除外。

在监管方式上，主要有“自由型”和“约束型”两种类型。前者仅从“审慎人规则”入手，监管和规范养老金管理人的内部控制、治理结构和信息披露等，对其投资行为几乎没有任何限制；后者则还对投资的资产、地域及比例进行限制。各国养老金监管方式的选择既有历史文化的因素，更有经济及资本市场发育成熟度等因素。从趋势来看，出现了两种方式的融合，特别是2008年国际金融危机后，大部分国家积极倡导两种方式的并用。

四、税优个人养老金的六个关键问题[①]

税优个人养老金属于第三支柱，是第三支柱的核心。在某种程度上，没有税优个人养老金的发展，就没有真正意义上的第三支柱。用税收政策支持鼓励第三支柱的发展，是养老金体系面临人口老龄化挑战后的改革方向，也是大部分发达经济体的通行做法。中国已探讨税优个人养老金多年，而政策迟迟未出台，这说明虽有共识，但分歧依然存在。共识包括：公共养老金独木难撑，应当发挥好市场的作用，发展第二、第三支柱；应当给予税收政策来促进或支持个人养老金等第三支柱的发展；商业保险是

① 段家喜. 税优个人养老金的六个关键问题[J]. 中国保险市场, 2017（16）.

养老金体系的重要组成部分并应当在个人养老金等领域发挥重要作用；等等。分歧包括：税优政策的顶层设计，给予什么样的税优政策，多大力度的税优政策；建立什么样的第三支柱市场框架；个人养老金的属性以及不同金融机构应当担任什么角色，应如何发挥作用；如何加强养老金市场的监管；不同监管部门应当扮演什么角色；是否以及如何扩大个人养老金覆盖面，如何借力个人养老金的发展，助推完善养老金体系；等等。这些问题和分歧的尽快解决，将有利于个人养老金税优政策的早日出台，也有利于政策出台后的切实落地，更有利于政策目标的真正实现，最终使中国养老金体系的公平性、可持续性跨上一个新台阶。

（一）税优方式问题

税收政策支持是税优个人养老金的主要标志之一，也是促进其快速发展的重要引擎之一。这一点无论是在理论上还是在实践上，均得到证实或认可，在中国也基本形成共识。从理论来看，给予税收减免，将直接改变参与主体的成本收益函数，相比较个人可支配储蓄，享受税收优惠政策的养老金储蓄可以获得更高的税后回报，进而影响参与主体的消费投资决策，并改变其行为，促进个人养老金市场的发展，使得市场均衡量要远大于没有税优政策情况下的市场均衡量，并最终达到“建立形成长钱的机制、提升养老金储蓄率”等目的。从实践来看，没有税优政策，就不会有个人养老金的快速健康发展，甚至没有真正意义上的第三支柱建立与发展。当前经济合作与发展组织（OECD）34 个成员均针对个人养老金实施了税优政策，以助推第三支柱发展并分担养老金体系危机的压力。全球总体来看私人养老金已成为养老金体系的重要支柱，但市场依然主要集中于养老金税优政策比较完善的欧美国家。2015 年，美国、加拿大、英国、荷兰和瑞士五国的私人养老金总投资额达 20.25 万亿美元，占整个 OECD 的 81.7%，占全球市场的 79.2%。

税优政策属于个人养老金顶层设计的问题，采取什么样的税优政策将直接影响未来市场的发展方向与空间，对此已经形成了共识。但对于税优方式究竟是采取直接补贴还是递延纳税仍有分歧，需要进一步研究、讨论和解决。个人养老金的税收政策涉及缴费、投资和领取三个环节，并依不同环节是否享受税优政策，细分为 EET、TET、ETE、ETT、TTE、EEE、TTT 和 TEE 八种形式。考虑到消费者的“短视行为”，大部分国家将税优政策放在缴费环节，并普遍对投资环节免税，而在领取环节合并纳税，即所谓的 EET 模式。就税优方式来看，在规定缴费限额的基础上，有直接补贴和税收递延缴纳两种，前者是指直接给予参保人群以一定额度的奖励或补贴，如德国政府对参加里斯特养老金计划的人每年给予 154 欧元的基础补贴（已婚夫妇为每年 308 欧元）和 185 欧元的子女补贴（此为 2008 年前出生的子女，2008 年以后出生的子女则为每年 300 欧元）。后者是指允许消费者在税前缴纳保费，有的国家将这一部分税收直接减免，有的则将应缴纳的税收延迟到退休时缴纳。如美国的 IRA（个人退休账户）规定，个人在税前向账户缴费，账户资产的增值部分无须缴纳投资收益税，而在领取时缴纳个人所得税。

无论直接补贴还是递延纳税，对财政而言本质上是一致的，都是对民众购买个人养老金的行为征负项税，以此激励其购买。但其作用效果不同，递延纳税对于高收入群体有较好的激励作用，中低收入群体可能因收入不到起征点而无法享受；直接补贴更多向中低收入群体倾斜，操作简便，有利于让更多的人群享受政策福利，具有可控性、可获得感好等特点，更有利于提升制度公平性和覆盖面。为此，建议采取比较简明的个人养老金税优方式，主要有两项：一是直接补贴中低收入人群，具体额度可视财政及参保状况逐年确定；二是实行 EET，允许个人在一定额度内税前列支个人养老金缴费，并在投资环节免税，而在领取环节则合并其他收入缴税。

（二）替代率问题

衡量个人养老金在养老金体系中的作用，主要有两项指标。一是收入替代率，即个人养老金提供的退休收入占退休前收入的比重。从图1–3可以看出，各国私人养老金的毛替代率不一，7个发达国家养老金（包括公共养老金和私人养老金）的总替代率平均为58.94%，私人养老金平均为23.03%，占1/3强；有的国家低，如新西兰为12.4%，有的国家高，如美国为33.6%。个人养老金属于私人养老金，则替代率更低些。二是个人养老金提供的退休收入占其退休总收入的比重。即退休收入多少来自个人养老金，多少来自公共养老金。这两项指标均与一国的养老金制度的顶层设计、税收制度、养老金制度发展历史等因素有关。有的国家强调政府的责任和公共养老金的作用，则个人养老金的作用和替代率就相对低些；有的国家更市场化，则个人养老金的作用和替代率就高些。即使在私人养老金占主导作用的国家中，模式也不尽相同，有的以职业年金为主（如澳大利亚），有的则以个人养老金为主。

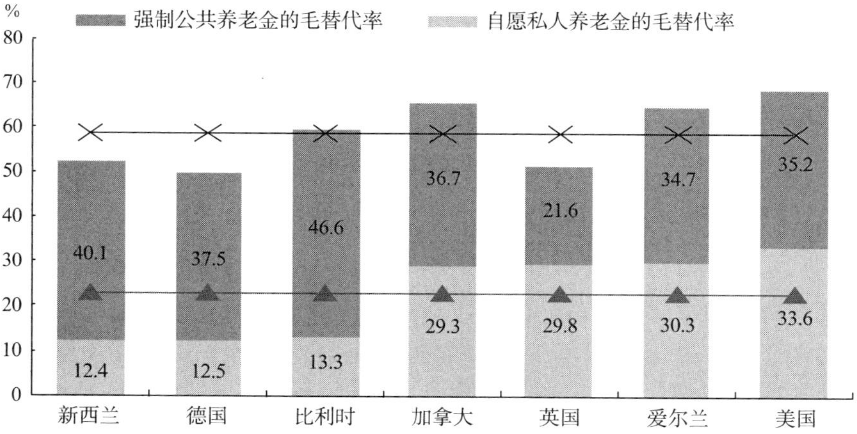

图 1–3　部分国家养老金替代率水平情况

个人养老金收入替代率主要由税优的力度决定，税优力度大，个人缴费相应会多些，将来的替代率就会高些，反之则低些。中国制定养老金第三支柱税优政策时，应当给予多大的税优力度，没有国际经验可资借鉴，必须立足于中国国情。税优的力度既取决于养老金体系的改革方向（特别是对三支柱结构的规划），又取决于个人养老金目标替代率的设定，更取决于财政的可负担性。当前中国已经出台第二支柱的税收政策，“企业缴费每年不超过本企业上年度职工工资总额的1/12”，并可按国家有关规定税前列支；“个人根据国家有关政策规定缴付的年金个人缴费部分，在不超过本人缴费工资计税基数的4%标准内的部分，暂从个人当期的应纳税所得额中扣除。”[①]为此，建议个人养老金的税优力度确定为12%，即“个人购买个人养老金的缴费，在不超过本缴费工资计税基数的12%标准内的部分，暂从个人当期的应纳税所得额中扣除。”[②]这样，在理论上第三支柱与第二支柱达到相同的替代率，以进一步提升个人在养老保障方面的责任。同时视具体情况规定并调整个人缴费的最高限额（如月缴费不超过1000元或2000元）。如表1–3所示，假设参保人按税优比例12%足额缴费购买，则在工资增长率分别为10%、5%和投资收益率分别为7.75%、5.58%的情景下，退休时的替代率分别达到13.80%到41.72%不等。

表 1–3　不同情景下替代率的测算　　单位：%

缴费比例	工资增长率	投资收益率	退休时的替代率
12	10	7.75	18.69
		5.58	13.80
	5	7.75	41.72
		5.58	28.01

注：假定缴费35年、退休后领取25年，工资增长率分别假定为10%和5%；投资收益率分别假定为7.75%和5.58%，前者为近十年来企业年金基金投资的平均回报水平，后者则为十年国债利率+200个基点。

① 参见《财政部、人力资源和社会保障部、国家税务总局关于企业年金、职业年金个人所得税有关问题的通知》（财税〔2013〕103号）文件规定。但职业年金采取强制方式建立，并规定：“单位按本单位工资总额的8%缴费，个人按本人缴费工资的4%缴费。”

② 若实施直接财政补贴政策，则可依此估算。

（三）参与率问题

参与率是个人养老金发挥作用的客户基础，参与率不高是个人养老金发展滞后的主要表现之一。从图 1–4 可以看出，各国个人养老金参与率差异较大，新西兰高达 72.9%，而葡萄牙只有 4%。影响个人养老金参与率的因素很多，从各国经验来看，可以通过建立自动加入机制、促进支柱之间对接等措施来提高个人养老金的参与率或覆盖面。

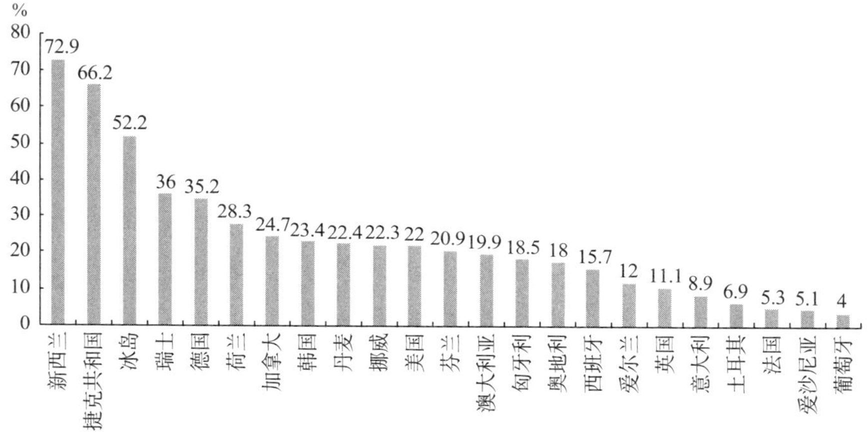

图 1–4　部分国家个人养老金参与率情况

自动加入（Auto Enrollment）机制，是指员工在入职时就被默认自动加入个人养老金制度，如果希望“不加入”，则需专门提出申请或中止缴费。“自动加入”形成“自动缴费机制”，克服部分人的“惰性”，进而增加养老储蓄。这一措施在美英等国都有较好的应用和实践，效果很好。美国的统计表明，年龄 20~29 岁的员工对没有引入自动加入机制的 401K 计划参与率仅为 30%，而对引入自动加入机制的 401K 计划参与率达到 77%。根据美国斯坦福大学经济学教授 Raj Chetty 的研究结果，“税收补贴政策主要影响那些高收入、金融知识丰富、最不需要政府干预养老规划的少部分人群；而自动缴费机制会增加大部分人的养老储蓄。”自动缴费机制比税收补贴对增加养老储蓄的效果明显，其原因在于大部分人具有某种惰性，加之部分国家申报税收优惠程序比较复杂，如果政府让个人主动选择加入养老金第三支柱、开设养老储蓄账户或申请税收减免等事项，大部分人可能不会参加；反之，如果政府让个人主动选择是否退出已经开设好的账户，大部分人不会选择退出。依此，建立个人养老金自动加入和自动缴费机制成为提升其参与率的有效办法。特别对于中国目前的税收征缴和管理方式来说，由用人单位（同时也是代扣个人所得税单位）代理员工办理加入第三支柱的相关手续，将会大大有利于制度的推广和市场的开拓，有利于参与率的提升。

支柱之间的对接，是指第一、第二、第三支柱个人账户养老储蓄资金的流动，主要是指第一支柱向第二、第三支柱，以及第二支柱向第三支柱的资金流动，即第三支柱可接受或承接第一、第二支柱个人账户的资金转账，第二支柱可以接受或承接第一支柱个人账户的资金转账。这也是发达国家比较成功的做法，如美国 IRAs 并非纯粹的第三支柱，而是第二、第三支柱的混合体，接受了大量 401K 计划的资金转账，2012 年传统 IRAs 转账流入资产 3000 多亿元，而个人缴费的资产不足 15 亿元。英国则允许符合一定条件的参保人通过“协议退出”的方式从第一支柱退出，转移到第二支柱。中国公共养老金采取统账结合的模式，已经建立了个人账户；企业年金（职业年金）也有个人账户，将来第三支柱也会设立个人账户。三者之间存在功能重叠，甚至市场竞争。应该建立以下制度，以促进三者之间的对接，提升第三支柱的适用性和参与率：一是允许符合一定条件的参保人将第一支柱中的个人账户直接转移至第二支柱或第三支柱，并实现市场化投资管理；二是允许离职人员将其企业年金（职业年金）归属个人的资金转移到其第三支柱；三是对于所在单位未建立企业年金的，允许将企业年金中给予个人的税收政策转移叠加到个人养老金。

（四）属性问题

属性问题实质上是发展方向问题，是要发展一个“强调养老风险保障属性”的第三支柱，还是要发展一个“强调投资属性”的第三支柱，这是制度设计时需要结合经济社会发展和养老金体系改革方向来考量的事项。

养老金是指退休人员从退休开始直至死亡期间（或确定期间），连续定期被支付的资金。从这个定义来看，养老金为退休人员在其退休后直到死亡（或确定期间）提供了收入保障，其实是终身年金（或定期年金）的一个典型例子。养老金有两个基本目的，即确保个人一生的平滑消费，以及针对长寿风险进行保险；而在养老金领取之前，有大量的资金沉淀且需要投资管理。由此可见，养老金（包括个人养老金）具有“养老风险保障”和“投资”的双重属性。这一点似乎毋庸置疑，也不应存在争论和分歧。但在第三支柱制度设计时，应根据经济社会和资本市场发展成熟程度、养老金体系的结构和发展方向，以及金融结构稳定优化的方向等情况，确定在不同时期不同阶段应当强调的属性，并以此支持不同行业在其中发挥不同的作用。

从国际情况看，欧美各国均认可个人养老金的金融属性（特别是投资环节的金融属性），认为养老资金进入投资环节后，与其他资金性质基本类似，属于金融产品，均应接受金融监管机构的监管。但英国、德国等欧洲国家更注重个人养老金的“养老风险保障”，将个人养老金纳入保险监管的框架，甚至法律规定只由商业保险经营个人养老金；而美国、加拿大等国家则更注重个人养老金与资本市场之间的联系，注重个人养老金的“投资属性”，甚至将其纳入证券监管的框架之中。从市场结构来看，当前中国学术界对私人养老金发展的属性或模式问题存在认识误区，各国私人养老金市场发展的模式存在很大的差异性，银行、证券、保险等金融机构在养老金市场中发挥的作用也不同的。乍一看，基金管理模式占有主导地位，2016 年全球养老基金管理的私人养老金资产份额最大，占总数的 68%，银行和投资公司占 20%，保险机构占 11.3%。但若将美国、加拿大除外，则呈现银行、基金和保险三分天下的格局。

当前中国设计养老金第三支柱应强调其“养老风险保障属性”，发挥好商业保险的“风险管理”和“长期储蓄”等技术优势，利用好“基金”等其他金融机构的资金管理优势。“基金”则应定位于投资工具，起辅助作用，而不是争取“上位”，将第三支柱引入“强调投资属性”的歧途。主要考量如下：

第一，中国资本市场欠成熟。强调养老金的“投资属性”，采用基金的运作方式，其优点在于透明度高，可以激励个人的参保和缴费。但其缺点是资金积累对经济波动、通货膨胀的承受能力非常脆弱，投资回报可能很高，但是其方差也非常大，风险系数很高。因此，通常只有当经济发展处于较高水平，而且资本市场比较成熟且能有效应对和化解风险时，才适合采取“基金模式”运作养老金第三支柱。总体来看，中国资本市场尚欠成熟，广大消费者缺乏投资的基本知识和理念，若过分强调个人养老金的“投资属性”，将面临较高的长期营运风险，如通货膨胀风险、经济周期风险和资本市场的泡沫风险等。

第二，经济社会发展和资本市场的稳定繁荣需要“长钱”。“长钱”是资本市场的稳定器和压舱石，缺乏“形成长钱的机制”是当前资本市场不稳定的根源之一。从国外情况来看，私人养老金和保险应当是形成“长钱”的有效机制。但中国企业年金基金出现投资行为“短期化”的现象，没有真正成为“长钱”。只有战略储备基金和保险才是真正意义上的“长钱”，但两者总金额相对较小，难以有效支撑经济增长、社会进步以及金融市场的协调健康发展。在制度设计时强调个人养老金的“养老风险保障属性”，弱化其“投资属性”，才能使之真正成为“长钱”。

第三，制度设计应回归“本源”。在设计和规划个人养老金的属性时，“养老风险保障”与“投资”双重功能或属性的结构把握，既要考虑养老金本源及发展的客观规律，更要考虑中国经济社会及金融结构的特点。中国居民储蓄一直比较高，引入强调“养老风险保障属性”的个人养老金制度可以产生两个直接效果：一是实现养老金体系的结构式改革，助力三支柱的均衡发展，减轻公共养老金的压力；二是优化金融结构，建立“形成长钱”的机制，助力银行、证券、保险均衡发展和金融稳定。

建立强调“养老风险保障属性”的个人养老金制度，是要坚持“稳健为主，风险为辅”“保障为主，投资为辅”等原则，充分发挥商业保险在建设第三支柱中的作用，同时也要积极发挥好基金、信托、银行等其他金融机构的作用。强调“养老风险保障属性”可以通过设立“默认养老金融产品”来实现。根据当前情况，建议税优个人养老金制度就“默认养老金融产品”问题至少规定以下三点：一是“默认养老金融产品”应当体现“养老风险保障属性”，具有“利益稳健、长期锁定、互助共济”等特征。二是如果参保人没有进行产品选择，个人养老金账户资金将自动配置到“默认养老金融产品”中。三是如果参保人进行产品选择，应要求其将个人养老金账户资金的一定比例（如50%）配置到“默认养老金融产品”中。“默认养老金融产品”机制的引入、认同和推广将在很大程度上缓解个人选择决策的尴尬局面，极大地改善因个人资产配置不合理或选择失当所导致的一系列衍生问题。一方面可以简化个人选择决策，为参保人提供稳健的产品配置选择；另一方面也可以充分引导并保障第三支柱发展的正确方向，理顺不同行业在其中的作用。

（五）经营模式问题

从国际情况来看，税优个人养老金的经营模式主要有两种。一是产品化模式。税优政策直接与产品关联，即政策规定参保人可以自行购买不同经办机构提供的“合格产品”并享受相应的税优政策。这一模式的优点是有利于不同经办机构的自由竞争，但其缺点是管理分散，会出现同一参保人购买多家经办机构的多个产品，而且可能出现不同经办机构之间信息不畅通等问题，带来管理上的困难。这主要适用于税收管理比较先进的国家。二是“账户+产品化”模式。税优政策直接与账户关联，即政策要求经办机构为参保人开立超级账户（通常是唯一的），并在账户层面享受税优政策，允许参保人自行选择配置经监管部门批准后的、不同经办机构提供的“合格产品”。超级账户与税收管理系统对接，并具有基础信息、税收、资金、产品配置等管理功能。这一模式的优点是便于综合管理，防止税收漏损，比较适合于税收管理欠发达的国家。

对于中国税优个人养老金经营模式的选择，郑秉文教授在其《第三支柱商业养老保险顶层设计：税收的作用及其深远意义》一书中提道：“作为养老保障制度的第三支柱，延税型商业养老保险应称为个人养老账户（IPA）。在对商业养老保险进行顶层设计时，应采取产品和账户双重管理的方式，实现保险与投资的双重功能，实行试点与全面铺开的两阶段推进战略。”这一观点得到学术界和业界的普遍认可。但如何落地，还需进一步细化。课题组自行设计中国税优个人养老金“账户＋产品”的经营模式及监管框架（见图 1–5），参保人在用人单位或经办机构的协助下，建立“税优个人养老金账户”，并在账户下自行选择配置由银行、保险、证券、基金、信托等金融机构提供的“合格产品”；“税优个人养老金账户”与税务部门的“税务系统”对接，承载部分税务信息管理等功能。

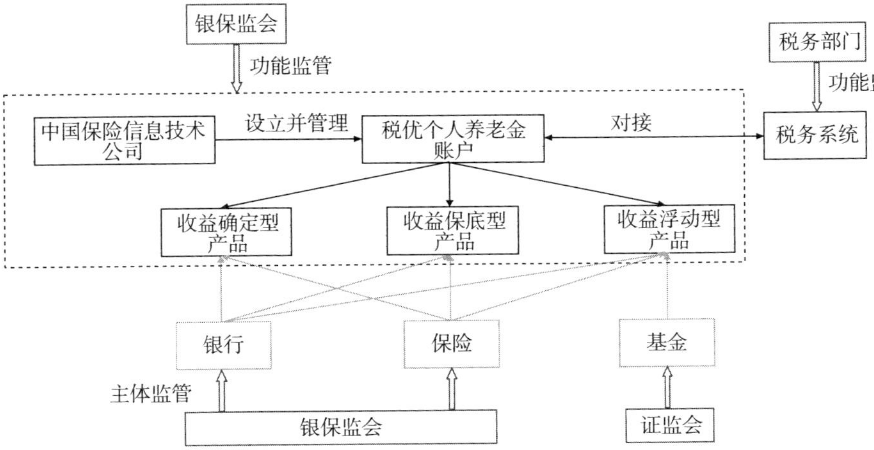

图 1–5　中国税优个人养老金“账户＋产品”经营模式及监管框架

一是建立账户管理平台。由非市场主体中国保险信息技术公司建立账户管理平台，统一设立并管理“税优个人养老金账户”。该账户是一个超级账户，每个参保人只允许建立唯一的账户，并与税务部门和税务系统对接。账户记录和管理参保人基础信息、个人缴费、投资收益、资产配置（产品购买情况）等信息，同时参保人可以通过“税优个人养老金账户”查询缴费、产品购买、资产配置等情况，也可以通过该账户实现缴费、资产或产品配置，以及领取等功能，从而以实现个人养老金运营的无纸化，达到“节约成本、提高效率、提升制度信心”等目的。

二是做好产品分类分级。个人养老金是一个开放的市场，各类金融机构均可按照统一的监管规则向参保人提供产品，产品成为“税优个人养老金账户”之下的配置工具。做好产品分类分级是引导参保人理性购买产品或进行资产配置的前提，也是保证税优个人养老金制度有序运行的重要举措。根据参保人是否承担投资风险，个人养老金融产品可分为收益确定型、收益保底型和收益浮动型三种类型。收益确定型产品是指经办机构向参保人提供确定的收益保证，参保人不承担投资风险；收益保底型产品是指经办机构向参保人提供最低收益保证，同时视投资情况给予参保人投资收益分享，投资风险由参保人和经办机构共担；收益浮动型产品是指经办机构不对投资收益承担任何形式的保证责任，投资风险完全由参保人自担。

三是制定统一监管规则。为推动税优个人养老金业务和第三支柱的健康发展，应由主监管部门牵头，会同其他金融监管部门，共同制定统一的监管规则，规范经营管理中的各类行为。

（六）监管问题

监管高效是风险有效防范的前提。养老金管理的是老百姓的“养命钱”，安全稳健是第一位的。税优个人养老金是多金融机构参与的市场，在分业经营、分业监管的框架下，必然涉及多头监管。建立透明、有效、协同的税优个人养老金监管框架，成为制度设计者需要思考的问题。

个人养老金的监管主要包括税收监管和运营行为监管两方面内容，主要涉及金融监管部门和税务部门。税收监管通常由税务部门实施，主要为了保障税收政策的正确使用，防止滥用税收优惠政策，造成税收的不当损失。运营行为监管通常由金融监管部门实施，主要为了保护参保人的利益、保障市场健康发展、防范金融风险。

基于中国金融监管现状，建议建立“功能监管与主体监管相结合”的、多部门合作的税优个人养老金监管模式（见图 1–5）。

第一，财税部门负责税务监管，包括个人养老金税收优惠政策的制定及调整、消费者的税收政策普及教育、税收政策使用效率及效果的评估、税收政策滥用行为的惩处及纠正等，防止逃税漏税，保证税收政策的公平使用。监管手段主要包括跟踪分析账户管理平台和信息系统数据、不定期现场检查和抽查等。

第二，建立主监管人制度。借鉴欧盟做法①，注重个人养老金的“养老风险保障属性”，明确银保监会在第三支柱中的主金融监管人地位。由银保监会会同证监会制定税优个人养老金的运营行为监管规则和标准，并对“税优个人养老金账户”和运营行为实施功能性监管，包括但不限于个人养老金的账户、产品、销售以及投资行为等。银保监会、证监会分别对监管范围内的金融机构实施主体监管。

税优个人养老金在中国是新生事物，也是事关老百姓“养命钱”和福祉的大事，既需要回归“本源”借鉴各国经验教训，高起点做好顶层制度设计；也需要根据不断变化的形势不断进行调整和改革，实现政策初衷。

① 欧盟在应对金融危机时改革了原有的金融监管框架的体制架构，更注重养老金与保险之间的联系，成立了欧洲保险和职业养老金管理局，专司保险和私人养老金（包括第二、第三支柱）的监管。

分报告二
发展养老金第三支柱的背景分析

分析讨论发展养老金第三支柱的背景，主要是要解决为什么需要养老金第三支柱，以及分析与养老金制度相关因素的现状和问题，以便更好地理解发展养老金第三支柱制度（特别是税优个人养老金）的紧迫性。当前，中国人口老龄化程度不断加深，养老金体系可持续性面临严峻挑战，经济发展进入新常态，这些因素都将影响养老金第三支柱政策的制定和发展的方向。

一、人口老龄化日趋严重

人口老龄化是指老年人口在总人口中的比例持续上升和人口年龄构成的社会发展变化过程。人口老龄化包括两层含义：一是指老年人口相对增多，在总人口中所占比例不断上升的过程；二是指社会人口结构呈现老年状态，进入老龄化社会。当前国际社会关于人口老龄化划分标准主要有两个：一是 60 岁以上老年人口占人口总数的 10%；二是 65 岁以上老年人口占人口总数的 7%。达到上述两个标准之一的，即意味着该国家或地区处于老龄化社会[①]。

人口老龄化是经济社会发展进步的产物，也是21世纪人类社会共同

① http://baike.baidu.com/人口老龄化。

面临的重大课题。人口老龄化作为一种不可逆转的客观发展趋势，同全球化、城镇化、工业化一道成为重塑世界发展格局的基础性力量[①]，并将对养老金体系带来严峻挑战。

（一）中国人口老龄化特点

2000 年，中国 60 岁以上人口占总人口比例达 10.46%，标志着中国进入老龄化社会。中国的人口老龄化问题，既有其他国家的共性特点，又有自身的特殊性，主要有以下几个特点。

1. 规模大

中国是全球唯一一个老年人口过亿的国家。2010年，中国60岁以上人口共计1.77亿人，占总人口比重为13.32%。根据《中国人口老龄化发展趋势百年预测》结果，2020年中国60岁及以上老年人口将增至2.48亿人，占总人口比例达17.2%，并呈加速增长之势；2037年将超过4亿人，2051年将达到最大值，之后一直维持在3亿~4亿人规模[②]。另据联合国预测，未来中国65岁及以上人口将最多达到4.2亿人，占总人口的比例最高将达到33.79%（见图2–1）。

同时，高龄老人数量将持续增长，失能的高龄老人也将持续增长，其中高龄老人群体中失能率在 50% 以上，失能老人规模或从现阶段的 625 万人上升到 2050 年的 1875 万人，35 年里增幅高达 200%[③]。

① 国家应对人口老龄化战略研究. 养老保险制度改革与发展研究课题组. 养老保险制度改革与发展研究[M]. 北京: 华龄出版社, 2014.

② 王小平. 保险支持以房养老研究[M]. 北京: 中国金融出版社，2014.

③ 2017年中国人口老龄化现状分析、老龄化带来的问题及应对措施，http://www.chyxx.com/industry/。

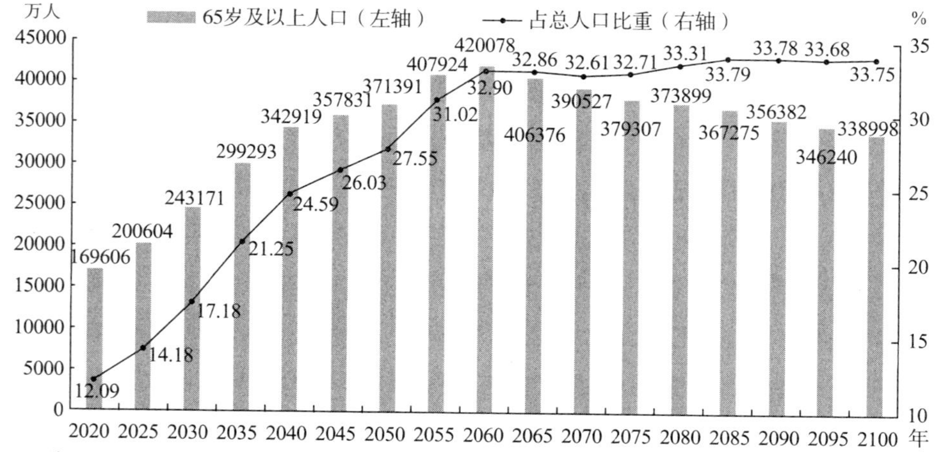

资料来源：United Nations, The 2015 *Revision of World Population Prospects*，https://esa.un.org/unpd/wpp/.

图 2-1　中国 65 岁以上人口及其占总人口的比例（2020—2100 年）

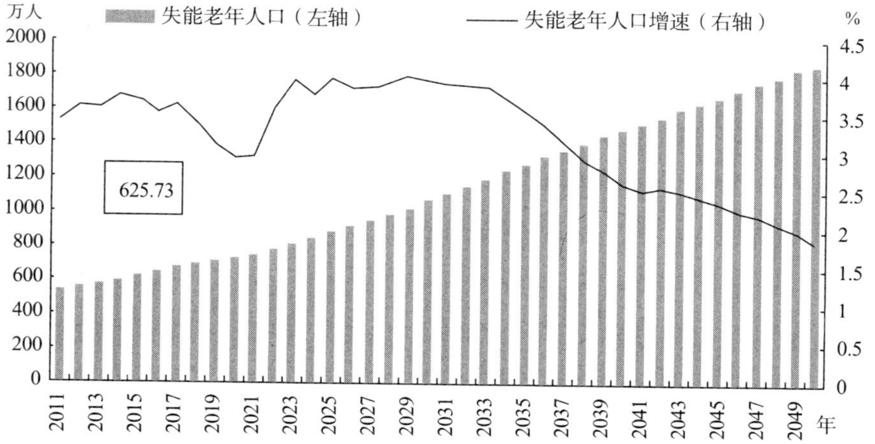

图 2-2　中国失能老人增长情况

2. 速度快

从 60 岁及以上老年人口占总人口比重由 10% 升至 20% 这一阶段的时间看，世界上最早进入老龄化社会的法国用了 140 年，西方发达国家总体用 50 年以上的时间，而中国只需要 27 年[①]。同时，从图 2–3 可以看出，中国 65 岁以上人口占总人口的比例自 2000 年以来持续加速上升，由 6.9% 增长到 2015 年的 10.5%。在较短的时间内实现了人口再生产类型的转变，人口年龄结构已经从早期年轻人口占主要地位的典型金字塔形，转变为老年人口增加、中间年龄人口占主要地位的近乎橄榄型。

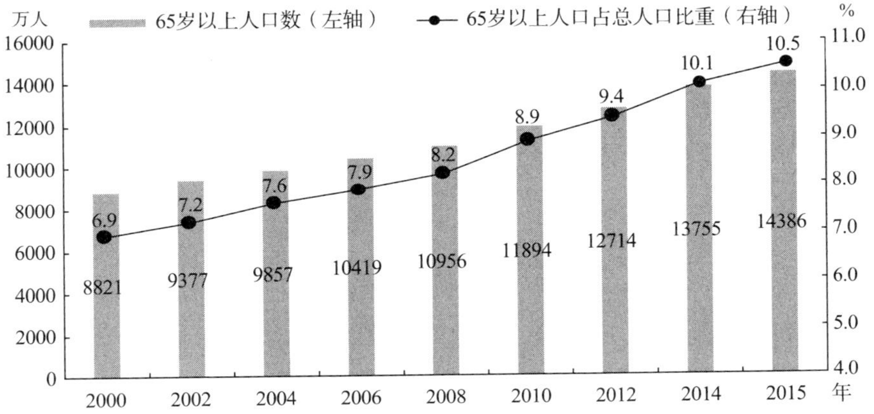

资料来源：国家统计局《统计年鉴》《2015年国民经济和社会发展统计公报》。

图 2–3　中国 65 岁以上人口及其占总人口的比例（2000—2015 年）[②]

3. 负担重

受国家计划生育政策、社会经济环境变化等因素影响，中国家庭呈现小型化，家庭承担更大的风险。20 世纪 50 年代之前，家庭户均人数保持在 5.3 人左右；到 2015 年家庭户均人数下降为 2.9 人。在此背景下，老年抚养比加快增长，至 2020 年将上升至 16.9%。加入少年儿童抚养比的总抚养比指标，到 2030 年将超过 50%。

① 王小平. 保险支持以房养老研究[M]. 北京: 中国金融出版社，2014.

② 数据来源于统计年鉴, http://www.stats.gov.cn/tjsj/ndsj/2016/indexch.htm，目前最新数据到2015年。

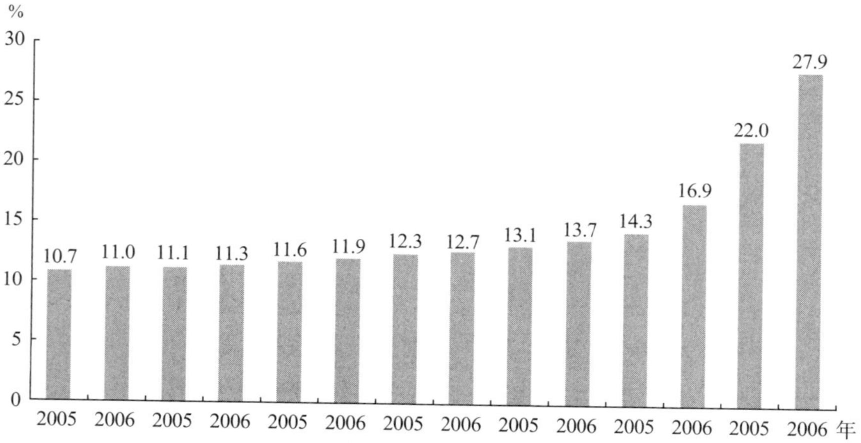

图 2-4　中国老年抚养比情况

（二）人口老龄化对养老金制度的挑战

养老金制度是以老年人口为保障对象的制度，人口老龄化对养老金制度带来根本性挑战，主要表现在：

1. 人口老龄化可能引起经济衰退，进而使得养老金体系不可持续

资本和劳动是一国或一个地区经济增长的主要源泉，人口老龄化对经济的影响是持续的、多方面的、负面的。主要体现在以下几方面：一是数量庞大而老龄化的劳动力资源和结构，可能会导致劳动力资源短缺；二是人口红利将逐渐消失，人口老龄化将导致劳动人口下降、社会储蓄率下降和投资不足，进而引起经济增长乏力。人口老龄化还意味着年轻人的缴费和养老负担加重，企业的成本上升，进而影响到企业的经济效益提升。这些将对经济产生负面的影响，反过来将会使得现有的养老金制度体系可持续发展面临更大的困难。因经济增长放慢，养老保险缴费收入减少，但支出还需要刚性增长，若不改革，势必会出现养老金支付危机。

2. 人口老龄化直接影响养老金制度财务的可持续性

人口是养老金体系可持续性的一个重要度量。人口老龄化意味着，养

老金待遇领取人数不断增多，而缴费人数不断减少，未来的年轻人将不堪重负。同时，人口老龄化还意味着人的寿命的延长，意味着个体领取养老金的时间将延长，而缴费时间不变，进而加大制度的财务压力和基金缺口。当期收入小于当期支付，历年累计结余不足以支付当期需要，最后将导致制度模式无法运作下去。

3. 人口老龄化影响公众信心，进而影响养老金制度的可持续性

在现收现付养老金制度体系下，合理的人口结构是维系制度的重要前提条件，但是在人口老龄化加重趋势下，年青的一代人对自己未来养老的信心将会下降，对参加制度的信心也将下降，对制度可持续性提出质疑，影响到整体养老金制度可持续发展。

（三）各国养老金制度应对老龄化的主要举措

面对人口老龄化加重的趋势，各国政府都结合自身国情对养老金制度及相关制度进行调整，以改善制度的财务状况，提升制度的持续性，主要表现在以下几方面。

1. 延迟退休：重新调整对老龄的定义

退休政策是公共政策领域的重要组成部分。面对全球人口老龄化的挑战，大部分国家或地区通过延迟退休来提升养老金制度可持续性（见图2-5），特别是早先进入老龄化社会的拉美及西欧各国普遍将退休金发放年龄提升到65岁左右，部分国家或地区甚至到68岁（如英国和法国），但因各国经济、文化、社会等情况不同，各国延迟退休时间以及年龄设计等有所不同。

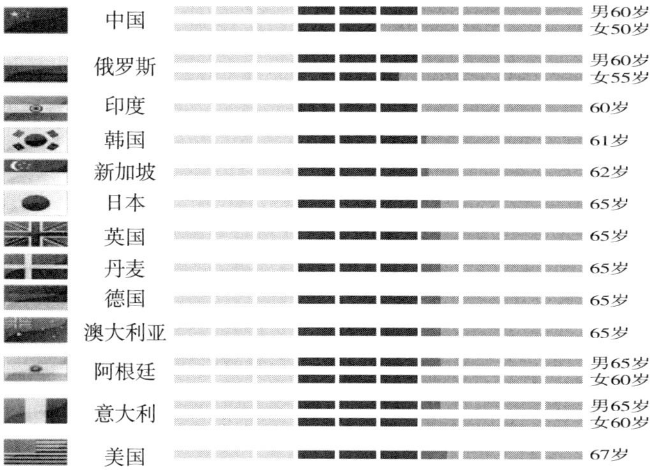

资料来源：中国网。

图 2-5 当前世界主要国家退休年龄情况

延迟退休年龄，其实质是重新定义老龄人口或被抚养人口。对个人来讲，将改变参保人工作期间与退休期间的划分，影响其缴费与领取养老金期间的长短。从整体来讲，会改变体制内年龄结构，正在工作并缴费的人会增加，而退休并领取养老金的人会相应减少，降低制度的赡养率，进而提升制度的可持续性。中国社科院郑秉文教授就曾提出：中国退休年龄每推迟一年，仅养老统筹基金一项，一年可增收 40 亿元，减支 160 亿元，减缓基金缺口 200 亿元。但延迟退休年龄的影响是多方面的，包括对劳动力市场的影响，以及公众对养老制度的信心，故应慎行之。

2. 调整政府职责：回到保基本

养老金制度改革在某种意义上就是重新设计政府在养老金体系中的作用，并重新解决养老保障水平、构成和公共支出的方向，以及为养老保障筹资所需的相应税负。为了应对老龄化，主要国家都对政府责任进行适度调整，对现有的现收现付制和待遇确定制进行调整，引入基金制和缴费制以分散老龄化对制度带来的影响。在现收现付和待遇确定制中，政府承担了最终责任和风险。而在基金制和缴费制下，政府和社会以及个人合理承担责任，既强化了制度可持续性，又体现出对个人的激励[①]。

3. 发挥市场作用：支持私人养老金发展

各国都基本按照世界银行提出的多支柱模式，发展多层次的养老保险体系，鼓励市场化运营。多层次的养老保险体系包括政府兴办公共养老金，企业补充养老保险以及个人储蓄。同时在公共养老金的运作上，引入市场化的机构来实现保值增值。政府鼓励和支持私人养老金发展，通常认为建立个人养老金制度，既有助于是养老保险制度缓解人口老龄化趋势下的财务危机，又可以增进国家投资水平，促进经济增长。

二、现行养老金体系面临严峻挑战

中国养老金改革方向是建立多层次养老保障体系，合理构建政府、用人单位和个人三方责任分担体系。从实际效果看，中国政府前期更注重第一支柱基本养老保险的改革，第二支柱年金制度在改革中逐步建立并有所发展，但国家制度层面的税优个人养老金制度始终未能系统建立。

（一）中国现行养老金体系

改革开放30多年来，伴随中国社会经济的发展，中国养老金制度也进行了改革，正在逐步建立有中国特色的中国养老金体系，主要包括政府举办的公共养老金、与就业相关的职业养老金（包括企业年金和职业年金）、自主自愿的商业养老保险等多个支柱（见图2-6）。

1. 第一支柱：公共养老金

公共养老金包括城镇职工基本养老保险、机关事业单位基本养老保险和城乡居民养老保险三大部分，已经实现了制度全覆盖，就业人员和非就业人员均被纳入公共养老金的覆盖范围之内。

---

① 曾益. 中国养老保险基金支付缺口及应对策略[M]. 北京：对外经济贸易大学出版社，2016.

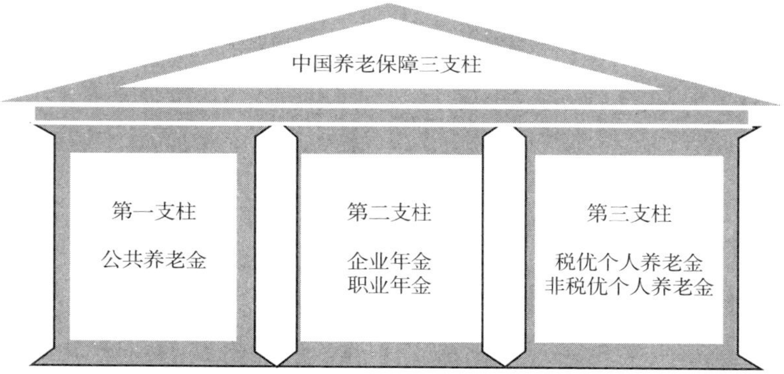

图 2-6　中国现行养老金体系

城镇职工基本养老保险是由国家统一政策规定强制实施的，以保证广大离退休人员基本生活需要为目标的一种养老保险制度。其覆盖范围为城镇所有机关事业单位、企业及其职工、自由职业人员和城镇个体工商户。当前城镇职工基本养老保险采取“统账结合”的管理模式，要求参保单位和个人分别缴纳工资总额的20%和8%的比例，分别参加社会统筹调剂和存入职工个人账户中，缴费满15年并达到退休年龄者可以领取养老金，计发办法采取“新人新制度、老人老办法、中人（新规定实施后退休的参保人员）逐步过渡”的方式。2015年，中国推进机关事业单位工作人员养老保险制度改革，将其与城镇职工基本养老保险制度并轨。截至2016年底，参保人数为37930万人，基金总收入35058亿元，基金总支出31854亿元，基金累计结存38580亿元。

城乡居民养老保险主要面对城乡非就业或自谋职业的人口。2014年，在总结新型农村社会养老保险和城镇居民社会养老保险试点经验的基础上，国务院决定将新型农村社会养老保险和城镇居民社会养老保险两项制度合并实施，在全国范围内建立统一的城乡居民基本养老保险制度。制度采取社会统筹与个人账户相结合的模式，巩固和拓宽个人缴费、集体补助、政府补贴相结合的资金筹集渠道，完善基础养老金和个人账户养老金相结合的待遇支付政策，强化长缴多得、多缴多得等制度的激励机制，建立基础养老金正常调整机制，健全服务网络，提高管理水平，为参保居民提供方便快捷的服务。截至2016年底，城乡居民基本养老保险参保人数超过5亿人，其中领取待遇人数15270万人，基金收入2933亿元，基金支出2150亿元，基金累计结存5385亿元。

2. 第二支柱：企业年金和职业年金

第二支柱包括企业年金和职业年金两大部分，分别适用于企业职工和机关事业单位工作人员。

企业年金是企业在参加国家基本养老保险的基础上，依据国家政策和本企业经济状况建立的，旨在提高职工退休后的生活水平，对国家基本养老保险进行重要补充的一种养老保险形式。它由国家宏观指导，企业内部决策执行。企业年金实行市场化运营和管理，建立完全积累的个人账户。企业年金的缴费比例，单位不超过工资总额的 1/12，约为 8.33%；单位缴费和个人缴费合计不超过工资总额的 1/6，约为 16.66%。截至 2016 年底，基金累计规模超 1.1 万亿元，覆盖 7.6 万户企业和 2300 多万名职工。

职业年金是指机关事业单位及其工作人员在参加机关事业单位基本养老保险的基础上，建立的补充养老保险制度。2015 年，国家实行机关事业单位养老保险与城镇职工并轨，同时出台职业年金办法。依办法，职业年金采取强制建立，所需费用由单位和工作人员个人共同承担，单位缴纳职业年金的费用为本单位工资总额的 8%，个人缴费为本人缴费工资的 4%，由单位代扣。单位与个人缴费基数与机关事业单位工作人员基本养老保险缴费基数一致。随着相关配套政策的出台，2017 年中央和地方机关事业单位职业年金将正式落地运作。

3. 第三支柱：商业养老保险

税优型个人养老金是第三支柱的关键，商业养老保险是第三支柱的重要形态之一。但在中国，税优型个人养老金制度一直没有建立起来，既无国家的统一部署和政策扶持，也无地方试点，成为一片空白。商业保险公司经营一些商业养老保险或年金产品，但发展规模并不大，在建立补充养老保险方面的作用有限。2016 年，具备养老功能的人身保险（包括各类在被保险人年满 55 岁后向其给付生存保险的保险产品）保费收入为 8600 亿元，在人身保险保费收入中的占比为25%，积累保险责任准备约 1.9 万亿元，有效保单件数 6140 万件。

（二）现有体系存在的问题

1. 市场不足

从国际经验看，包括养老金在内的社会保障制度是市场失灵的产物，政府在养老金体系中处于核心地位，无论采取何种管理模式，政府都对公共养老金负有管理、监督和担保之责，因此大部分国家发展了私人养老金，作为公共养老金的补充，努力发挥市场作用，减缓对公共养老金的压力，提升制度的可持续性。如从德国安联养老金可持续指数评估结果来看，大部分排名靠前的国家或地区拥有较为发达的私人养老金市场。例如，澳大利亚自20世纪90年代推行强制性“超级年金”，1986年瑞士通过立法建立强制性私人养老金，英美通过立法建立“自动加入”（Auto-Enrolled）私人养老金制度等。

中国多次呼吁发挥好市场在资源配置中的基础性作用，呼吁加快发展商业养老保险，呼吁出台支持养老金第三支柱发展的税收政策，但市场在养老金体系中的作用依然发挥不足。这既表现在对于市场手段的利用缺乏规划和战略思考；也表现在私人养老金市场发展滞后，无论是覆盖的人群还是基金的规模，还是支付的水平，养老金结构严重失衡，公共养老金“独撑天下”的格局没有得到实质性的改变，私人养老金所占份额和发挥的作用很小。

2015 年，退休人员的总替代率为 44.08%，其中公共养老金的替代率为 42.56%，第二、第三层次的替代率分别仅为 0.26% 和 1.26%；私人养老金资产占 GDP 的比例为 2.61%，而同期 OECD 国家的加权平均占比超过 80%，最高为 159.3%（荷兰）。从中美养老金架构对比（见表 2-1）可以看出，美国的三支柱体系中，第二支柱职业养老金规模最大，其次是第三支柱个人养老金，最后才是公共养老金，而中国则依然是以公共养老金为主。同时无论是从企业年金、职业年金的发展路径，还是从个人商业养老保险税收政策的出台来看，私人养老金的发展依然看不清方向和思路，“层次”何时能够真正转变为“支柱”，仍无明确的规划或政策措施出台。

表 2-1　2014 年美国与中国养老金架构对比

美国	名称	第一支柱 公共养老金	第二支柱 职业养老金	第三支柱 个人养老金	合计
	规模（万亿美元）	2.8	15.18	7.44	25.4
	占养老金资产比重（%）	11.0	59.7	29.3	100
中国	名称	基本养老金	企业年金	个人税延养老金	合计
	规模（万亿元人民币）	3.5	0.95	0	4.45
	占养老金资产比重（%）	78.7	21.3	0	100

资料来源：根据1997—2014年人力资源与社会保障事业发展统计公报计算得出。

2. 总量不足

养老金体系主要是解决人口老龄化风险，保持社会稳定和经济发展，这需要积累或预备相应的经济资源。面对人口老龄化风险，我们的准备不充分，突出表现在养老金资产积累严重不足。2000 年中国就进入老龄化社会，15 年过去了，人口老龄化的形势越来越严峻，到 2015 年 60 岁以上人口已经超过 2 亿人（占 15%），领取养老金的人数为 2.3 亿人（占 17%）。到 2050 年 60 岁及以上人口数将达到 4.34 亿人，超过全部发达国家老龄人口总数。目前中国养老金体系只积累了 7.668 亿元资产，占 GDP 的比重为 11.33%，人均养老金资产积累不足 6000 元，不足发放 3 年；而同期美国养老金资产 25.4 万亿美元，占 GDP 的 152%，人均养老金资产接近 8 万美元，是中国的 90 倍左右。

3. 偿付不足

公共养老金财务状况和可持续性堪忧。如图 2-7 所示，2016 年德国安联养老金可持续指数评比排名，中国位列倒数第 2 名，仅高于泰国，且位于政府破产的希腊（第 51 名）之后。

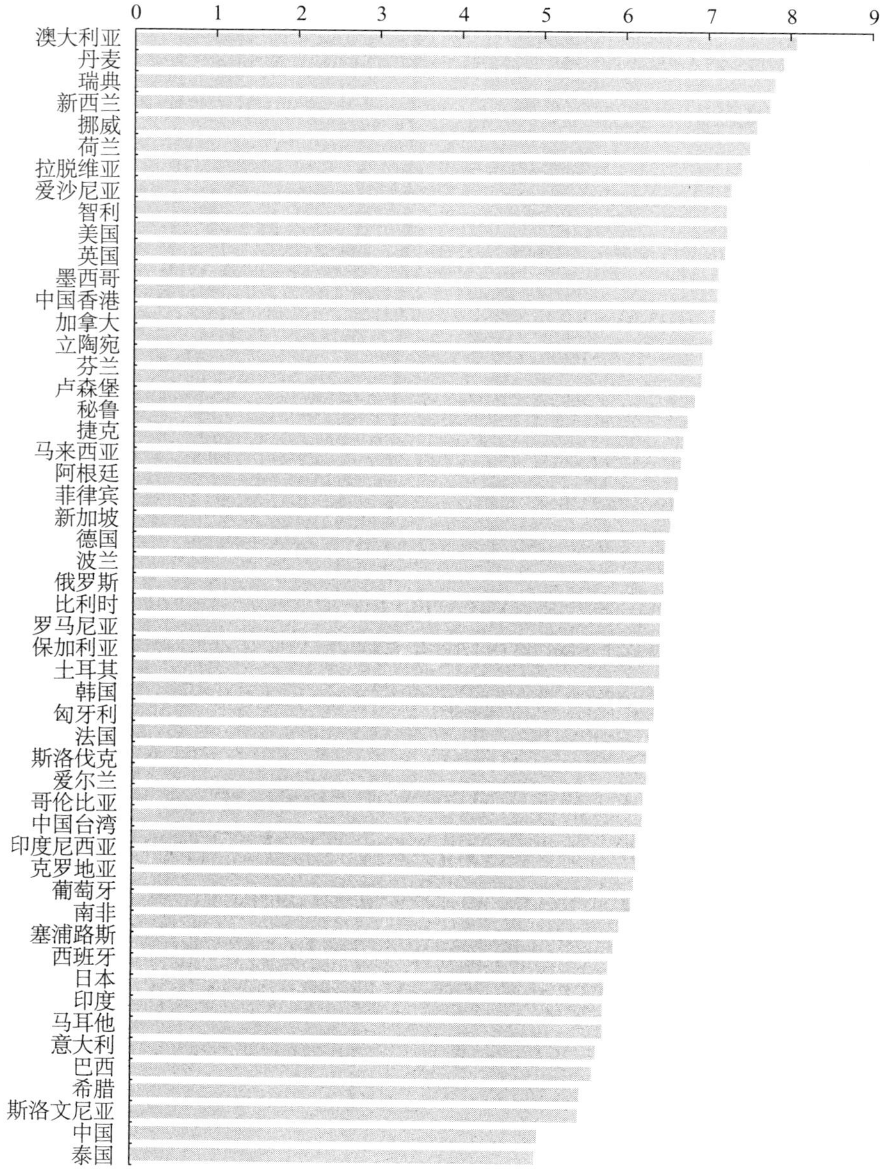

图 2–7　2016 年安联养老金可持续性指数排名

中国公共养老金实行“社会统筹与个人账户相结合”，希望结合社会统筹的长处与个人账户的优势，实行部分积累制，在公共养老金这一个层面上同时实现公平与效率的政策目标。但实际运行的结果并不理想。一是混账管理，制度退回到现收现付制，个人账户空账问题长期存在。由于没有消化和分担“老人”和“中人”转制成本的明确方案，同时统筹基金与个人账户混账管理，当统筹基金收不抵支时，个人账户的资金被挪用无法有效避免。2015年城镇职工基本养老保险个人账户记账金额超过4万亿元，即使将所有结余基金用于弥补，个人账户还存在近万亿元的缺口。《中国社会保险发展年度报告2015》显示，黑龙江、吉林、辽宁、河北、陕西、青海六省的城镇职工养老保险基金当期收不抵支，原已做实的个人账户基金首次出现下降，由2014年的5001亿元下降到3274亿元。二是精算缺口巨大。1997年世界银行推算认为，中国隐性养老保险债务占GDP的46%~69%；国内有学者认为，这一比例高达54%（王晓军）。三是管理低效。表现为：其一是缴费率与拒缴率居高不下，费用分担苦乐不均，用人单位社保缴费超过工资的30%，而同时实际基金收入与理论基金收入有较大差距，存在较为严重的逃、漏缴费现象。其二是统筹层次依然不高，尚未实现真正意义上的省级统筹，管理和资金大部分沉淀在地市一级政府，全国统筹仍遥遥无期。其三是财政补贴与投资低效并存，2008年以来各级财政对基本养老保险累计补贴接近2万亿元；而结余基金以银行存款为主，没有实现市场化投资管理，收益率和支持实体经济发展的能力均较低。

（三）现有的改革努力

为提升制度的公平性和可持续性，中国政府持续不断推进养老金体系的改革（见表2-2），主要的方向体现为：第一，不断扩大覆盖面，努力提升统筹层次；第二，引入基金积累制，包括在公共养老金层次的个人账户建立，也包括企业年金和职业年金的推出；第三，不断扩充公共养老金的基金来源，缓解基金运行的缺口，包括国家社保战略储备基金的建立；第四，调整缴费率和养老金的替代率，调整公共养老金的统账比例，以纠正养老金体系在精算上的失衡。

表 2-2 中国养老保险改革主要政策

20 世纪 90 年代的改革	1991 年 6 月，国务院发布《关于企业职工养老保险制度改革的决定》，开始尝试社会养老保险的改革实践，确定三方筹资，建立多层次养老保障体系。 1993 年，中共中央十四届三中全会通过的《中共中央关于建立社会主义市场经济体制若干问题的决定》正式决定实行社会统筹和个人账户相结合的社会保险制度。 1995 年 3 月，国务院发布的《关于深化企业职工养老保险制度改革的通知》具体确定“社会统筹与个人账户相结合”的实施方案。 1997 年 7 月，国务院颁布《关于建立统一的企业职工基本养老保险制度的决定》，为解决养老保险制度多种方案并存的破碎局面，采取了以下措施：（1）在养老保险费的筹集方面，按职工工资的 11% 建立养老保险个人账户，其中个人缴费最终上升到 8%，企业缴费划入的部分最终降低到 3%；（2）在企业缴费的控制方面，企业缴费（含划入个人账户部分）的费率以不得超过工资总额的 20%；（3）养老金的构成由基础养老金和个人账户两部分组成；（4）将 11 个行业统筹划归地方社会保险机构管理。
2000—2010 年的改革	2000 年，国务院决定选择辽宁省进行完善城镇社会保障体系试点，颁布了《关于印发完善城镇社会保障体系试点方案的通知》，决定从 2001 年 7 月开始在辽宁省进行完善城镇社会保障体系试点工作。试点的内容主要有两个方面：第一，将个人账户的规模从 11% 降到 8%；第二，逐渐将个人账户由个人全部“做实”。 2001 年，国务院在辽宁省开展做实城镇职工基本养老保险个人账户试点。到 2006 年试点地区增加到 13 个省（市）。 2004 年，国家出台《企业年金试行办法》《企业年金基金试行办法》，标志企业年金制度框架体系基本建立。 2005 年，国务院发布《关于完善企业职工基本养老保险制度的决定》，其中规定从 2006 年起各地将个人账户的规模统一由本人缴费工资的 11% 调整为 8%，全部由个人缴费形成，单位缴费不再划入个人账户。 2005 年 8 月，劳动和社会保障部颁布第一批企业年金管理资格，标志着中国企业年金进入实际市场化运作阶段。

续表

2010年以来的改革	2014年，国务院决定合并新型农村社会养老保险和城镇居民社会养老保险，建立全国统一的城乡居民基本养老保险制度。 2015年，国务院出台关于机关事业单位工作人员养老保险制度改革的决定，标志着机关、事业单位基本养老保险开始与城镇职工基本养老制度并轨，并建立职业年金制度。 2015年，国务院出台《基本养老保险基金投资管理办法》，标志着基本养老金开启专业化、市场化的投资运作。

具体而言，改革主要取得了以下成就[①]：

大部分学者客观剖析问题的同时，充分肯定中国养老金体系改革发展所取得的成就。如中国人民大学董克用教授认为，中国养老金取得“建立了符合社会经济发展的养老金制度，实现了广覆盖和最基本的建制理念，探索了克服人口老龄化危机的路径”三方面的成就，但同时也存在“公平性和可持续性问题和系统性风险”。[②]

1. 体系多层次

多层次（支柱）是养老金改革的全球共识，无论是俾斯麦模式，还是贝弗里奇模式，都是政府、用人单位和个人三者承担养老责任的有机结合。世界银行分别于1994年和2005年提出并推广三支柱和五支柱的养老金架构，其核心在于通过不同的制度来重新界定政府、用人单位和个人的养老责任，提升制度的可持续性。

而中国早在1991年就提出建立多层次养老金体系的改革目标，国务院《关于企业职工养老保险制度改革的决定》（国发〔1991〕33号）要求“逐步建立起基本养老保险与企业补充养老保险和职工个人储蓄性养老保险相结合的制度，改变养老保险完全由国家、企业包下来的办法，实行国家、企业、个人三方共同负担”。这一理念和方向是正确的，随后的改革也是遵循这一理念、沿着这一方向前行的，但层次之间步调不一、成效各异，

① 段家喜. 正视中国养老金改革的成就与问题[J]. 中国保险市场，2017（8）.

② 董克用，张栋. 中国养老金体系改革变迁：成就与挑战[J]. 清华金融评论，2017增刊.

最终还是初步形成了公共养老金（包括城镇职工基本养老保险和城乡居民基本养老保险）、补充养老保险（包括企业年金和职业年金）、商业养老保险等构成的多层次体系架构。

2. 改革市场化

虽然中国养老金改革属于被动式的，并且主要集中于公共养老金领域，但伴随改革开放和经济市场化进程，其改革方向总体是市场化的。中国养老金体系脱胎于计划经济，改革之初，政府或用人单位几乎承担了所有的养老责任，居民完全依靠政府或用人单位养老；与经济市场化同步，建立与市场经济体制相适应的养老金体系，是改革的目标和方向，这就需要重新思考和界定各级政府、用人单位和个人的责任，并通过制度固化。

中国养老金市场化改革过程中，政府的功能和责任一再调整，市场的地位和作用逐步显现和加强，这既表现在公共养老金领域引入市场机制，减轻政府的责任；也表现在私人养老金市场的发展。

在第一支柱公共养老金层面，通过渐进式改革实现传统企业/单位保障向社会化的责任分担机制转变，建立了城镇职工基本养老保险和城乡居民基本养老保险，并实现机关事业单位工作人员与企业职工养老保障的并轨，彻底改变居民完全依赖政府与单位的传统保障观念，打破了养老应当由国家完全负责的传统观念，有利于市场经济体制下政府与企业的转型，提高了用人单位对市场经济的适应性。公共养老金虽然年年增长，但其替代率以及在养老收入中的占比均趋于下降，制度替代率由1993年的75.98%下降到2015年的42.56%，为私人养老金市场的发展腾出了空间（见表2–3）。

表2–3 中国公共养老保险制度替代率 单位：%

年份	1993	2000	2002	2006	2009	2011	2014	2015
替代率	75.98	71.22	63.43	50.3	44.9	43.28	43.1	42.56

注：替代率=城镇职工平均养老金水平/城镇单位在岗职工平均工资。

资料来源：根据人力资源和社会保障部、国家统计局公布数据整理。

在第二支柱层次，将原有企业补充养老保险改造为企业年金，确立“四种人”的信托模式，明确35家机构的60个经办资格，实现了由政府经办向市场化运作管理的转变，到2016年有7.63万户企业建立了企业年金，参保人数2325万人，基金超1.1万亿元，培育了一个新的养老金市场。同时着手建立职业年金，将所有机关事业单位工作人员强制纳入保障范围。

在第三支柱层次，虽没有税收政策扶持，但商业保险积极开拓市场，努力成为个人和家庭养老保障计划的主要承担者、用人单位发起的养老保障计划的重要提供者、基本养老保障市场化运作的积极参与者。2017年7月国务院办公厅颁布《关于加快发展商业养老保险的若干意见》（国办发〔2017〕59号）制定了商业养老保险到2020年的发展目标，明确了商业养老保险应在完善养老保障体系、促进养老服务业发展、服务经济提质增效升级中的作用和任务，提出了加快发展商业养老保险的支持政策及地方保障措施。文件的颁布将助推养老金的市场化发展。

3. 制度全覆盖

覆盖全民是社会保障基本原则之一。国际劳工组织主张：“优先扩大社会保障覆盖范围，将游离于制度外的群体，如女性、自雇人员、微型企业从业人员、老年人以及在家工作者纳入制度之中”。扩大覆盖面一直是人力资源和社会保障部的工作重点之一，通过“改制、扩面、提升统筹层次”等一系列改革，公共养老金从小到大，从弱到强，基本覆盖所有法定参保人员。特别是城乡居民基本养老保险的建立与扩面，将广大低收入阶层纳入保障，为社会稳定和经济发展贡献颇多，得到各方赞许。

2016年基本养老保险参保人数88777万人（包括参保离退休人员9142万人），其中，城镇职工基本养老保险参保人数37930万人，城乡居民基本养老保险参保人数50847万人。企业年金发展远低于预期，但8年间参保人数增加1倍多，基金增加6倍。

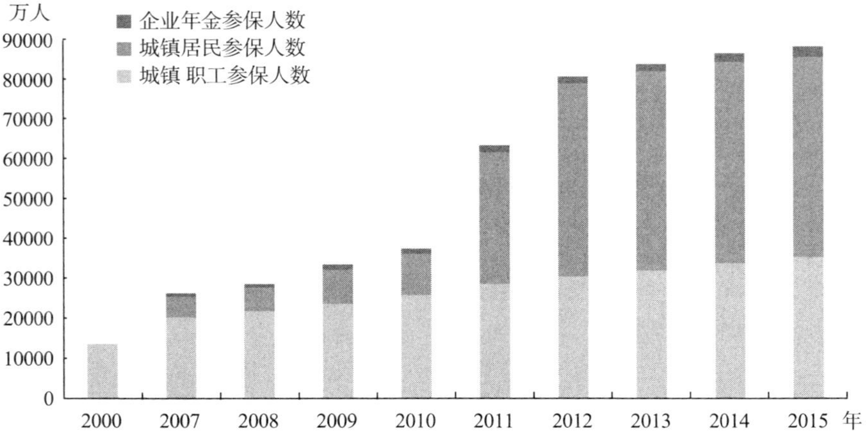

图 2-8　2000 年以来公共养老金参保人数

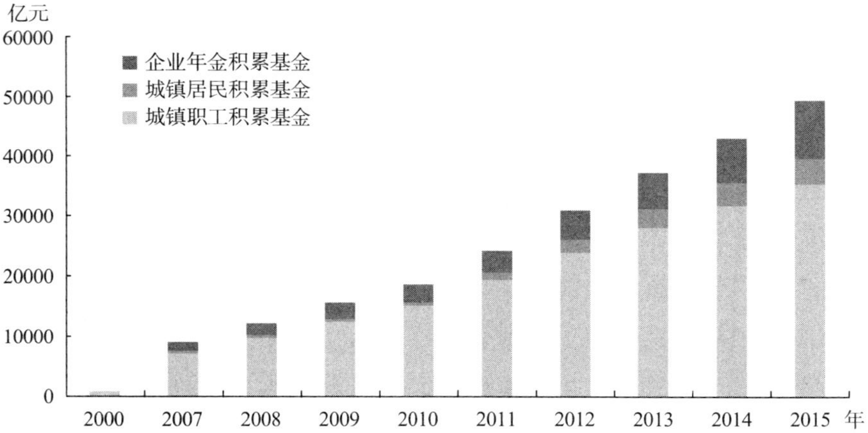

图 2-9　2000 年以来公共养老金积累基金

三、经济社会进入新常态

（一）经济新常态

中国经济正处在经济增速换挡期、结构调整阵痛期和前期刺激政策消化期，即所谓的“三期叠加”的特定阶段。经济转型升级是该阶段的核心。经济转型升级的内涵主要是增速换挡和结构调整，其构成了养老金制度“十三五”时期发展的经济背景。

其中，所谓增速换挡，就是经济发展阶段由过去的高速增长转变为中高速增长。近年来，中国经济增速显著下滑。2011 年以来，中国经济持续下行，2016 年 GDP 增速已经下滑至 6.7%，较 2010 年增速下降 3.9 个百分点（见图 2–10）。

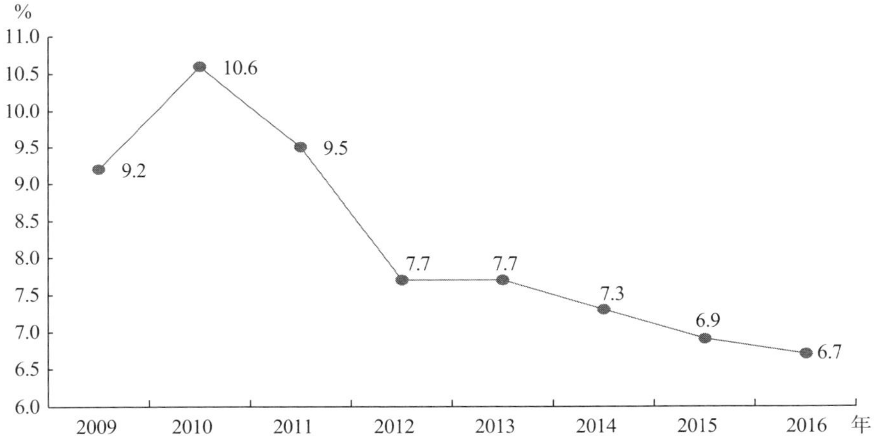

资料来源：国家统计局。

图 2–10　近年来中国经济增速

根据国务院发展研究中心课题组（DRC）的预测，2015—2024 年，中国经济平均增速为 6.2%。根据国际货币基金组织（IMF）的预测，2015—2020 年，中国年均经济增速达到 6.3%（见图 2–11）。总之，中国正在经历经济增速换挡期，未来难以重返之前的高增长阶段。

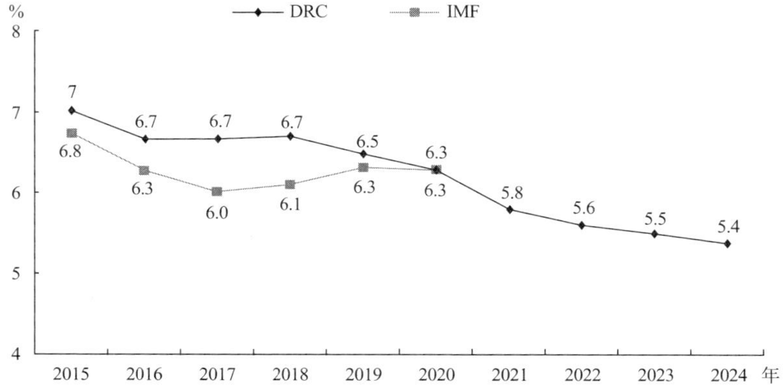

资料来源：国务院发展研究中心课题组，IMF世界经济展望数据库。

图 2-11　中国经济增速预测

2015 年工业企业利润增速和国有及国有控股企业利润总额分别较 2014 年同期下降 2.3 个和 6.7 个百分点（见图 2-12）。2016 年该项数据略有上升但并未根本扭转下滑趋势，2016 年工业企业利润增速和国有及国有控股企业利润总额分别较 2015 年同期上升 8.5 个和 1.7 个百分点（见图 2-13）。

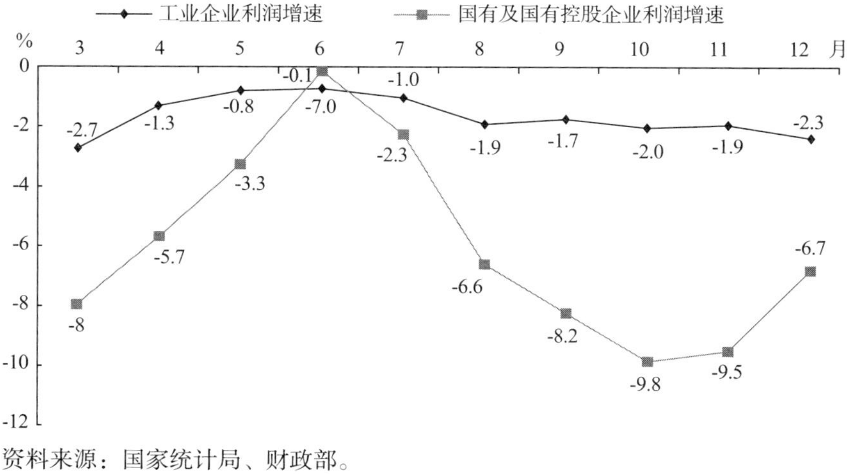

资料来源：国家统计局、财政部。

图 2-12　2015 年工业利润增速情况

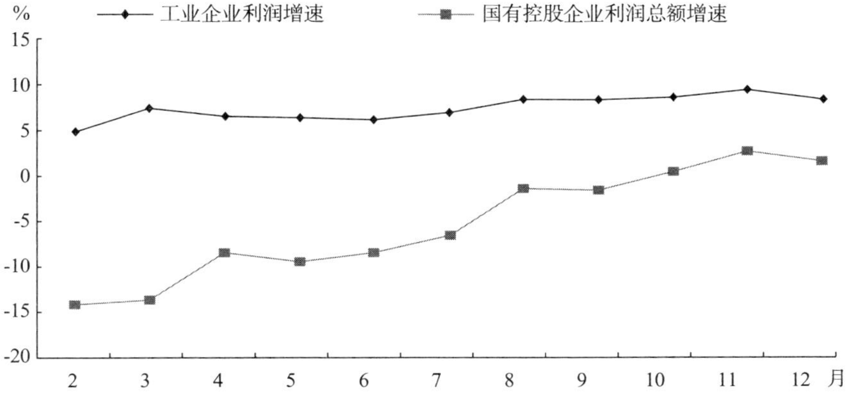

资料来源：国家统计局、财政部。

图 2–13　2016 年工业利润增速情况

企业效益下滑会对财政收入带来较大的负面影响。一方面，受预期盈利下滑的影响，企业生产活动放缓，这会导致间接税增速的下降。另一方面，企业效益的下滑会直接导致直接税增速的下滑。2015 年，全国公共财政收入增速同口径增长 5.8%，低于同期名义 GDP 增速，较 2014 年同期回落 2.8 个百分点。在财政收入增速下降背景下，公共养老金对财政依赖程度的增加，将给财政带来较大压力。同时，受企业效益下滑的影响，基本养老保险的缴费压力更加凸显，这进一步对就业造成压力。

在经济转型升级的背景下，第一支柱公共养老金“一柱独大”的养老金体系面临越来越大的压力，为了减少财政风险以及降低企业负担，有必要对养老金体系作结构性调整，尤其是推动第三支柱的发展。

（二）中等收入陷阱

2006 年，世界银行《东亚经济发展报告》首先提出“中等收入陷阱”（Middle Income Trap）概念。它是指一个经济体的人均收入达到世界中等水平（人均 GDP 在 4000~12700 美元的阶段）后，由于不能顺利实现发展战略和发展方式转变，导致新的增长动力特别是内生动力不足，经济长期停滞不前；同时，快速发展中积聚的问题集中爆发，造成贫富分化加剧、产业升级艰难、城市化进程受阻、社会矛盾凸显等。

世界经济发展史表明，当一国人均GDP迈过3000美元之后，如果不能进行经济增长模式的及时转换，有可能长期停滞于所谓“中等收入陷阱”。大部分国家长期陷入“中等收入陷阱”之中，如墨西哥、阿尔及利亚和秘鲁等，只有少数国家能够持续增长，长驱直入进入发达国家，如日本和韩国①。

在中等收入陷阱问题上，需要关注的问题包括：一是政府规模问题。政府规模应该适度，政府规模过大会对经济增长起反向作用。而合理界定好政府在养老金体系中的职责，将有利于这一问题的缓解。二是收入差距问题。收入分配差距和经济增长存在显著的负相关关系。按中国目前的经济增长水平，比照国际标准，贫富差距的确较大，已成为社会关注的焦点问题。这就需要进一步发挥好养老金体系在防止老年贫困等各方面的作用。三是教育水平与经济增长有一定的正相关关系。相对中国当前的经济增长水平，中国的人均教育水平在国际范围内算是较高的，反映了普及初等教育的成果。四是如果以预期寿命作为国民健康的衡量指标，国民健康与经济增长也存在正相关关系。相对当前的经济增长水平，中国的人均预期寿命也是比较高的②。

（三）新常态要求保险业发挥更大作用

如何应对并缓解人口老龄化问题对经济增长和金融协调发展带来的负面影响，是当前摆在全社会面前的一项艰巨任务。大力发展商业养老保险，有益于促进经济增长和金融协调发展，有利于实现消费和投资的平衡增长，有利于优化金融市场结构。一方面，商业养老保险为社会各行各业的参与者提供合理的养老保险产品与养老资金保值升值之道；另一方面，积少成

① http://news.163.com/17/0207/10/CCLQE2IH00018AOP.html.

② http://news.163.com/17/0207/10/CCLQE2IH00018AOP.html.

多的商业养老资金可以通过创新运用方式，参与实体经济，以多种形式助力国家经济增长与金融协调发展。近年来，随着政府与监管部门的不断推动，保险资金运用的法规政策不断创新，激发了商业养老保险的发展活力，商业养老保险发展速度稳步提升，养老保险资金规模不断增长，对支持社会经济发展和金融协调发展起到的作用越来越显著。

1. 商业养老保险支持经济增长和金融协调发展的客观条件

近年来，保险资金运用的法规政策不断创新，激发了商业养老保险的活力。在负债端，商业养老保险参保人数不断提高、资金规模不断增加，为经济增长和金融协调发展提供资金要素保证；在资产端，商业养老保险资金投资范围不断拓宽、投资收益不断提升，已经成为支持国家经济发展和金融稳定的重要力量。当前，包括商业养老保险资金在内的保险资金投资范围不断拓宽，广泛涵盖了股票、债券、股权、不动产、私募股权基金、货币市场基金等各类金融工具，实现了从传统领域到现代金融新兴领域、从境内市场到境外市场、从虚拟经济到实体经济的金融资产类型的全覆盖，为商业养老保险资金直接参与国家经济增长和金融协调发展工作创造了更好的条件。

2. 商业养老保险与经济增长和金融协调发展的互动机制

商业养老保险发展与经济增长和金融协调发展具有相互支持、相互促进的作用。一方面，商业养老保险的不断发展可以为经济增长和金融协调发展提供资金要素保障，为经济增长和金融协调发展提供支持，特别是税优个人养老金制度的建立，将形成“长钱”机制，成为资本市场和经济发展的“压舱石”；另一方面，经济增长和金融协调发展可以进一步带动商业养老保险的发展。

在市场化改革的指导思想下，中国保险监管机关通过“放开前端、管住后端”逐步放开保险资金投资范围，为商业养老保险资金直接参与国家经济增长和金融协调发展工作创造了更好的条件。自保险“新政”出台后，越来越多的保险资金投入到国家重点、大型的经济建设中，特别是交通运输、能源、市政、环保及通信等城镇化建设工程，在国家重点、大型的经济建设中都可以找到保险机构和保险资金的身影，从“一带一路”倡议、京津冀区域协同发展、长江经济带建设等涉及多省市、多项目的经济发展工程，到新疆经济建设、上海自贸区建设等支持单独省市发展工程，保险资金都承担着重要作用。除经济建设外，保险资金在养老、健康、医疗等民生建设上也是重要参与者。目前，众多保险机构积极参与到大健康、大养老的建设中。商业养老保险资金服务经济建设，不仅仅是社会经济发展的重要贡献者，同时，商业养老保险资金参与金融协调发展，还成为金融市场的关键稳定者。例如，在 2015 年 6 月股票市场剧烈波动期间，中国保险监管机关发布《关于提高保险资金投资蓝筹股票监管比例有关事项的通知》，充分发挥保险资金规模优势，降低市场波动，稳定市场情绪，起到优秀的机构投资者的积极作用。

分报告三
发展养老金第三支柱的现实意义

分析讨论发展养老金第三支柱（特别是税优个人养老金）的现实意义，主要目的在于提升认识，解决好发展养老金第三支柱的目的和作用问题，特别要认识其在经济社会发展全局中的价值。发展养老金第三支柱，可以优化养老金体系，推动寿险业的转型升级，优化金融结构，并促进经济发展。

一、优化养老金体系

目前中国养老金体系改革虽然取得巨大成就，但也存在一些突出问题，主要表现为：一是结构性失衡。首先，政府、市场、企业和个人责任定位不清，多支柱的养老金体系并未真正建立起来。其次，已有的养老金第一支柱独大，而第二、第三支柱发展滞后。最后，作为第一支柱的公共养老金的可持续发展压力大。二是养老资产总量不足，难以适应老龄化的要求。发展税优个人养老金，壮大养老金第三支柱，可以有助于解决中国养老金体系存在的结构性失衡和总量矛盾。一方面，可以明晰政府、市场、企业和个人的责任定位，真正建立多支柱的养老金体系，改善养老金体系存在的结构失衡，提升基本养老保险的可持续发展能力；另一方面，可以增加养老资产，有效应对人口老龄化的挑战。

（一）明晰政府、市场、企业和个人的责任定位，建立多支柱的养老金体系

如前所述，2005年，世界银行提出五支柱的养老金改革思想，其核心在于清晰界定国家、社会、企业、家庭、个人责任的责任边界，既强调政府关注基本收入保障对相对弱势的老年群体的作用，又强调强制性养老金制度内外的所有支柱均应通过市场等手段的运用以期达到为个人熨平消费的作用。以上述思想反观中国养老金制度，最大的问题在于国家、社会、企业、家庭、个人责任的边界不清。

首先，政府在养老保险制度中的责任定位不清。一方面，在非缴费型和缴费型养老金制度中的角色错位。非缴费型强调的是对弱势群体的救助和反贫困，而缴费型强调财务自我平衡。目前中国缴费型第一支柱很大，但财务状况恶化，离不开对财政转移支付的依赖，倒逼政府对城镇企业职工基本养老保险制度以及机关事业单位退休养老制度的财政支持持续扩大。由于城镇职工基本养老保险尚没有实现全国统筹，各地区养老保险制度内部不能相互调剂，财政对于入不敷出的地区必须给予财政补贴，并且补贴的额度逐年增加。这样，非缴费型制度财力分散到缴费型制度当中，导致其转移支付规模有限。另外，这也导致由缴费形成的保险制度与由转移支付形成的救助和福利制度之间边界不清。另一方面，针对传统的现收现付制向“统账结合”模式转变过程中所产生的转轨成本，政府在清偿责任上出现缺位，从而直接导致了现阶段企业和个人较高的缴费负担，养老保险的可承担性面临巨大的压力。这不仅严重影响了企业竞争力，降低了企业参加基本养老保险的积极性，使在职的一代人缴费负担沉重，造成代际不公平现象和代际矛盾。

其次，现行制度也不利于激励企业和个人发挥养老责任主体的作用。在基本养老保险制度之内，个人账户积累作为职工个人财产得不到切实的制度性保护，企业和个人缴费与最终受益的制度性联系不足，造成企业和

个人缴费的激励约束机制扭曲和无效。

最后，养老保险制度的现收现付制的实质和与之相适应的政府承担无限责任的现实，挤压了市场机制发挥作用的空间。适合以市场机制为基础进行管理的企业年金和商业养老保险发展迟缓，市场组织在提供补充性养老金计划方面尚未充分发挥作用。

以企业年金为例，其发展尚存在很多不足。第一，企业年金的覆盖面有限。2016年全国有7.63万户企业建立了企业年金，仅占当年企业法人单位数量（2168.4万户）的0.35%；参加职工人数为2325万人，占全国参加城镇职工基本养老保险人数（37862万人）的6.14%。可见，企业年金覆盖的企业数量和人群都比较有限，没有真正发挥第二支柱的作用。第二，企业年金的发展遇到新阻力。近年来企业年金覆盖的企业数量、参加职工人数以及基金积累的增加速度都趋缓（见图3-1、图3-2、图3-3）。未来增速还可能进一步下滑。除了基数逐年增大外，主要原因包括：一是此前央企、地方性大型国企、外资企业、经营较好的民营企业大都建立了年金计划，企业年金新增企业趋于减少。二是在经济下行环境下企业效益下降，企业新建年金计划的意愿和能力下降。三是钢铁、煤炭等行业正在经历去产能的调整，造成部分已建立年金计划的企业及其职工缴费减少或者中断。

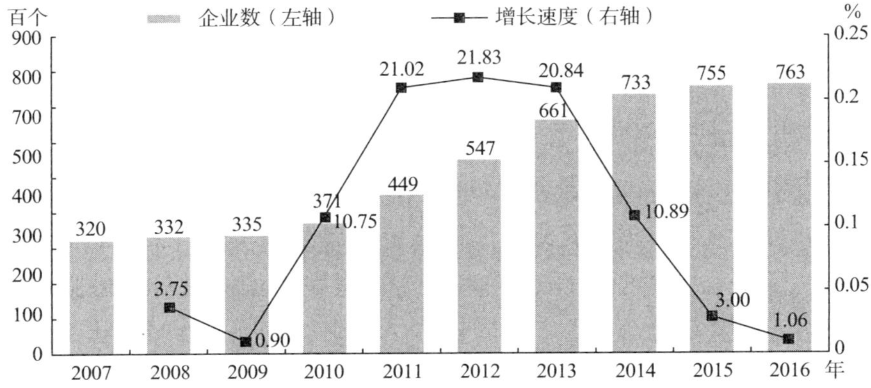

资料来源：人力资源和社会保障部：《全国企业年金基金业务数据摘要（2016年度）》。

图 3-1　建立企业年金的企业数量及其增长速度（2007—2016 年）

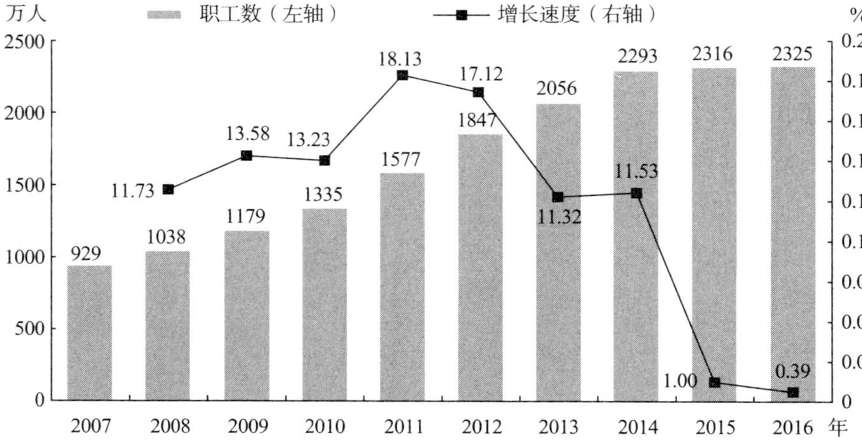

资料来源：人力资源和社会保障部：《全国企业年金基金业务数据摘要（2016年度）》。

图 3–2　参加企业年金的职工数及其增长速度（2007—2016 年）

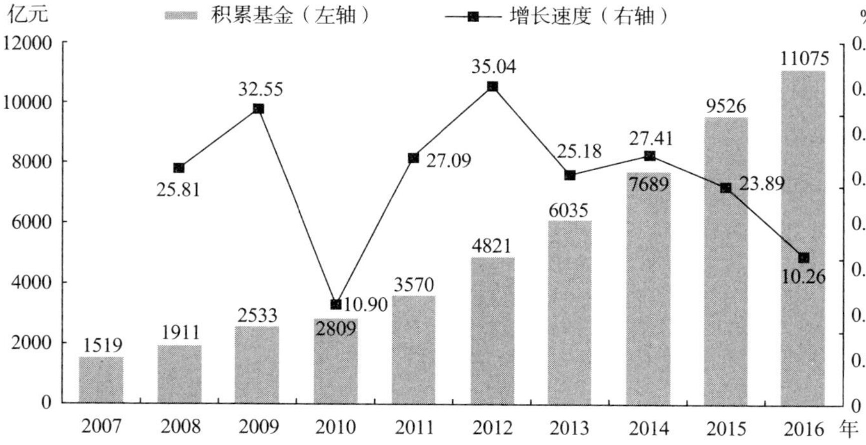

资料来源：人力资源和社会保障部：《全国企业年金基金业务数据摘要（2016年度）》。

图 3–3　企业年金的基金积累及其增长速度（2007—2016 年）

养老保障的本质是为老年人提供收入保障，包括运用代内平衡、代际转移，以及自己一生收入平衡等策略。从历史性上看，每个人都要经历从少年、成年到老年的必然发展过程，这是由生物进化规律决定的。每个正常的、有劳动能力的人都以过去创造的价值积累转移，到老年阶段支取，老年人是以自己过去的劳动养活自己。年青一代对老年人的物质供养、生活照料以及精神慰藉都不是来自任何人的恩赐，也不是来自人道主义精神，而是老年人以其在劳动年龄阶段为家庭和社会的发展所付出的劳动和投资通过代际交换获得的。因此，每个人都是解决自身养老问题的最重要的责任主体。从各国养老金改革的动向及趋势来看，养老金改革的重心是提升自我保障能力，政府提供的养老保障应该建立在个人和家庭的自我保障基础之上，而不是挤压甚至削弱这种自我保障。

综上所述，发展养老金第三支柱，有利于明晰政府、市场、企业和个人的责任定位，有利于建立多支柱的养老金体系。政府主导的养老保障并不是保障水平越高越好。保障水平越高，意味着政府集中与配置的资源越多，企业、家庭和个人掌握的资源就会越少。福利国家导向的养老保障改革蕴含的理念是藏富在国，而不是藏富在民；资源的主体赋予了政府行政机关，而不是个人和企业；是服务于建设一个全面管制型家长制国家，而不是一个基于公民自主治理的国家。因此，养老金系改革的当务之急是放弃福利国家导向的目标，区分养老金应对来年贫困和收入替代的双重目标，政府的责任主要是建立和完善应对老年贫困的非缴费型养老金制度，关注基本收入保障对相对弱势老年群体的作用。建立财政预算筹资、覆盖全体城乡居民的非缴费型养老金制度，旨在为那些因各种原因未能纳入缴费型公共养老金制度保障范围的城乡居民提供最低的老年收入保障，以预防老年贫困，有效降低老年群体的贫困发生率。在此基础上，要有效降低基本养老保险缴费比例，为第二支柱和第三支柱养老金发展腾出空间，从而进一步明晰政府、市场、企业和个人的责任定位，真正建立起多支柱的养老金体系。

（二）改善养老金体系存在的结构失衡

同样由于私营养老金发展滞后，中国养老金体系中第一支柱独大，而第二、第三支柱发展不足，从而造成养老金体系中第一、第二、第三支柱的结构失衡。主要表现在：

1. 三个支柱积累的资产结构失衡

2015年，在养老金总资产中，第一支柱为3.99万亿元，占69.3%；第二支柱为9526亿元，占16.5%；第三支柱为8154亿元，占比14.2%。可见第一支柱独大，而第二、第三支柱发展程度低，三个支柱之间发展不均衡。

2. 养老金收入的结构失衡

在中国退休人员养老金收入的构成中，第一支柱占比特别高，而第二、第三支柱占比很低。2015 年退休人员的平均养老金收入为 2278.6 元 / 月。其中，第一支柱提供的养老金收入为 2200 元 / 月，占比高达 96.55%。而第二支柱提供的收入分别为 13.6 元 / 月和 65 元 / 月，仅占 0.60% 和 2.85%。相应地，2015 年退休人员养老金的总替代率为 44.08%，其中第一支柱养老金的替代率为 42.56%，而第二、第三支柱的替代率分别仅为 0.26% 和 1.26%（见表 3–1）。

表 3–1　2015 年中国养老金收入及其替代率结构

名称	第一支柱	第二支柱	第三支柱	合计
平均养老金收入（元 / 月）	2200	13.6	65	2278.6
占养老金总收入比重（%）	96.55	0.60	2.85	100
替代率（%）	42.56	0.26	1.26	44.08

注：2015年全国企业退休人员基本养老金月人均约为2200元；企业年金领取金额为149.26亿元，参保离退休人员9142万人，企业年金月人均约为13.6元（149.26/0.9142/12）；寿险业务给付3565.17亿元，若按商业养老保险占寿险支出的20%计算，则商业养老保险月人均约为65元（3565.17 × 20% / 0.9142/12）。

替代率为养老金收入 / 社会平均工资。2015年全国城镇非私营单位就业人员年平均工资为62029元，月工资为5169元，据此计算各支柱的替代率分别为42.56%、0.26%和1.26%。

资料来源：《2015年度人力资源和社会保障事业发展统计公报》《全国企业年金基金业务数据摘要》《2015年保险统计数据报告》。

在三支柱养老金体系结构严重失衡的情况下，退休人员的收入结构单一，国家负担较为沉重。因此，发展养老金第三支柱，使其成为国民退休收入结构的重要组成部分，有助于纠正中国养老金体系的结构性失衡。

（三）提升基本养老保险的可持续发展能力

城镇职工基本养老保险作为第一支柱重要组成部分，几乎承担了全部养老保障责任，却面临较为严重的可持续发展压力。

第一，制度赡养率逐渐提升。随着人口老龄化程度的加剧，城镇职工基本养老保险的制度赡养率（领取养老金的人数与缴纳养老保险费的人数之比）逐渐提高，2015 年提升至 34.84%（见图 3–4），这意味着养老负担不断增加。

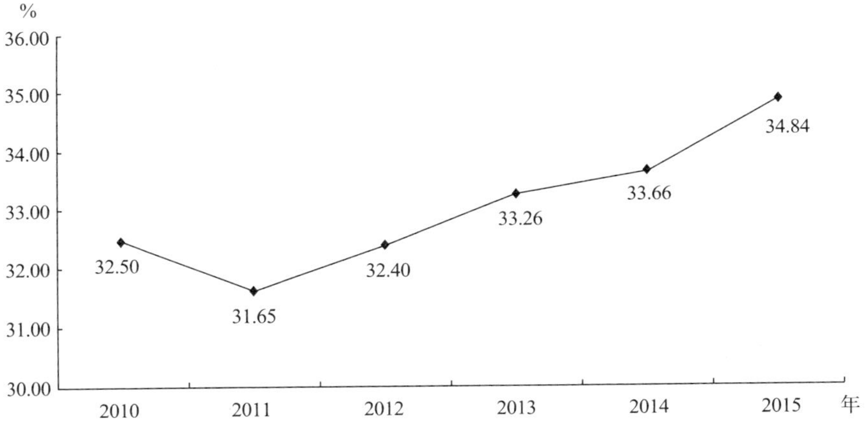

资料来源：人力资源和社会保障部。

图 3–4　城镇职工基本养老保险的制度赡养率

制度赡养率的区域差异很大，一些地方的制度赡养率非常高，如 2014 年重庆、四川、甘肃、辽宁均超过了 50%，而黑龙江省、吉林省与新疆兵团更是超过了 60%（见图 3–5）。在公共养老金还没有实现全国统筹的情况下，制度赡养率的区域差异意味着一些地区的养老负担已经不堪重负。

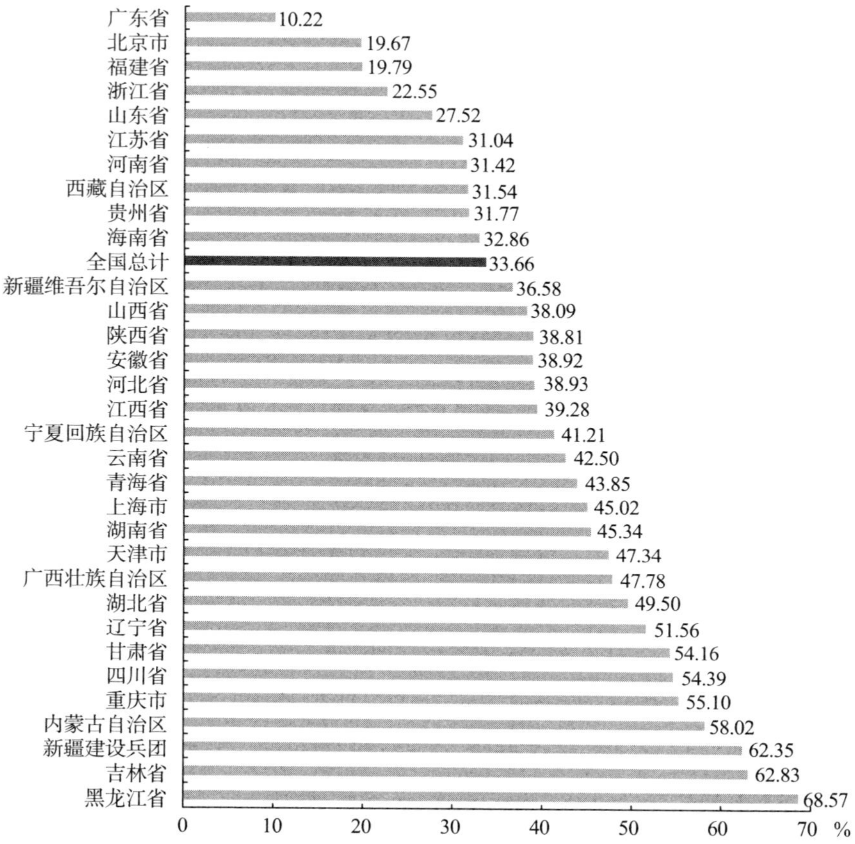

资料来源：人力资源和社会保障部。

图 3-5　2014 年各省（自治区、直辖市）城镇职工基本养老保险制度赡养率

第二，参保人员缴费比例不断下降。由于经济下行、部分参保人员缺乏缴费能力以及基本养老保险制度的激励性不够，近年来企业部门缴费人数占参保职工人数的比例不断下降，从2006年的89.98%下降至2015年的80.3%（见图3-6），有的省市（如海南、广东和北京）甚至不到70%（见图3-7）。参保人员缴费比例下降，一方面从侧面反映出公众对制度的信心有待提升；另一方面进一步恶化了基本养老保险的财务可持续性。

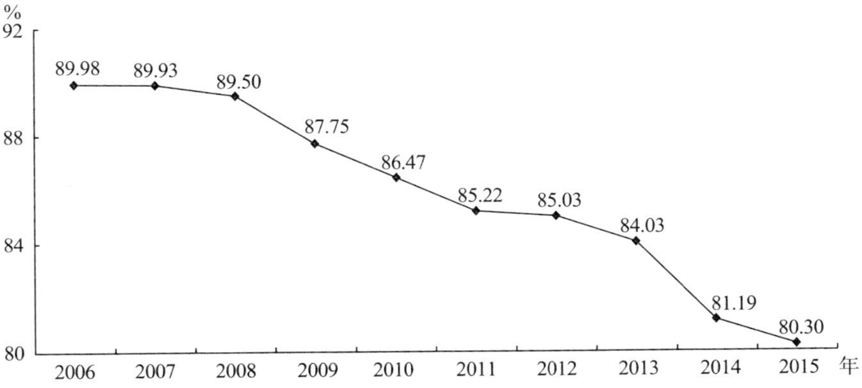

资料来源：人力资源和社会保障部。

图 3-6 企业部门缴费人数占参保职工人数的比例

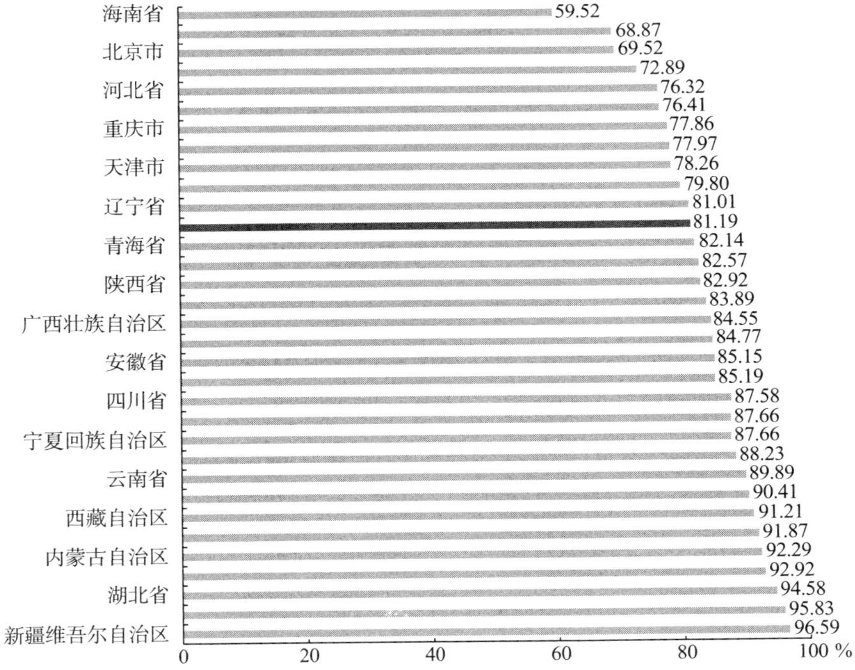

资料来源：人力资源和社会保障部。

图 3-7 2014 年各省（自治区、直辖市）企业部门缴费人数占参保职工人数的比例

第三，对财政补贴的依赖性较大。2014年城镇职工基本养老保险基金总收入中，财政补贴3548亿元，占14.02%（见图3-8）。2010年以来，财政补贴占基金总收入的比例一直维持在13%~14%（见图3-9）。各级财政补贴基本养老保险基金的数额不断增加，从2010年的1954亿元提高到2016年的4716亿元，2010—2015年累计补贴18157亿元（见图3-10）。考虑到消化制度的转轨成本，财政投入有一定的合理性。但制度依靠大量财政投入维持正常运行，这意味着其自我维持平衡的能力不足，可持续性不强。

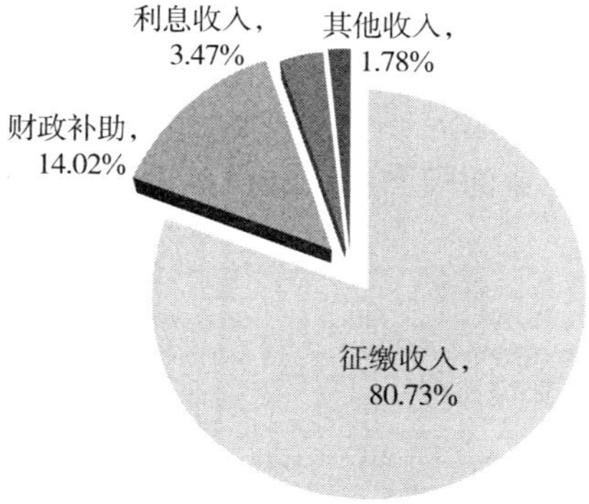

资料来源：人力资源和社会保障部。

图 3-8　2014 年城镇职工基本养老保险基金总收入的结构

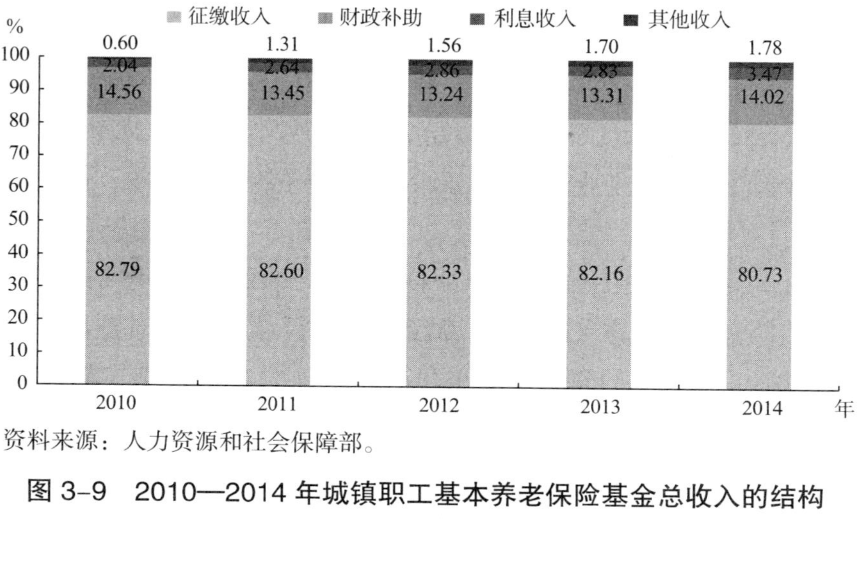

资料来源：人力资源和社会保障部。

图 3-9　2010—2014 年城镇职工基本养老保险基金总收入的结构

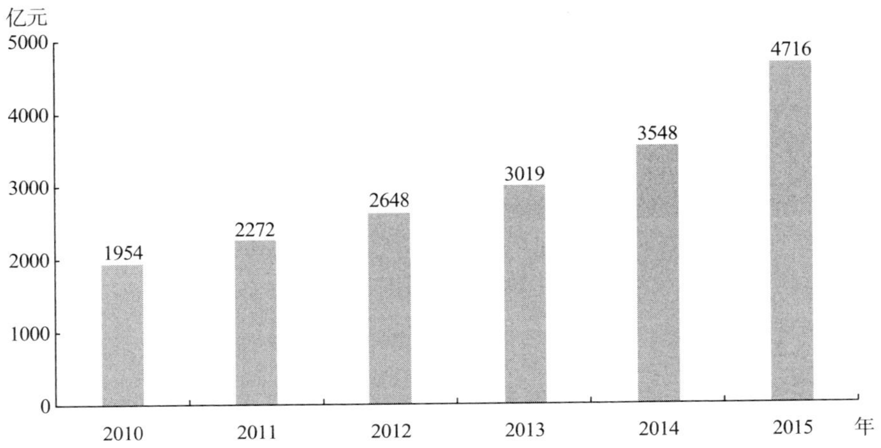

资料来源：人力资源和社会保障部。

图 3-10　2010—2015 年各级财政补贴基本养老保险基金金额

第四，基金的当期结余减少。2010—2014 年，城镇职工基本养老保险基金收入的增长速度为 88.60%，支出的增长速度为 106.11%（见图 3-11），从而造成基金当期结余减少。2014 年城镇职工基本养老保险基金的当期结余下降 4.52%。除了西藏和甘肃外，其他所有省份的当期结余都有所下降（见图 3-12）。

由于制度赡养率逐渐提升、参保人员缴费比例不断下降、对财政补贴的依赖性较大以及基金的当期结余减少，中国基本养老保险正面临较大的可持续发展压力。如果囿于现有的养老保险制度框架寻求解决问题的路径，回避已有制度的诸多深层次的矛盾与问题，在一个本身难以可持续发展的制度上修修补补，只能是暂时延缓矛盾，为将来的改革积聚压力。问题的关键还在于，目前的养老保险发展主要依托于第一支柱的思路存在重大缺陷，注定是不可持续的。自我保障是养老金运行的基石，通过引入结构式改革，以税收政策撬动加快发展第三支柱，进行养老金体系结构性的转换，才可以促进基本养老保险的可持续发展，同时提升体系的保障能力。

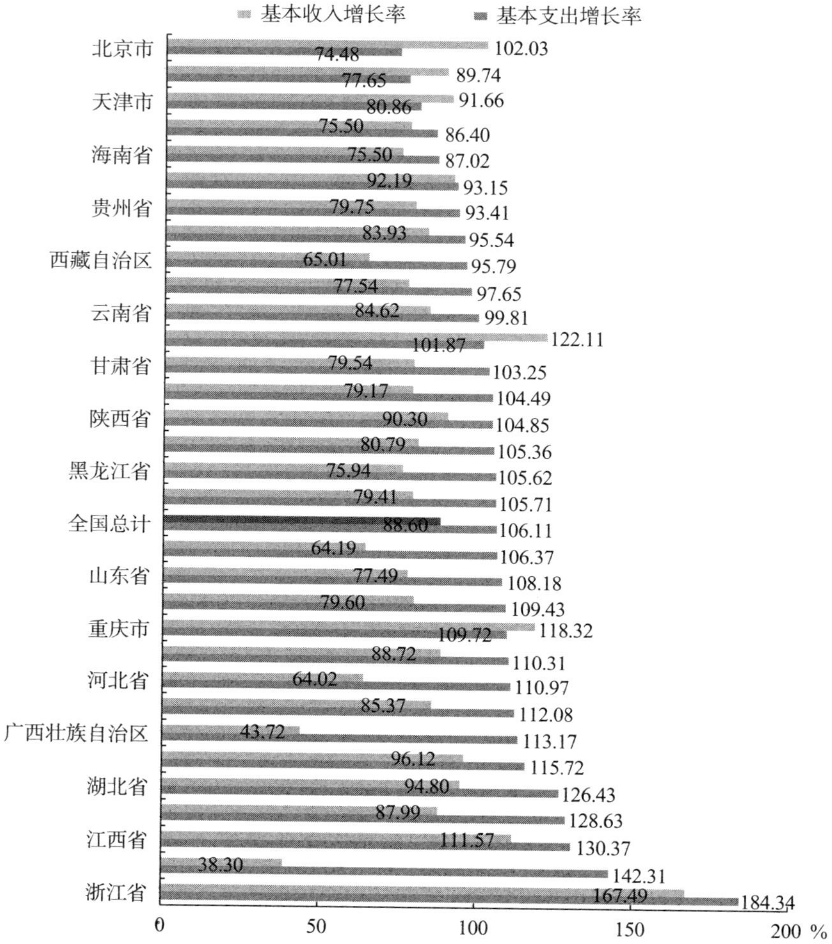

资料来源：人力资源和社会保障部。

图 3–11　2010—2014 年各省（自治区、直辖市）城镇职工基本养老保险基金收入增长率与支出增长率对比

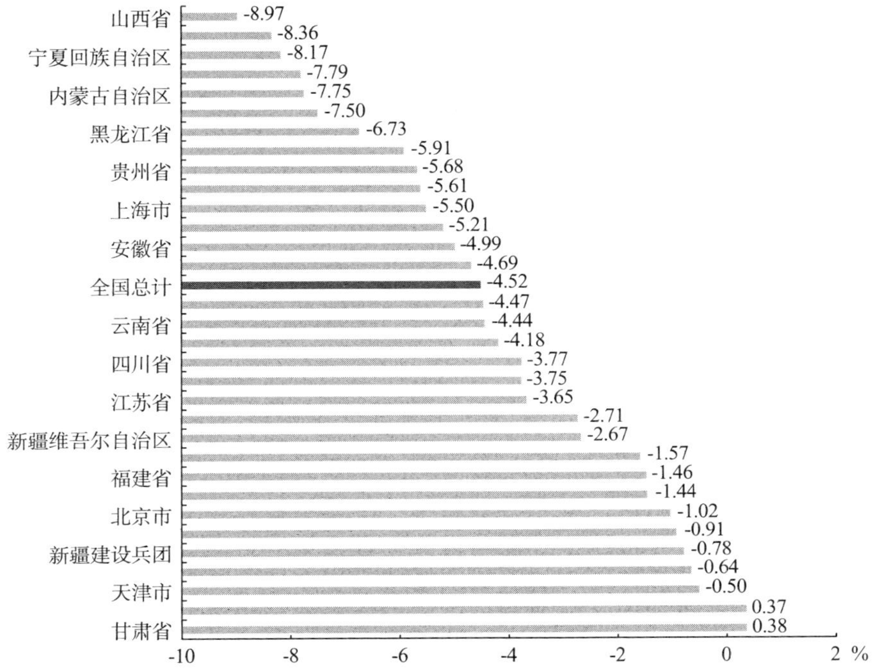

资料来源：人力资源和社会保障部。

图 3–12　2014 年各省（自治区、直辖市）城镇职工基本养老保险基金当期结余率的变化

（四）扩充养老保障资源总量

包括第三支柱在内的私营养老金大都基于自我保障，采取积累制，具有长期性、稳定性、累积性等特点，符合“保险姓保”的要求，能够迅速积累管理资产，是国家形成“长钱”的重要机制。国际上大部分经济发达国家通过发展私营养老金积累了大量的养老保障资源，进而提高私营养老金的替代率，减轻对公共养老金的依赖。如图 3–13 所示，全球加权平均私营养老金资产规模占 GDP 的比重为 77%，有 11 个国家私营养老金资产占 GDP 的比重超过 50%，其中荷兰最高，为 160.2%；而同时期中国只有 1.1%，市场潜力和空间巨大。

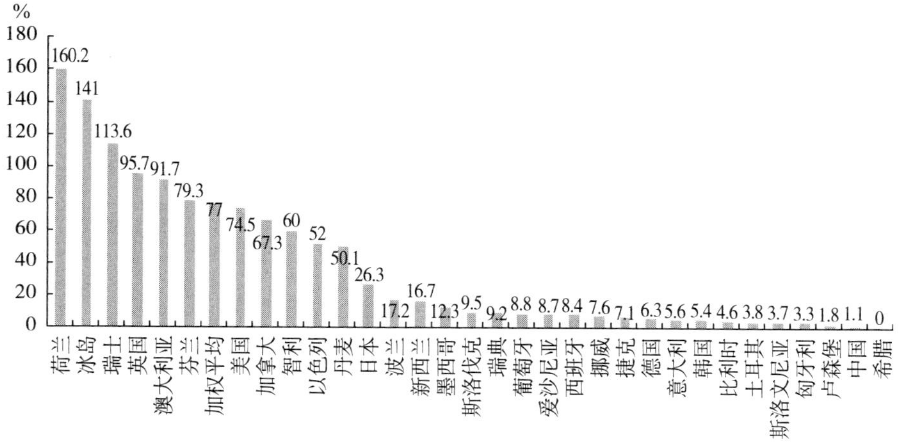

图 3-13　部分国家私营养老金资产规模与 GDP 比值

养老金第三支柱之所以能够快速积累养老保障资源主要得益于长期锁定机制的设计，以及投资收益和持续缴费。国家在设计税收优惠政策激励大众参与养老金第三支柱的同时，通常要求参保者不得随意退保或提前领取，以保证这部分资源真正能够用于养老保障。当资金积累到一定规模后，投资收益成为资产规模扩大的主要来源之一。以中国企业年金为例，2015 年、2016 年企业年金当年投资收益分别为 753.91 亿元和 296.15 亿元，在企业年金新增投资管理资产中分别占 40% 和 20%。

二、促进人身保险业的转型升级

人身保险是以人的寿命和身体为保险标的的一种保险。当人们遭受不幸事故或因疾病、年老以致丧失工作能力、伤残、死亡或年老退休时，根据保险合同条款的规定，保险人对被保险人或受益人给付预定的保险金或年金，以解决病、残、老、死所造成的经济困难，是对社会保障不足的一种补充。2016 年中国人身保险业务实现原保险保费收入 17442.22 亿元，同比增长 31.72%，对整个中国保险行业的贡献十分突出。人身保险业的进一步转型升级与实现健康持续发展，直接决定了保险业是否能够健康持续发展，也在很大程度上决定中国保险业战略发展目标能否实现。目前人身保险业在养老金体系中的地位有待加强，人身保险业供给体系的质量和效率有待提高，这构成了中国人身保险业在新的发展起点上进一步转型升级的必然选择。而第三支柱的发展（特别是税优个人养老金）能够促进人身保险业实现转型升级。

（一）养老金是人身保险业务的新增长点

人身保险包括健康保险、意外保险和长期寿险三大类业务，养老金是长期寿险的一种。随着人口老龄化程度的提高以及私营养老金的发展，人们对风险的关注逐步从过去的死亡风险转向养老与健康风险，承保生存风险的养老金业务占比不断提高，成为人身保险业务的新增长点。以美国为例，2014 年美国寿险公司的净保费收入为 6582.85 亿美元，其中年金、寿险和健康险业务的保费收入分别为 3615.86 亿美元、1383.08 亿美元、1583.91 亿美元，占比分别为 55%、21% 和 24%（见图 3–14）。可见，年金业务保费收入已经超过寿险公司业务收入的一半。从历史发展趋势看，20 世纪 70 年代以前，美国传统寿险增速通常高于年金和健康险业务，占据市场主导地位。但从 70 年代后期起，随着人口老龄化以及政府出台的退休计划税收递延政策的刺激，年金业务增速超越健康险与传统寿险，并分别于 1982 年和 1986 年在绝对额上超过健康险与传统寿险，成为寿险公司最大的业务来源（见图 3–15）。

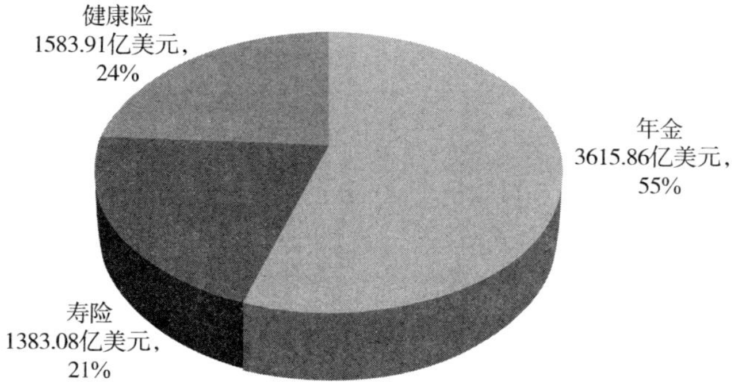

资料来源：ACLI, Life Insurers Fact Book 2015.

图 3-14　2014 年美国寿险业保费收入结构

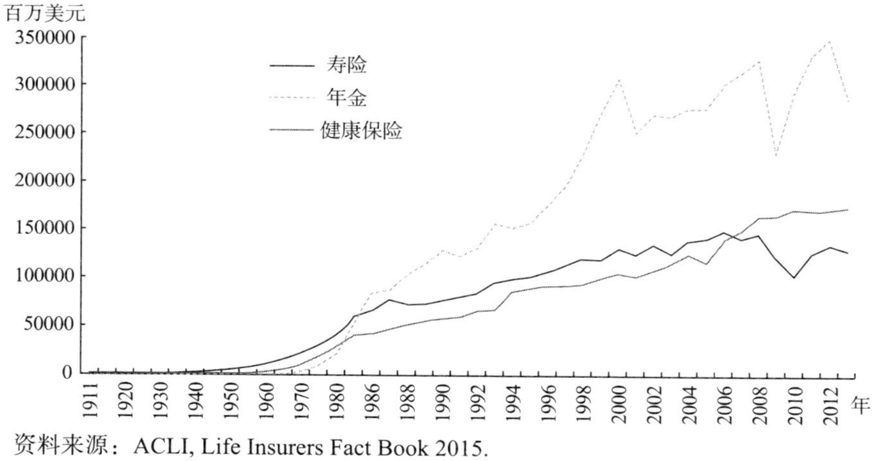

资料来源：ACLI, Life Insurers Fact Book 2015.

图 3-15　美国寿险业各险种发展趋势

（二）中国人身保险的转型升级要求加快发展养老金业务

很长一段时间以来，人身保险通过与银行理财、信托、基金等金融产品比拼收益率、通过短期理财保险争夺居民储蓄。表现在产品结构中，产品风险保额低，与其他金融理财产品基本同质的理财型产品占比高。这种行业发展模式造成人身保险与银行、信托、基金在收益率方面进行单纯价格竞争的格局，负债成本高昂，保险资产管理陷入高负债成本倒逼高风险投资的困境。尽管近年来保险资金运用“新政”实实在在地提升了保险资金运用收益，但目前的资金运用收益率水平并不足以为保险业提供“相对竞争优势”，已有模式的发展仍然面临投资端的瓶颈。考虑到资本市场的震荡以及投资风险的增加，更是如此。

更为重要的是，既有的发展模式难以彰显人身保险的特殊行业价值，难以形成行业的核心竞争力，其价值创造功能大打折扣。从风险管理的角度看，人身保险产品应当以保障为基础和核心，保障功能是保险产品最重要的内含价值和核心竞争力的最主要内容，储蓄与投资功能不能脱离、超越、替代保障功能。失去保障功能，失去对风险的专业化经营，只是单纯地强调资金储蓄投资和资产增值，某种程度上是舍本逐末，失去核心竞争力。但在实践中，由于消费者教育的缺失以及之前长期费率管制下保障产品的价格偏高，消费者对人身保险产品的风险保障功能认识有限，往往直接把人身保险作投资品，希望以此获得较高的投资收益率。而寿险行业理财型分红险产品也占绝对支配地位。一方面，寿险公司负债端竞争日趋激烈，资金成本上升；另一方面，近年来伴随利率市场化不断推进，高收益率的银行、信托理财产品导致人身保险理财型产品竞争力下降。这样，与其他替代性的金融产品相比，人身保险理财型产品的竞争力相对下降。这使得既有发展模式非常容易受金融市场波动的影响。

近年来，监管部门和行业都在重塑关注长期价值成长的发展理念。监管部门提出“保险姓保”，对长期价值成长的关注继续引导行业重塑发展理念，推动人身保险发展模式的转型升级。从人身保险业发展的国际经验看，人身保险业的发展应以保障功能为基础，风险管理与财富管理相结合，以健康险和养老险为主导，在税收递延和税前抵扣政策支持下发展业务，从而既摆脱了与其他金融产品之间的收益率竞争，又可以建立健康可持续的资产负债管理模式，为客户和社会创造价值，成为养老和健康保障体系的重要组成部分。我们认为，养老金业务应该是中国人身保险业发展模式转型的方向，同时也是发挥人身保险业长期储蓄保障技术的关键领域。

（三）发展养老金业务面临重要机遇

如前所述，目前中国政府主导的基本养老保险同时面临内生性和外源性的双重困境。其外源性困境在于，人口老龄化加剧了基本养老保险制度可持续发展的压力。随着人口老龄化的加速，未来劳动年龄人口比重还将逐渐降低，同时老年人口比重不断提高，参保人员的负担系数将继续提高。从长期看，人口老龄化对制度可持续性形成潜在的财务压力。人口老龄化使得潜在供养比不断下降，这将对现收现付制的基本养老保险基金的收支平衡产生直接的影响，加剧其可持续发展的压力。其内生性困境在于，现行基本养老保险制度存在一些缺陷，如政府、市场、企业和个人责任定位不清，多支柱的养老保障制度体系并未真正建立起来；养老保险基金投资管理效率不高，养老金的充足性和稳健性都面临严峻挑战；缺乏精算管理和风险控制机制，养老保险制度的可持续性不足以及尚没有根据精算建立合理的养老金指数化调整机制等。养老保险改革的重心是提升个人、家庭和企业的自我保障能力，提高个人在养老保障中的责任，以短期税收让利降低长期负担，将成为人口变化对政府倒逼之势，这也将为人身保险业发展模式转型奠定需求的基础。

总之，人身保险市场将从政府与市场在社会保障边界的重新定位及明晰中，寻求新的市场空间。而近年来的政策导向变化也使得人身保险市场发展模式转型具备了初步的现实基础。2014 年发布的“新国十条”对保险业有了新的定位，即保险是政府、企业、居民风险管理和财富管理的基本手段，提高保障水平和保障质量的重要渠道，政府改进公共服务、加强社会管理的有效工具；建设社会保障体系的主要支柱，完善社会治理体系，完善经济补偿机制，促进经济提质增效升级。这就意味着将保险作为创新社会管理的有效机制和转变政府职能的重要抓手，为人身保险业发展模式的转型提供了机遇。寿险业要转变发展方式，降低经营成本，提供优质的保险产品和服务，实现从“理财功能为主”向“以保障功能为基础，风险管理与财富管理相结合”转型。为此，人身保险业要在税收制度支持以及相关政策激励下深挖养老金领域商机，逐步实现发展模式的转型。即商业养老保险要成为个人和家庭商业养老保障计划的主要承担者，意味着商业养老保险产品服务要成为各类商业养老保障计划的主要存在形态，具体而言，商业养老保险公司可以通过积极开展个人自愿型商业养老保险、推动个人商业养老保险税收优惠政策出台和实施、住房反向抵押养老保险，积极参与个人和家庭商业养老保障计划建设，使商业养老保险产品成为个人和家庭商业养老保障计划的首选形式，促进养老基金的年金化领取，以有效保证资金的养老专项用途，从而承担个人和家庭商业养老的主要职责，分担部分社会养老责任。

三、优化金融结构

税优个人养老金采取基金制，是形成“长钱”的重要机制，可以积累大量长期养老资产储备，并从以下几个方面优化金融结构。

（一）有助于矫正间接融资和直接融资的失衡

目前中国金融市场结构失衡，以间接融资为主的低风险偏好难以支持经济转型升级。美国在过去 30 年先后以重工业、科技行业为主的经济转型过程表明，在支持创新、动员金融资源方面，资本市场比银行体系更富有效率。而中国金融体系突出的特征是以间接融资为主，直接融资发展滞后。从融资结构看，2016 年社会融资规模存量为 155.99 万亿元，其中各类银行贷款占比为 84.1%，只有 15.2% 来自债券和股票。从资产规模看，2016 年第四季度末，中国银行业金融机构境内外本外币资产总额为 232.3 万亿元，而同期保险业资产规模仅为 15.12 万亿元。可见，目前银行规模独大，保险规模小，结构发展不均衡。显然，间接融资主导的金融结构不仅导致系统性风险主要在银行体系内部积累，同时银行的低风险偏好决定了其难以将信贷资源向科技型和轻资产创新型企业倾斜，对经济转型和产业升级金融支持十分有限。因此，通过发展以商业养老保险为主体的第三支柱，可以通过投资促进债券和股票市场的发展，并通过股权投资和债权计划等另类投资直接进入实体经济，从而有助于矫正中国金融领域直接融资与间接融资的结构性失衡。

（二）促进资本市场结构的优化

中国股票市场结构仍待进一步调整，其中突出表现为养老金和保险等长期机构投资者发展迟滞。中国资本市场还处在初级阶段，散户占绝大多数，其投资注重短期利益，稳定性差，投机心理严重，其随股市状况集中购买或集中抛售股票，容易造成市场动荡。近年来，资本市场一直致力于培育机构投资者，而养老和保险资金通常量比较大，期限相对比较长，是比较合适的机构投资者。同时，养老金和保险的发展可以建立形成“长钱”的机制，为整个社会经济的发展提供长钱，对于培育机构投资者以及整个资本市场的稳定具有很大的作用。养老金和保险公司作为机构投资者，具有专业化程度高、投资计划性强、重视长期投资、投资渠道多元等特点，注重长期投资，关注长期收益，可以增强资本市场的稳定性，促进资本市场良性、健康发展。

事实上，国外发达资本市场之所以较为成熟，其中一个重要原因就是它聚集了大量的养老金和保险公司等机构投资者。养老基金追求安全性、价值性、责任性和长期性的投资理念，决定了养老基金与股票市场是一对孪生姊妹。从某种意义上说，判断资本市场是否成熟的一个重要指标就是看其养老基金占资本市场的比重。

养老基金与资本市场发展是一种相互促进，互为前提的关系。对于资本市场处于起步发展期的发展中国家而言，养老基金可以成为促进资本市场发展的重要力量。目前中国资本市场发育相对滞后，资本市场上急需长期有效的机构投资资金，发展第三支柱是促进资本市场结构优化的重要途径。

（三）促进保险和资本市场规模的扩大

推动第三支柱发展可以引导大量的居民储蓄转移至保险市场与资本市场，促进保险和资本市场规模的扩大，从而有助于调整和优化金融结构。

近年来，中国居民储蓄率始终处于较高的水平。2014年，我国储蓄率（总储蓄占GDP的比例）为48.67%（见图3-16），远高于世界平均水平（24%），也高于世界各个地区以及不同收入水平经济体的平均值（见表3-2）。2013年，中国居民家庭储蓄占家庭可支配收入的比例为38.46%，也远高于世界其他主要经济体的水平（见表3-3）。2015年中国城乡居民储蓄余额增加至52.65万亿元，增长8.5%，新增4万多亿元（见图3-17）；城乡居民人均储蓄增加至3.83万元（见图3-18）。

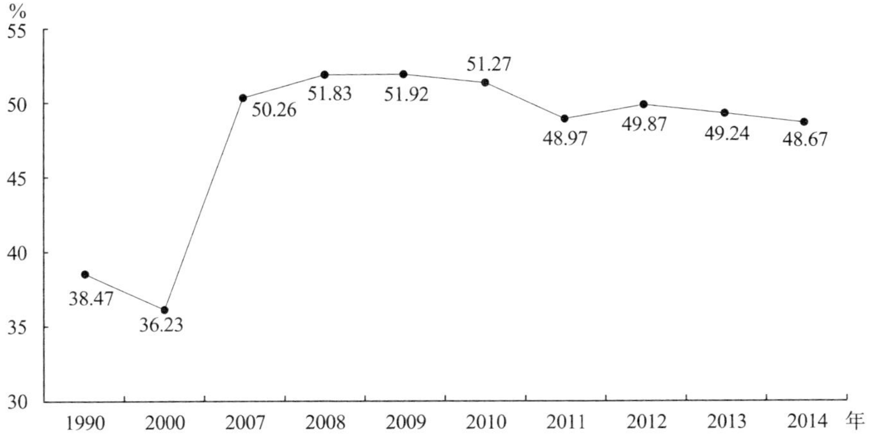

资料来源：World Development Indicators.

图 3-16　中国总储蓄占 GDP 比例（1990—2014 年）

中国总储蓄率以及居民部门储蓄率偏高的重要原因在于，社会保障体系（包括养老保障）不健全，预防性储蓄占较大的比重。发展商业养老保险可以引导大量的居民储蓄转移至保险市场和资本市场，有助于调整和优化金融结构。

表 3-2　中国与其他国家总储蓄占 GDP 比例比较　　单位：%

	2000 年	2014 年
中国	36	49
世界平均	25	24
东亚和太平洋	31	35
欧洲和中亚	24	22
拉丁美洲和加勒比地区	17	18
中东及北非	29	29
北美	21	18
南亚	25	32
撒哈拉以南非洲	20	16
低收入国家	—	17
中低收入国家	25	29
上中等收入国家	28	32
高收入国家	23	21

资料来源：World Development Indicators.

表 3-3　中国和 OECD 国家家庭储蓄占家庭可支配收入比例比较

年份 国别	2000	2001	2002	2003	2004	2005	2006	2007	2008	2009	2010	2011	2012	2013	2014	2015
澳大利亚	2.33	3.51	0.03	0.5	1.62	1	1.73	3.98	9.85	9.06	10.07	11.07	10.17	9.72	9.23	
奥地利	10.47	8.82	8.95	9.17	9.21	10.74	11.3	12.09	11.95	11.26	9.28	7.88	9.22	7.34	7.8	
比利时	10.42	11.91	11.02	10.56	8.88	8.52	9.16	9.44	10	11.4	8.19	6.59	6.36	4.98	5.1	
加拿大	3.78	3.57	2.3	1.66	2.25	1.54	3.46	2.92	3.92	5.14	4.28	4.28	4.98	4.93	3.81	
智利				12.47	11.55	11.7	11.44	9.62	7.27	12.11	8.27	8.4	9.76	9.57	8.87	
中国	28.25	28.01	27.21	30.22	30.57	31.51	34.35	35.8	37.32	37.84	38.99	38.1	38.11	38.46		
捷克	6.01	6.22	6.28	5.69	4.85	6.1	7.84	7.02	6.3	8.51	7.61	6.03	5.99	5.62	6.59	6.63
丹麦	−5.99	0.05	1.18	1.82	−2.23	−4.59	−1.73	−3.14	−4.18	0.84	2.13	0.91	0.74	1.19	−2.76	4.97
爱沙尼亚	0.33	−1.83	−9.49	−9.25	−10.77	−10.25	−10.73	−6.72	2	7.31	4.1	5.17	2.04	3.99	3.38	
芬兰	3.02	2.69	2.71	2.26	3.02	1	−0.45	−0.37	−0.24	3.38	3.15	1.32	0.71	1.52	−0.2	
法国	10.04	10.66	11.63	10.86	10.95	9.41	9.38	9.77	9.46	10.82	10.35	10.04	9.46	8.74	8.75	8.89
德国	9	9.62	9.63	10.12	10.11	10.1	10.08	10.24	10.48	9.95	9.97	9.56	9.26	9.14	9.52	
希腊	−1.43	−1.8	−2.01	0.93	1.15	−2.86	−0.05	−1.23	−3.84	−1.13	−6.9	−8.86	−10.91	−15.65	−17.28	
匈牙利	5.32	6.01	3.1	1.68	4.5	5.67	6.28	2.2	1.5	3.63	3.58	4.1	2.57	3.89	4.91	
爱尔兰	−3.79	1.05	−0.7	−0.51	0.27	0.74	−1.99	−2.13	3.94	9.37	6.4	3.57	3.48	0.97	−0.4	
意大利	7.4	8.89	9.59	9.09	9.55	9.03	8.44	8	7.75	6.98	4.1	3.6	1.85	3.5	2.97	2.91
日本	6.98	3.78	3.29	2.68	2.31	1.55	1.31	1.08	0.56	2.28	2.15	2.64	1.36	0.03	−0.47	

续表

国别＼年份	2000	2001	2002	2003	2004	2005	2006	2007	2008	2009	2010	2011	2012	2013	2014	2015
韩国						6.72	5.47	3.55	3.76	4.83	4.66	3.86	3.9	5.6	7.18	
拉脱维亚	-9.45	-9.23	-8.54	-6.48	-6.99	-5.08	-10.14	-8.35	3.75	7.06	-2.29	-14.2	-15.49	-14.35	-11.24	
墨西哥				10.11	8.62	8.18	9.1	8.35	8.11	8.38	8.77	6.87	6.06	5.36		
荷兰	6.24	8.09	7.87	7.43	6.82	5.66	3.85	3.86	3.73	7.12	4.89	5.79	7.17	7.3	6.25	6
新西兰	-2.52	-1.37	-6.4	-3.91	-3.47	-5.43	-3.58	0.09	-1.81	1.43	2.39	2.6	2.36	2.1		
挪威	4.27	3.08	8.19	8.78	6.91	9.67	-0.45	0.9	3.64	5.15	3.95	5.8	7.09	7.59	8.77	9.11
波兰	11.04	12.36	8.95	7.93	4.02	3.05	2.75	2.18	0.81	3.22	2.38	-1.09	-1.11	-0.07	-0.71	
葡萄牙	3.47	4.05	3.86	2.7	2.71	1.79	0.36	-0.78	-1.13	2.73	1.34	-0.92	-0.46	-0.24	-2.49	-4.06
斯洛伐克	5.84	3.69	3.35	1.07	0.34	1.1	0.13	1.9	0.78	2.33	4.66	2.88	1.74	2.91	3.82	
斯洛文尼亚	6.72	8.4	8.53	6.1	7.12	9.36	11.08	9.42	9.74	7.72	6.11	5.54	3.19	5.65	6.49	
西班牙	5.77	5.47	5.24	6.73	5	3.23	1.39	-0.96	1.57	7.3	3.69	4.65	2.63	4.2	3.88	
瑞典	4.01	8.01	7.77	6.56	5.82	5.41	6.92	9.36	12.67	12.2	11.02	12.73	15.32	15.07	15.21	15.72
瑞士	15.31	15.52	15.29	14.83	13.7	13.97	15.8	17.41	16.67	17.05	17.01	17.84	18.47	19.03		
英国	4.26	4.94	3.55	2.18	0.51	-0.21	-1.06	-0.52	-0.81	3.82	5.67	3.42	2.68	0.58	0.51	-0.18
美国	4.33	4.51	5.2	5.01	4.72	2.69	3.44	3.08	5.09	6.35	5.82	6.23	7.89	4.92	4.97	

资料来源：OECD (2016), Household savings (indicator). doi: 10.1787/cfc6f499-en.

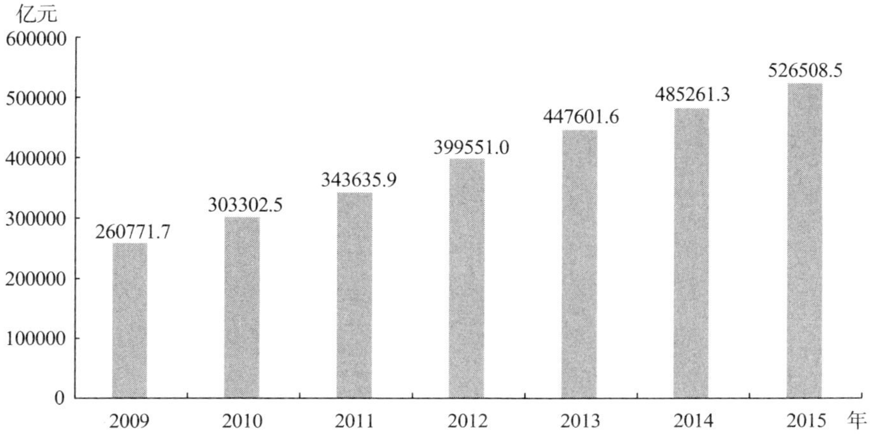

资料来源：2009—2014年的数据来源于《统计年鉴（2015）》。2015年的数据根据公开数据测算。

图 3-17　我国城乡居民储蓄余额（2009—2015 年）

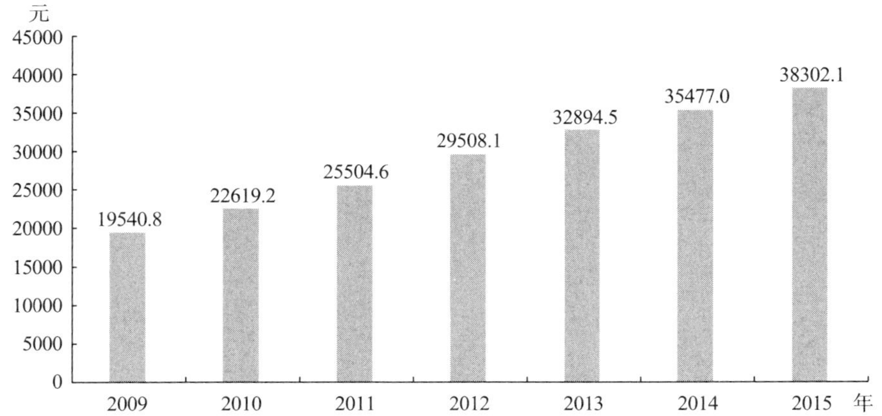

资料来源：根据《统计年鉴（2015）》中人口数据测算。2015年的人口数据源于《2015年国民经济和社会发展统计公报》。

图 3-18　中国城乡居民人均储蓄余额（2009—2015 年）

四、促进经济发展

如何应对并缓解人口老龄化社会对经济增长带来的负面影响，是当前摆在全社会面前的一项艰巨任务。大力发展第三支柱和商业养老保险，有益于促进经济增长，有利于实现消费和投资的平衡增长。一方面，商业养老保险为社会各行各业的参与者提供合理的养老保险产品与养老资金保值升值之道；另一方面，积少成多的商业养老资金可以通过创新运用方式，以多种形式助力国家经济增长。近年来，随着政府与监管部门的不断推动，保险资金运用的法规政策不断创新，激发了商业养老保险的发展活力，商业养老保险发展速度稳步提升，养老保险资金规模不断增长，对支持社会经济发展的作用越来越显著。

（一）商业养老保险具备了支持经济增长的客观条件

在政策层面，《关于加快发展商业养老保险的若干意见》对商业养老保险资金的定位明确为“长期投资优势”和“与资本市场协调发展”，可有序参与股票、债券、证券投资基金等领域投资，同时稳步有序参与国家战略实施，助力国有企业混合所有制改革。在实践层面，保险资金运用的法规政策不断创新，激发了商业养老保险的活力。在负债端，商业养老保险参保人数不断提高、资金规模不断增加，为经济增长提供资金要素保证；在资产端，商业养老保险资金投资范围不断拓宽、投资收益不断提升，已经成为支持国家经济发展的重要力量。当前，包括商业养老保险资金在内的保险资金投资范围不断拓宽，广泛涵盖了股票、债券、股权、不动产、私募股权基金、货币市场基金等各类金融工具，实现了从传统领域到现代金融新兴领域、从境内市场到境外市场、从虚拟经济到实体经济的金融资产类型的全覆盖，为商业养老保险资金直接参与国家经济增长工作创造了更好的条件。

（二）商业养老保险与经济增长相互促进

商业养老保险发展进步与我国经济增长发展具有相互支持、相互促进的作用。一方面，商业养老保险的不断发展可以为经济增长提供资金要素保障，为经济增长提供支持；另一方面，经济增长可以进一步带动商业养老保险的发展。

在市场化改革的指导思想下，中国保险监管机关通过“放开前端、管住后端”逐步放开保险资金投资范围，为商业养老保险资金直接参与国家经济增长工作创造了更好的条件。自保险“新政”出台后，越来越多的保险资金投入国家重点、大型的经济建设中，特别是交通运输、能源、市政、环保及通信等城镇化建设工程，在国家重点、大型的经济建设中都可以找到保险机构的身影，从“一带一路”倡议、京津冀区域协同发展、长江经济带建设等涉及多省市、多项目的经济发展工程，到新疆经济建设、上海自贸区建设等支持单独省市发展工程，保险资金都承担着重要作用。除经济建设外，保险资金在养老、健康、医疗等民生建设上也是重要参与者。目前，众多的保险机构积极参与到大健康、大养老的建设中。

（三）发展第三支柱提高保险资金服务实体经济效率

一直以来，保险资金运用是保险业支持经济发展的重要方式。近年来，保险资金不断创新资金运用方式，服务实体经济的发展。截至2015年底，保险资产配置中另类投资占比为23.31%，其中项目债权投资13735.45亿元，占比12.29%；长期股权投资8909.10亿元，占比7.97%；投资性房地产921.60亿元，占比0.82%；保险资产管理公司产品2490.55亿元，占比2.23%。

而第三支柱的发展，将更有利于集聚长期资金，从而可以更好地发挥保险资金期限长、规模大、供给稳的独特优势，提高保险资金服务实体经济效率。第三支柱集聚的资金可以利用债权投资计划、股权投资计划等方式，支持重大基础设施、棚户区改造、城镇化建设等民生工程和国家重大工程，从而促进经济的发展。第三支柱集聚的资金可以以债权、股权、股债结合、创投基金、私募基金等方式，向高新技术产业、战略性新兴产业、现代制造业、现代农业等提供长期稳定资金，助力我国新技术、新业态和新产业发展。第三支柱集聚的资金还可以参与国有企业改革，服务政府投融资体制改革，通过公私合营模式（PPP）、资产支持计划等方式满足实体经济融资需求，从而促进经济发展。

分报告四
商业保险在养老金体系中的功能和定位

在经济新常态和人口老龄化的背景下，商业养老保险能够发挥作用的领域在不断拓宽，商业养老保险可以在民生保障领域和促进经济金融协调发展等方面发挥重要作用。

一、商业保险在养老金体系中的角色定位

（一）个人和家庭商业养老保障计划的主要承担者

商业养老保险要成为个人和家庭商业养老保障计划的主要承担者，意味着商业养老保险产品服务要成为各类商业养老保障计划的主要形态，能够为个人和家庭提供个性化、差异化养老保障。具体而言，人寿保险公司和养老保险公司可以通过以下产品和服务成为个人和家庭商业养老保障计划的提供方：一是安全性高、保障性强、满足长期或终身领取要求的商业养老年金保险；二是个人税收递延型商业养老保险；三是综合养老保障计划；四是具有长期养老功能、符合生命周期管理特点的个人养老保障产品；五是住房反向抵押养老保险。

（二）用人单位发起的养老保障计划的重要提供者

用人单位发起的养老保障计划属于养老金第二支柱，包括企业年金和

职业年金，前者适用于企业员工，采取自愿参加方式；后者适用于政府机关、事业单位工作人员，采取强制参加方式。在这两个领域，商业保险可以成为以下四类管理服务的重要提供者：一是基金投资管理服务，依照《企业年金基金管理办法》规定承担“对企业年金基金财产进行投资，建立企业年金基金投资管理风险准备金”等投资管理人职责；二是受托管理服务，依照《企业年金基金管理办法》规定承担“安全保管企业年金基金财产，及时办理清算、交割事宜”等托管人职责；三是账户管理服务，依据《企业年金基金管理办法》规定承担“建立企业年金基金企业账户和个人账户，记录企业、职工缴费以及企业年金基金投资收益”等账户管理人职责；四是年金化领取服务，企业年金计划领取待遇年金化发放是大势所趋，而保险机构在年金化产品的设计和供给上具有绝对优势，并且可以根据不同的客户需求设计出多种个性化的年金产品。2015年开始实施的机关事业单位养老保险制度，要求逐步为机关事业单位建立职业年金计划。《机关事业单位职业年金办法》（国办发〔2015〕18号）中明确了“工作人员在达到国家规定的退休条件并依法办理退休手续后，由本人选择按月领取职业年金待遇的方式。可一次性用于购买商业养老保险产品，依据保险契约领取待遇并享受相应的继承权”，这是对商业养老保险功能和作用的充分肯定，也给商业保险机构提供了良好的发展机遇。

（三）社会养老保障市场化运作的积极参与者

为提高政府管理效率，促进政府管理转型，部分地区开始尝试在社会养老保障领域引入商业保险等市场化运作机制。

1. 参与社会保险经办

中国社会保险参保人数规模庞大，但受社会保险经办机构人员编制和经费的限制，经办能力的提升速度赶不上服务对象人数的增长速度。近年来，中国政府积极推动公共服务购买，各地纷纷出台具体的实施办法和指导目录，开始尝试将部分养老保险业务交给市场机构运作，这给商业保险机构参与养老保险市场化运营带来了契机。具体来看，中国社会养老保险经办业务流程包括参保、退出、资金与信息四个环节，商业保险机构均可有不同程度的参与，如有限接入养老保险关系转移接续、参与社会养老保险精算管理和待遇核算、承接社会保险费的代收代管业务、参与社会保险基金投资管理、协助社会保险信息化和系统化建设等。

2. 参与社会养老保障基金市场化投资管理

商业保险可以发挥行业优势，为社保战略储备基金和基本养老保险基金的投资管理提供专业服务。在基本养老保险基金投资领域。2015 年 8 月颁布的《基本养老保险基金投资管理办法》（国发〔2015〕48 号）确定由省级政府作为委托人、全国社保基金理事会作为受托机构，负责养老保险基金的投资管理，为基本养老保险基金市场化投资运作打开了通路，同时明确了基金的投资管理机构为具有全国社保基金、企业年金基金投资管理经验的专业机构。目前已经有 6 家保险公司（含养老保险公司和保险资管公司）入围社保基金投资管理人，并于 2017 年 2 月开始基本养老金投资运作。

在社保战略储备领域，2017 年 7 月国务院印发的《关于加快发展商业养老保险的若干意见》明确提出：支持符合条件的商业保险机构利用资产管理优势，依法依规有序参与全国社会保障基金投资运营，为下一步全国社会保障基金投资管理资格扩容，打开了政策和市场空间。

3. 提供精算等专业化服务

党的十八届五中全会提出要建立可持续的社会保障体系，这就需要建立基本养老保险的长期精算平衡。目前人力资源社会保障部门的精算队伍规模还较小，加之制度碎片化较为严重，不能满足未来市场化运作的需要。而商业保险已建立起了成熟的精算队伍和精算体系，商业保险应发挥专业特长，通过公共采购、成立 PPP 性质的咨询机构等形式，积极为基本养老保险及其主管部门和经办机构提供相应的专业化服务。

（四）养老服务业健康发展的有力促进者

随着人口老龄化的加剧，现代保险服务业与养老服务业的融合发展必将成为社会稳定、经济高质发展的重要源泉，养老服务业必将成为商业养老保险发挥作用的重要领域，商业养老保险可发挥“催化剂”和“黏合剂”作用，有效促进养老服务业的发展。

商业养老保险在促进养老服务业发展上具有独特优势。从理论上讲，商业养老保险可以从以下两个渠道促进养老服务业的发展：一是提供风险保障服务；二是提供投资资金支持，即投资养老服务机构或养老社区的建设和运营。《关于加快发展商业养老保险的若干意见》明确鼓励商业保险机构投资养老服务产业，包括养老社区以及养老产业、健康体检、康复管理、医疗护理、休闲康养等养老健康服务设施和机构，并且支持商业保险机构为养老机构提供风险保障服务，如针对社区日间照料中心、老年活动中心、托老所、互助型社区养老服务中心等老年人短期托养和文体休闲活动机构的责任保险等。在现阶段，上述两个渠道是连通交叉的，商业保险主要是通过建设保险养老社区并开发相关的保险产品进入养老服务业。未来，随着养老服务业专业化程度提高，投资和运营的机构分工明确，上述两个渠道便可分开并行。商业养老保险在资本运作、产品创新和金融创新方面，都对养老服务业有着难以替代的促进作用，同时，养老服务业发展也为商业保险机构带来了全新的发展机遇。

二、商业保险在养老金管理方面的优势

商业养老保险参与养老保障体系建设，具有自身独特的多种优势，能够在养老保障中发挥重要作用。商业保险能够利用其机构网点深入基层、贴近客户的优势，以及在产品研发、账户管理、理赔服务及风险管理等方面的经验，提供精算技术支持、受托管理、账户管理和投资管理等多方面

服务，提高养老保障机制的运行效率，帮助实现养老保险资金的保值增值。

（一）风险管理技术优势

保险业在精算技术、长寿风险管理等方面具有明显的专业优势和丰富的经营管理经验。通过科学地测算风险，平衡风险和收益，提供包括缴费确定型（DC）和收益确定型（DB）、契约型和信托型在内的各类养老保障计划。相比企业年金在内的各类DC计划，其投资运营风险全部由职工承担，商业保险可以为参保人提供保底收益并共同分享超额收益，从而形成合理的风险共担机制。长寿风险管理方面，保险业是唯一能够提供终身年金产品的行业，年金化领取可帮助参保人合理安排养老金收入，化解长寿风险，真正实现老有所养，解决人均寿命不断延长后的长期养老问题。

（二）专业化标准化服务优势

通过引入市场机制，保险公司与参保人之间是服务与被服务关系，能够根据市场需求，动态调整人力资源，建设功能强大的信息系统，有效降低成本，为老年人提供更符合个性化需要的高效、便捷、专业、高质量的服务，解决政府服务效率低、成本高的问题。此外，保险业还能够通过对养老产业链整合，为老年人提供护理、医疗、养生、老年金融等全方位的服务。

（三）长期资产负债管理优势

保险资金投资强调安全性，注重资产与负债的匹配，投资理念以长期稳健为主，非常适合“养老钱、养命钱”对安全可靠性的要求。从企业年金投资管理的实践来看，保险公司历年的投资业绩也较为出色，特别是近几年来投资范围逐步拓宽，投资能力提升很快，并不落后于公募基金等其他金融机构，有些领域甚至还处于领先地位。

（四）体制机制优势

社会保险一般由政府或公营机构进行管理和经营，虽然有利于维护社会基本保险的公平性，但也存在运行效率低、制度碎片化、缺乏有效监督约束等问题。通过政府向市场机构购买服务的方式，可以提高社会保障体系的运行效率，放大国家财政基金效益，减少财政投入，提高参保人满意度。

三、商业保险在第三支柱中的作用

从国际经验来看，大部分国家均建立了多支柱养老保障体系，其中第三支柱（常常也包括第二支柱）个人养老金体系大致分为两种：第一种类型是以法国、意大利、西班牙、瑞士、瑞典、荷兰等欧洲大陆国家为代表的“保险型”体系，个人养老金均采取年金保险和人寿保险的形式，无须建立个人账户，只需在保险公司开设户头，主要用于购买税优商业养老保险。其中德国 2005 年建立的吕鲁普养老金，在注重保险保障的同时，允许购买带有投资机制的投连险。第二种类型是以美国为代表的“投资性”体系，个人账户普及且参与率较高，可以购买年金保险产品，也可对个股、债券和养老金产品以及共同基金产品进行投资。在这种模式中，个人养老金十分发达且第二支柱参与率较高，第一支柱的替代率不高，国家和企业的负担较轻。

目前，中国存在第一支柱远超第二、第三支柱的问题，政府负担过重，根据国际经验，投资型第三支柱模式是未来的大势所趋，但“保险型”第三支柱更符合当前中国国情。中国也在积极地建设保障与投资并重的养老金第三支柱，未来养老金第三支柱将是一个开放的市场，银行、证券、基金、信托和保险均参与其中。但保险的独特属性，决定其独特的地位和作用。

（一）保险是第三支柱的先行者

国外实践看，大多数国家的第三支柱是由商业保险公司先行独家经营，然后再逐步放开，并且从合同数量和市场份额占比看，保险仍占据绝对垄断地位。德国是最具有代表性的国家。德国是世界上第一个向老年人提供养老金的国家（1889年），是现代社会保险制度的发源地。德国现行的“三层次模式”养老保险制度于2005年起实行，第一层次是基本养老保险。第二层次为补充养老保险，即里斯特养老金和企业补充养老保险。里斯特养老金的对象是公务员及公职人员、法定养老保险参与者及其配偶等；企业补充养老保险的对象则是雇员，资金来源可单独来自雇主或雇员，也可以由双方共同承担，如果企业为员工缴纳养老保险，则可享税收上的优惠。第三层次为个人自愿养老保险，它包括个人存入指定账户的本金及利息。这三个方面所占份额分别为70%、20%和10%[①]。回顾德国，虽然人口老龄化给德国的养老保障带来了巨大的压力，但是德国政府一直不遗余力地调节养老保障制度，希望能比较完善地解决当前德国养老保障面临的问题和挑战。而保险正是德国养老保障制度建设最早的切入点，也是最重要的组成部分[②]。

（二）保险是第三支柱的主力军

从国外实践看，在资产管理市场上，机构投资者占据一半以上的比例，且保险在各机构中占据份额最高。以美国为例，推算起来美国股市里有一半以上为养老基金，且主要由机构投资者持有，它们占股市投资额的90%。机构投资者追求的是长期持有和价值投资，对“刚性兑付”具有相当的抑制缓解作用，短期因素不会引起股市的剧烈波动。然而，中国股市充斥了大量散户，长期资金和长期投资者严重缺位，导致资本市场不够

① 魏龙. 瑞（典）、美、德、日的养老保险制度及对我国的启示[J]. 载法制与经济，2016(1).

② 李闪闪. 德国养老保障制度研究[M]. 上海: 华东师范大学出版社, 2011.

理性。

机构投资者由共同基金、保险公司和养老基金组成。中国的基金近几年飞速发展，截至 2016 年 10 月底，中国境内共有基金管理公司 107 家，公募基金和私募基金合计已经超过 17 万亿元。然而，中国基金公司受托管理的基金主要是短期的，很多基金的散户投资者可以随时赎回，这就使得基金投资对于投资者和资本市场来说都具有短期性。另外，中国目前是全球储蓄率最高的国家，对于储蓄者来说，银行存款一般是对财富进行短期或中期的时间规划，因此由于存款的中短期性，银行投资的期限和范围都有较大限制。

对比来看，保险的养老资金期限很长，由于其长期性，投机心理和投机行为大大受到抑制，可以在短期波动中保持平稳和理性。因此，保险资金长期化的属性决定了其可以称为资本市场的“压舱石”，缓解目前股市的长期投资者结构失衡问题，使资本市场恢复理性。

（三）保险是第三支柱的多面手

目前中国的商业保险机构不仅具有保险保障方面独特的优势，在大金融的环境下，商业保险机构在投资、托管、运营、服务方面也毫不逊色于其他金融机构，并且中国的商业保险公司呈现集团化的趋势。目前国内有十一大保险集团，它们在不断发展的过程中成为集保险、银行、投资、证券、信托等为一体的综合金融机构，依托保险为主力，商业保险集团在其他金融领域也具有独到之处。

养老金第三支柱中个人养老账户应兼有保险和投资两种功能。保险和投资的双重功能设计既照顾到根深蒂固的中国传统文化中的稳健性，还兼顾到中华民族历史中的进取性，以满足不同群体的不同需求，满足账户资产的配置个性需求。这与保险公司集团化的趋势不谋而合，商业保险机构作为养老金第三支柱的建设是最好的切入点，不仅可以先以开发养老保险产品为主，满足人们养老保险保障需求，而且在进一步放开第三支柱投资功能的未来，商业保险集团也是很好的平台，而保险集团统一化的管理也更方便个人养老账户的统筹管理、运营和服务。

四、商业保险实践

（一）坚持不懈发展商业养老保险

中国商业保险行业一直重视养老保险业务发展，并将其作为新的增长点。“新国十条”提出，把商业保险建成社会保障体系的重要支柱；商业保险要逐步成为个人和家庭商业保障计划的主要承担者、企业发起的养老健康保障计划的重要提供者、社会保险市场化运作的积极参与者；支持有条件的企业建立商业养老健康保障计划；支持保险机构大力拓展企业年金等业务；充分发挥商业保险对基本养老、医疗保险的补充作用。

特别是在中国人口老龄化呈现加速趋势的背景下，社会养老保险面临沉重的负担，对商业养老保险的需求更加迫切，商业养老保险呈现良好发展态势。

截至2013年底，寿险市场全行业年金和养老险总规模达1916亿元，其中商业养老保险保费约为575亿元。[①] 同时根据估算，截至2015年底，商业养老保险的累积规模在2万亿元左右，过去十年平均增速在15%左右。

① 江生忠，薄滂沦. 商业养老保险及其产业链延伸国际比较研究[M]. 天津：南开大学出版社.

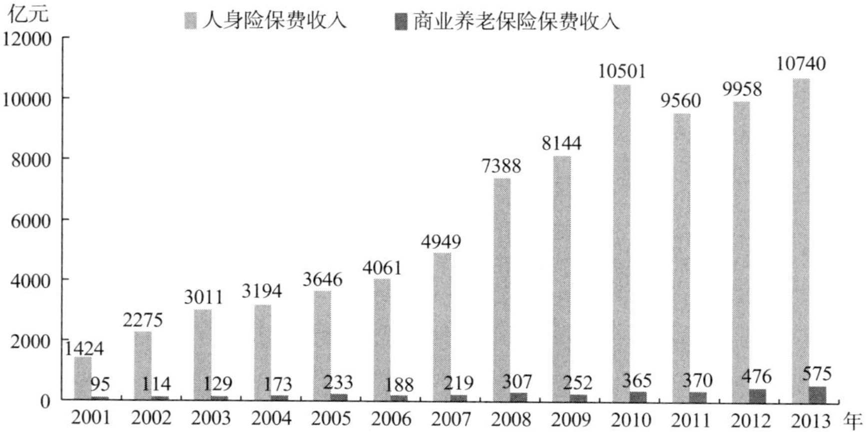

图 4-1 商业养老保险发展情况（2001—2013 年）

通过图4-1可以发现，商业养老保险总体趋势是上升和增加的，这和养老保险体系逐步完善和商业保险补充作用的提升有关，但是与人身保险保费增长相比，商业养老保险仍然增长缓慢，有较大发展空间。2010—2016年，商业养老保险开始进入快速增长期，这说明商业养老保险蓄势待发，潜力巨大。

（二）积极参与企业年金市场发展

按照现行中国企业年金“四种人”的业务模式和监管要求，以养老保险公司为主的商业保险机构主要提供投资管理、受托管理和账户管理三项管理①。

从法人受托业务来看，2016年共有11家法人受托机构，接受受托管理的全部企业数、职工数和基金额分别为56016个、1333万人和6927.7亿元，分别比较2015年增长9.4%、9.2%和20.8%。从各受托人管理的基金份额来看，市场座次没有发生变化，排前三名的依然是国寿养老、平安养老

① 段家喜. 初心不忘　风雨兼程——2016年企业年金市场述评[J]. 中国保险市场，2017(8).

和工商银行，分别占据市场30.9%、23.9%和13.3%的份额；招商银行、华宝信托和中信信托接近零增长，继续垫底。从增长幅度来看，平安养老、泰康养老和国寿养老位居前三，分别增长30.17%、24.78%和24.63%，均超过全国平均增速，其他几家的增速则均低于全国平均增速。

表 4-1　2016 年企业年金基金法人受托市场情况

机构	2016 年管理资产（亿元）	2015 年管理资产（亿元）	增加额（亿元）	增速（%）
合计	6927.5	5734.88	1192.62	20.80
国寿养老	2138.2	1715.61	422.59	24.63
平安养老	1656.1	1272.26	383.84	30.17
工商银行	923.3	807.26	116.04	14.37
建设银行 + 建信养老	638.4	561.25	77.15	13.75
长江养老	579.1	523.58	55.52	10.60
太平养老	537.3	455.41	81.89	17.98
泰康养老	253.3	202.99	50.31	24.78
招商银行	111.2	110.98	0.22	0.20
华宝信托	87.4	82.58	4.82	5.84
中信信托	3.2	2.96	0.24	8.11

资料来源：人力资源和社会保障部网站。

从账户管理业务来看，2016 年共有 18 家账户管理人，共涉及 76298 个企业账户和 2324.75 万个个人账户，分别比 2015 年增长 1.1% 和 0.37%。继续呈现“一超多强”的市场格局，基本上是银行业的“天下”。“一超”是指工商银行，该行管理 30467 个企业账户和 974.1 万个个人账户，分别占总数的 39.9% 和 41.9%；“多强”是指国寿养老、建设银行、中国银行、长江养老、招商银行和交通银行，管理企业账户数均超过 5000 个。市场排名没有发生变化，但业务有消长，中国银行的企业账户和个人账户管理数均出现大幅度负增长，工商银行的企业账户管理数也负增长 8%。

表 4-2　2016 年企业年金基金账户管理市场情况

	企业账户数				个人账户数			
	2016 年（个）	2015 年（个）	增数（个）	增速（%）	2016 年（个）	2015 年（个）	增数（个）	增速（%）
工商银行	30467	33132	−2665	−8.0	974.1	957.71	16.39	1.7
国寿养老	8116	7377	739	10.0	150	139.68	10.32	7.4
建设银行＋建信养老	7771	6938	833	12.0	386.3	392.56	−6.26	−1.6
中国银行	6567	6008	559	9.3	260	300.46	−40.46	−13.5
长江养老	6468	5644	824	14.6	88.8	82.45	6.35	7.7
招商银行	5546	5338	208	3.9	168.8	158.46	10.34	6.5
交通银行	5228	5107	121	2.4	92.7	92.62	0.08	0.1
合计	76298	75454	844	1.1	2324.75	2316.22	8.53	0.4

资料来源：人力资源和社会保障部网站。

从投资管理来看，2016 年共有 21 家投资管理人，全部投资组合数量和资产金额分别为 3207 个和 10673 亿元，分别比 2015 年增加 214 个组合和 1412.7 亿元。这是一个相对均势和充分竞争的市场，排名第一的平安养老，管理资产的规模为 1522.32 亿元，市场为 14.26%。市场份额方面，除泰康资产增加近 2 个百分点外，其他公司变化很小，市场座次排名不变，但泰康资产与平安养老之间的差距进一步缩小。各机构的发展速度不一，泰康资产增速列第 1 位，为 32.08%；此外，太平养老、易方达和华泰资产的增速也均超过了 20%。

从行业分布来看，投资管理基金规模排名前三位的均为保险类机构，市场份额合计超过 40%。保险类机构合计管理基金资产的规模为 5723.06 亿元，占市场的 53.6%；其中平安养老、国寿养老、太平养老和长江养老 4 家专业养老保险公司管理的规模为 3992.03 亿元，占市场的 37.4%，这在一定程度上表明专业化方向的正确。

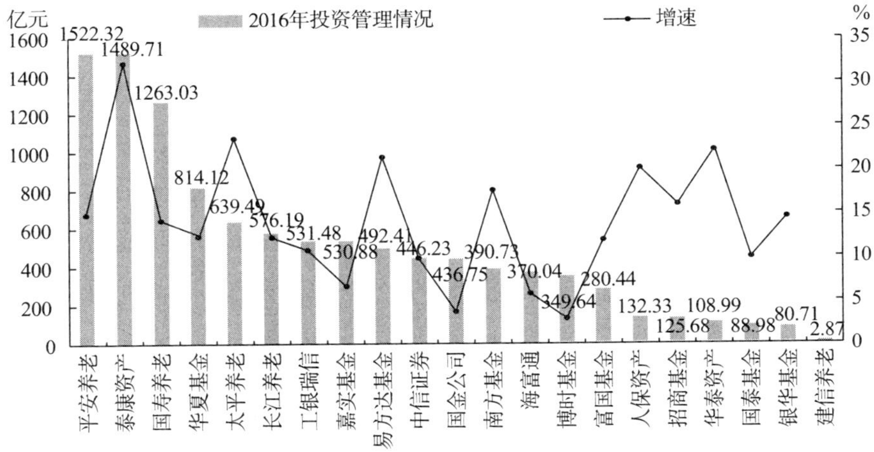

图 4-2　2016 年企业年金基金投资管理业务情况

（三）不断积累税优保险产品管理经验

当前保险行业有农业保险和健康保险两类产品享受税惠政策，并形成两种管理模式。

1. 农业保险模式

对农业保险的优惠政策主要包括保费补贴和税收优惠。保费补贴方面，中央财政对涉及国计民生的 15 类主要品种（水稻、小麦、玉米、棉花、马铃薯、油料作物、糖料作物、天然橡胶、森林、能繁母猪、育肥猪、奶牛、青稞、牦牛、藏系羊）分区域和分品种给予 30%~50% 的保费补贴，省级财政配套 25%~30% 的保费补贴，市县两级也提供 10%~15% 的保费补贴。地方特色优势农产品主要由地方给予保费补贴。税收优惠方面，国家免征农险业务的营业税和印花税，并给予所得税优惠税率。此外，监管部门免征农业保险业务监管费。根据《中央财政农业保险保险费补贴管理办法》规定财政对农业保险的补贴，采取国库集中支付制度，逐级划拨，预算管理。具体流程如图 4-3 所示。

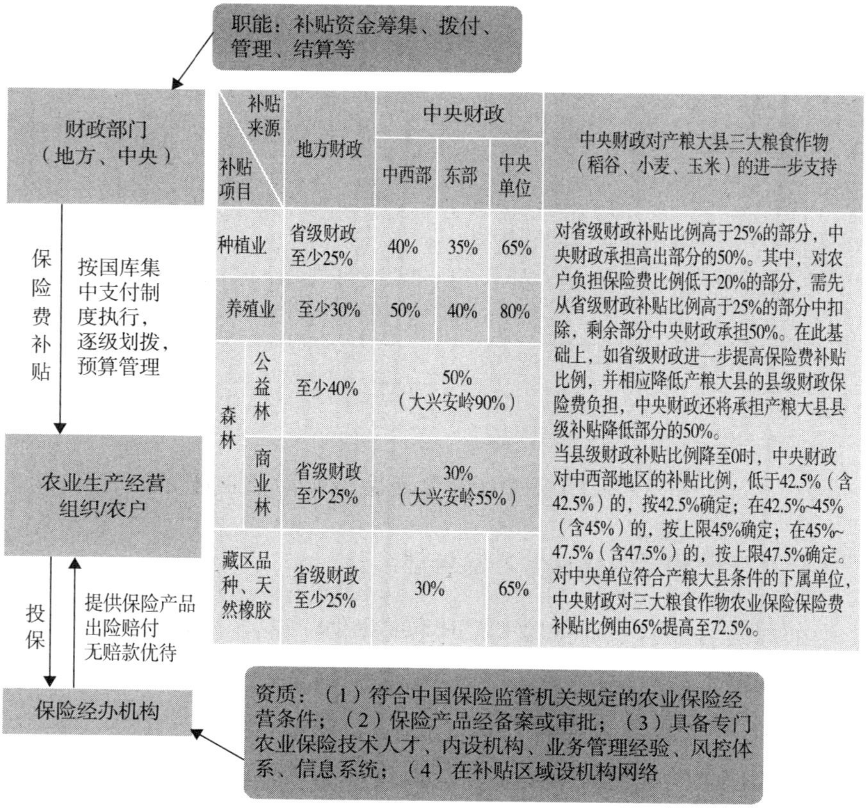

补贴项目＼补贴来源		地方财政	中央财政：中西部	中央财政：东部	中央财政：中央单位	中央财政对产粮大县三大粮食作物（稻谷、小麦、玉米）的进一步支持
种植业		省级财政至少25%	40%	35%	65%	对省级财政补贴比例高于25%的部分，中央财政承担高出部分的50%。其中，对农户负担保险费比例低于20%的部分，需先从省级财政补贴比例高于25%的部分中扣除，剩余部分中央财政承担50%。在此基础上，如省级财政进一步提高保险费补贴比例，并相应降低产粮大县的县级财政保险费负担，中央财政还将承担产粮大县县级补贴降低部分的50%。当县级财政补贴比例降至0时，中央财政对中西部地区的补贴比例，低于42.5%（含42.5%）的，按42.5%确定；在42.5%~45%（含45%）的，按上限45%确定；在45%~47.5%（含47.5%）的，按上限47.5%确定。对中央单位符合产粮大县条件的下属单位，中央财政对三大粮食作物农业保险保险费补贴比例由65%提高至72.5%。
养殖业		至少30%	50%	40%	80%	
森林	公益林	至少40%	50%（大兴安岭90%）			
森林	商业林	省级财政至少25%	30%（大兴安岭55%）			
藏区品种、天然橡胶		省级财政至少25%	30%		65%	

图 4-3　农业保险模式

“保险补贴 + 税收优惠”的方法大大促进了农业保险的发展，2004 年到 2015 年农险保费收入增长了 98 倍，赔款总额从最初的 2.81 亿元增长到 237 亿元，赔付率始终保持在 63% 以上，为农业生产提供了重要保障。

2. 健康保险模式

自 2016 年起，财政部、国家税务总局、中国保险监管机关出台的《关于实施商业健康保险个人所得税政策试点的通知》中对商业健康保险进行了税优安排，对全国 31 个试点城市的个人购买符合规定的商业健康保险支出，允许其在一定额度内（每月 200 元）进行税前扣除。关于税优认定的操作方式是：商业健康保险信息平台（中国保信）按照“一人一单一码”

的原则对投保人进行校验后，将税优识别码下发给保险公司，并由保险公司在保单上打印，作为纳税人据以扣税的重要凭据（见图 4–4）。

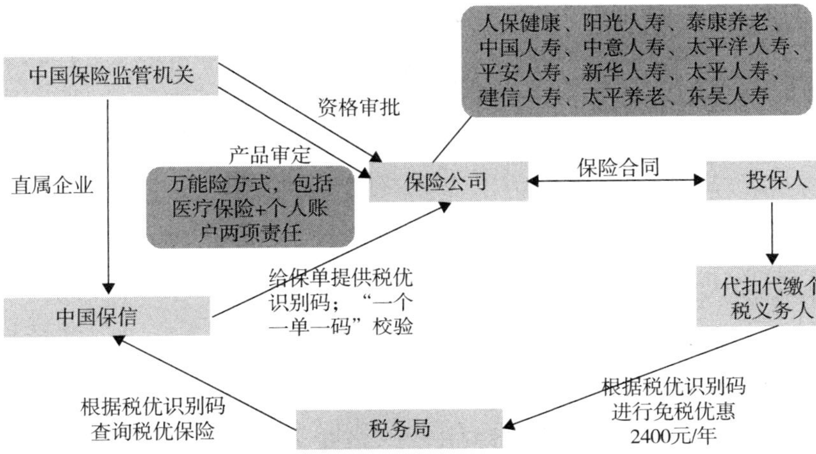

图 4–4　健康保险模式

综合来看，农业保险的税收政策取得较好的社会效益，“保险补贴 + 税收优惠”的方法比较简洁，广大老百姓可获得感强，参与率相对较高；操作方式比较简单，也符合当前中国税收管理的现状。而健康险的税优方式相对比较复杂，这也是影响其参与率的主要原因之一。

分报告五
中国养老金第三支柱发展的政策建议

在新常态下建立中国养老金第三支柱制度意义重大，为了促进养老金第三支柱的发展，需要尽快完成制度顶层设计，出台税收优惠政策；同时研究制定相关配套措施，提升实施效率；搭建个人养老金账户信息平台，强化专业监管，充分发挥保险业和商业保险产品在税优个人养老金推进和建设中的作用。

一、加强顶层设计

（一）实施产品和账户的双重管理

自 2007 年提出“延税型养老保险产品”这个概念以来，“产品延税”的观念根深蒂固，约定俗成。其实，养老金的受益主体和纳税主体应是人，不是产品。因此，在分类所得税制下，个人养老账户（Individual Pension Account，IPA）既是个人连续几十年投资的工具，也是终生纳税的依据；既是享有税优政策的载体，也是国民基本权利的象征。

“账户管理”的含义是：个人养老账户系统是税优个人养老金的操作平台，个人账户系统的后台与税务部门实行对接，是税优个人养老金实现终生跟踪和防止税源流失的重要基础设施；所有养老基金的交割与交易均通过个人账户进行，在达到法定退休年龄之前，账户资产不得实现领取；

个人养老账户的编码和使用具有唯一性，通过密码进入个人账户，在全国建立统一的账户系统。

“产品管理”的含义是：建立合格默认投资产品（QDIA）制度，以最大限度地规避市场风险、投资风险和道德风险，账户内进行交易和投资的只能是产品，二级市场的个股和债券不得在个人账户内进行交易；所有可交易的产品需在有关部门进行备案，即实行严格的产品备案制；通过备案的产品将列入“产品目录清单”予以公布，列入清单的产品为合格默认投资产品。

可以考虑建立和提供生命周期基金和生命特征基金。生命特征基金（Life Style Funds）也称为目标风险基金（Target Risks Funds），是根据预先确定的风险程度将股票基金、债券基金、货币市场基金等按一个固定的比例混合在一起组成一个新基金，多冠名为进取型基金、稳健型基金、保守型基金等。雇员可以根据自己的经济情况和风险偏好在这些标准的平衡型基金里自由选择，而无须亲力亲为进行资产配置。

生命周期基金（Life Cycle Funds）也称为目标日期基金（Target Date Funds，TDFs），其特点是只要选择之后，就可以“放置一旁”，随着年龄增长及生命周期的变化，其资产配置比例会自动发生变化，权益类的产品比例越来越少、固收类的产品比例越来越多。

（二）实现保险与投资的双重功能

养老金具有保险、投资和再分配三重功能。个人养老账户兼有保险与投资两种功能。个人养老账户的投资决策人是账户持有人本人，而不是任何机构或第三方。因此，保险和投资的双重功能设计既要考虑到根深蒂固的中国传统文化中的稳健性，还要兼顾到中华民族历史中的进取性，以满足不同群体的不同需求，满足账户资产的配置个性需求。

保险功能主要体现为可以购买保险产品，其特点是收益低但稳定，不能一次性领取，但年金产品可终生支付，如此兜底的保险特征符合年龄偏大、收入水平有限和思想偏保守的群体。

投资功能主要体现在基金产品上，其产品特征是收益率鲜明、高风险高收益，带有明显的市场进取性，适合年纪轻、受教育程度高的群体和白领阶层。账户持有人既可以只购买保险产品或共同基金，也可以二者同时购买并持有，资产配置比例完全由个人根据自己的风险偏好和经济条件自主决定。

保险产品既包括保守的传统险和分红险，也包括激进的万能险和投连险及其各种衍生保险产品；基金产品包括各种指数基金，其中，生命周期基金即目标日期基金将成为个人账户投资的主要默认产品；即将退休的个人（如 55 岁）应规定只能购买传统险和分红险等保障型产品，而不能购买其他风险型与投资型产品。

（三）制定 EET 与 TEE 的双向政策

EET 型个人养老账户是指税收递延政策，即达到退休年龄领取养老金时再缴纳个税。因此，EET 型个人账户非常适合正规部门就业群体，因为他们作为纳税人，其单位代扣代缴成为这个群体建立账户和享有税收优惠的方便条件和“福利特权”。但是在中国，纳税人规模太小，绝大多数劳动者是非纳税人，EET 型个人账户与他们无缘。这个数以亿计的庞大群体主要是指非正规部门的灵活就业人员（如保姆和小个体工商户）、服务型行业雇员（如餐馆和美容美发店等）、流动性较大的季节工人（农民工）等三个群体。

因此，在非正规就业群体庞大和实行分类所得税制的条件下，建立 TEE 型个人账户将具有巨大的需求：每月由个人独立缴纳“本金”，国家则可视财政负担能力给予一定的配资，以激励更广大中低收入群体参加，并分享经济发展成果。几十年后，在达到退休年龄领取养老金时，账户内所有资产均免税。

此外，TEE 账户对农民群体也是适合的，因为这个群体没有雇主，

EET账户将他们完全排除在外，而他们是最应该享受国家税优政策的群体。TEE账户灵活方便，上述四个群体可以离开雇主而独立建账并实施缴费，甚至失业人员都可以正常缴费，所以，税惠型个人养老金的“福利特权”将不仅仅属于正规就业人口，通过TEE型账户还有可能延伸到劳动力市场非正规就业人口，使之成为名副其实的大众福祉。

（四）实行试点与全面铺开的“两阶段推进”战略

鉴于个人养老账户是一个新生事物，人们对个人养老账户的作用有一个认识的过程，金融市场和金融机构应对个人账户的产品需求进行研发，个人账户制度建设应从易到难、由简渐繁，循序渐进，分两阶段推进。

1. 第一阶段：保险业试点阶段

建议为时三年，这期间仅开启保险功能，加强对参保群体的教育和保障，重心放在个人养老账户系统的制度构建上，账户系统只对保险产品开放，因为保险产品风险小，有兜底的功能，属于保障型的试点阶段。

保险业先行试点税优个人税延养老金的原因在于，一是保险业全程参与了我国企业年金政策研究、地区试点和多年实践运作经验，十年来一直致力于个人养老金税收政策的争取，具有较好的经验和准备；二是保险业积极开展农业保险和个人健康险税优保险，建立起一套现成的运营流程、信息平台、税务平台对接工作，已经具有较好的税优保险产品经营和监管经验，可以应用到税优个人养老金；三是保险业聚集了一大批精算专业人才和具有养老金运营管理和服务经验的人才；四是保险公司分支机构众多、服务网点遍布全国，可以提供便捷高效服务；五是保险公司有个人年金保险产品优势，可以设计终身领取型产品，规避长寿风险，与其他保险产品（疾病保险、意外保险等）搭配销售，提供全面的风险保障。

2. 第二阶段：全面铺开阶段

在试点结束之后，若保险形态的个人养老金无法有效满足群众需求，个人账户向投资型和信托型产品放开，个人账户可以购买基金产品。至此，个人养老账户的双重功能才算完全到位。

二、尽快出台税惠政策

在两类账户的设计中，EET 账户允许个人将额度范围内的收入通过税前列支方式注入账户，个人达到法定年龄退休后，从账户领取资金时，按规定税率对个人缴费总额资金部分延迟缴纳个人所得税。TEE 账户允许个人将额度范围内已经扣缴个人所得税的税后收入注入账户，个人达到法律规定退休年龄后，从账户领取资金时，免征个人所得税。

参加中国个人账户制度的个人不得在法定退休年龄前提前支取账户资金，否则，将在补缴相应应纳税款的基础上，按照制度规定对所领取资金采取一定的扣减惩罚，但在巨额医疗支出、首次购房、残疾等特定条件下，个人提取的资金金额可以免于提前提款处罚。

表 5–1　EET 与 TEE 模式对比

名称	EET	TEE
类型	税前缴费型	税后缴费型
税优模式	缴费和收益延期纳税	政府财政配资，收益及领取免税
缴费年龄限制	60 岁以前（法定退休年龄前）	无
支付年龄限制	60 岁以上（法定退休年龄后）	60 岁以上，且首笔缴费满三年

（一）总体原则

在适用人群方面，EET 模式由企业代扣代缴，适合超过个人所得税起征点的中高收入在职人员；TEE 模式由个人缴费，理论上适合所有人群，特别是无固定职业者、自由职业者等非在职人员。

由于中国纳税群体过小，两种模式并行，才能更广泛覆盖大多数人群。同时，两种模式并行，有利于委托人结合自身实际，如职业的稳定性、操作偏好等，选择相应模式。

在税优额度选择上，应该规定个人账户的税优额度上限，即不允许账户注入限额以上的其他资金，即使资金全额缴纳相应税款。在税优额度的确定上，一是要统筹考虑三个支柱的发展程度和替代率，二是从与人均收入水平比值的角度，三是从平衡税收优惠政策吸引力和财政承受能力角度来综合考虑确定。

（二）TEE 账户的税收激励

TEE 模式为前端纳税，具有多种优势。一是可能实现的覆盖面大，特别是能惠及广大中低收入人群，政府财政直接补贴，参保人员的获得感很直观、很强。二是税收优惠方式相对简单，对征税系统要求不高。三是操作方式相对简单，且与用人单位脱离。四是将进一步提升资本市场稳定性，有利于市场流动性资金转化为中长期持有资金。

TEE 模式的实施可以考虑通过明确免征资本利得税，调动先缴费、先积累、先受益的积极性。

（三）EET 账户的税收激励

税前缴费型的 EET 模式，根据不同的税收优惠方式，可以选择三种不同的方案。方案一是税基递延，个人账户缴费按照规定额予以税前列支，领取时按税收规定纳税。方案二是税额递延，个人账户缴费按规定限额予以税前列支，计算当前延税额，领取时补缴延税税款。方案三是税基与税额相结合，个人账户缴费按规定限额、规定税率单独计算应纳税额递延纳税，领取时补缴延税税款。

（四）具体形式

1. 缴费补贴

对于未达到个税起征点的个人，以及存在特殊困难的家庭，为吸引这些人群建立个人养老金，提高自我保障水平，减轻政府财政负担，建议由国家直接给予财政补贴，补贴额度与个人缴费相挂钩，个人缴费越多，缴费补贴越高。具体的补贴金额可以视政府的财政实力决定，并保持定期调整的灵活空间。

具体财政收入来源可做如下安排：第一，对于一般低收入群体，用于直接补贴的财政补贴总额可确定为每年个人所得税额的一定比例，并每年分配至中低收入人群的养老金第三支柱账户。第二，对于失独家庭，由于其收入来源不足，保障渠道单一，应加大国家对其的财政补贴。失独家庭是我国特定政策制度下的受害者，当年政府倡导独生子女政策，进行“独生子女好、政府帮养老”的政策宣传，目前这类人群从物质和精神上都是最需要救济和关怀的。具体可采取从社会抚养费中抽取资金等方式，对个人购买商业养老保险产品给予保险补贴。

2. 税收抵扣和优惠

对于自由职业者、高收入人群而言，吸引他们积极缴费建立个人养老金的动力主要在于当前的税前抵扣和税延。《国务院关于印发完善城镇社会保障体系试点方案的通知》（国发〔2000〕42 号）提出，“有条件的企业可为职工建立企业年金，并实行市场化运营和管理”，根据《财政部 税务总局关于补充养老保险费、补充医疗保险费有关企业所得税政策问题的通知》，企业为职工支付的补充养老保险费、补充医疗保险费，享受企业缴费 5% 的税前列支优惠。此外，企业年金还享受个人缴费 4% 的税优政策。目前中国有近 4 亿名企业职工，但企业年金经过十多年的发展，仅覆盖了 2300 万名职工，覆盖率不足 7%，且主要是央企、国企职工。其他小企业和私营企业因企业不愿增加支出，导致这些企业的大量职工也难以享受到政策给予的福利，其他自由职业者、自雇用人员就更不在政策的照顾范围之内。

为扩大政策福利的覆盖面，充分体现政策的公平性，建议企业年金、职业年金个人所得税政策推广适用于所有人群，即遵循《关于企业年金职业年金个人所得税有关问题的通知》（财税〔2013〕103号）文件，允许没有参加企业年金或职业年金的人群，建立个人养老金计划时，享受同等待遇，即在收入4%以内缴费的，可以税前列支，同时允许用人单位配资。

3. 视财政情况，可单独适用或合并适用

设置财政补贴的，为了确保补贴的真实、完整，需要根据人口和家庭收入水平进行认证，实践操作中，申领补贴等手续和流程比较烦琐，补贴的发放与人口变化有关，凡有人员信息变更就要重新申请，市场反响有限；税收抵扣则相对操作简单，更多是从税务政策上设置优惠税收来吸引和激励人群，受众面较广，缴费方式灵活简便，易于推行。从我国国情看，目前缴纳个人所得税的群体不足3000万人，尽管考虑到未来人均收入的提高有可能扩大纳税群体，但生活成本的上涨也有提高个人所得税起征点的客观要求，未来纳税群体仍然属于少数。

结合我国当前正在推进个人所得税改革采取综合和分类相结合的模式，以及我国绝大多数人口属于自由职业、自雇用和低收入的非纳税群体，建议应采取财政补贴加税收优惠的混合模式，给予个人建立私人养老金政策激励，达到兼顾不同群体之间的政策公平，兼顾不同人群的风险偏好，更好地实现私人养老金制度的公平和效率。

三、研究制定配套措施

（一）建立自动加入机制

“自动加入”是指雇员在入职时就被默认为自动加入了年金制度，如果打算“退出”，需专门提出申请并得到雇主的允许。报告显示，这一机制已经在英美等发达国家通过了实践检验，如在英国，59.2%的雇员参与了企业年金计划，其中26%为2008年实施这一机制后加入；在美国，新入职雇员的企业年金参与率从实施机制前的 60% 提至 90%[①]。

将税优个人养老金自动加入机制引入第三支柱是在短期内扩大参与率的重要抓手，引入自动加入机制是扩大参与率的关键。若没有此机制，依他国经验，税优个人养老金的覆盖面很难提升，其作用也将非常有限。

（二）打通第二、第三支柱通道

1. EET 账户与企业年金、职业年金过渡账户的对接

过渡账户是指原来拥有企业年金或职业年金账户的个人在工作发生变动后，无雇主继续提供年金代扣代缴，由于该类账户的缴费资金和 EET 型个人账户均为延迟纳税，建议将其第二支柱的资金转入个人 EET 账户进行后续投资管理运作。

2. TEE 账户与企业年金、职业年金退休账户对接

退休账户是指原来拥有企业年金或职业年金账户的个人在退休后所持有的相应账户，账户按照一次领取或分期领取扣减延迟应纳税款后，领取的资金即为已纳税收入，可一次性或分期进入 TEE 型个人账户投资。

3. 第二、第三支柱个人缴费税收优惠的额度共享

第二、第三支柱个人享受税优比例或者额度共享，可以实现第二支柱个人缴费没有达到税优上限的比例或者额度，可以将差额进入第三支柱个人账户，如果没有参加第二支柱，则可以直接将全部比例或额度进入第三支柱。

4. 中小微企业推广代扣代缴型 EET 账户制

考虑到广泛推广我国企业年金制度当前面临的客观困难，可以在提供第二、第三支柱个人缴费额度共享制度基础上，对符合条件的中小微企业，由企业统一代扣代缴个人账户缴费，合并计入职工第三支柱个人账户，提高中小微企业的积极性。

---

① 郑秉文. 中国养老金发展报告2016[M]. 北京: 中国社会科学院, 2016.

（三）实现年金化领取

为真正实现养老保障目的，应积极推动第二、第三支柱的年金化领取。目前，根据企业年金的个人所得税政策，如在领取期一次性领取养老金，将根据领取额适用更高的所得税税率。为确保将企业年金账户资金用于养老保障，降低受益人拿到一大笔现金后的非理性消费及投资行为带来的养老金损失风险，应尽快落实有关个人所得税政策，可借鉴职业年金领取期的有关政策，允许商业养老保险对接企业年金，实现年金化领取（包括终身领取），帮助参保人抵御长寿风险。

四、建设信息管理平台

（一）总体运作模式

税优个人养老金账户的设立按照自愿建立原则，以公安机关颁发的居民身份证为登记识别信息，每类账户（EET 和 TEE）中每人只能开立一个个人账户，实现无纸化、节省管理成本。账户每年的缴费资金总额在国家财税部门统一规定的额度范围内，可以享受税优政策，账户资金只能在账户所有人达到法定退休年龄后才能领取。

通过监管规则下的专业管理及税务系统的对接，账户的资金缴入、投保、退保、满期给付及申购、认购、赎回等操作可以长期追踪，延税记录可进行查询和稽核，账户具有唯一性、便携性、可转移性。

根据账户类型，国家财税部门对个人税延养老账户的缴费、投资、领取采取不同的税收激励政策，可促进政策推广和惠民目标的实现。个人账户可以分为 EET 和 TEE，两类账户资金的投资增值部分均享受免税政策。

监管部门结合个人税延账户、政策特征制定产品准入规则，对申请开展业务的机构进行审慎评审。通过监管规则设计，对个人养老金账户的资金限于购买监管部门核准的产品，产品经营限于符合认证的商业机构。

（二）基本运营流程

个人账户的基本运营流程包括：账户开立、缴费、购买专项产品、赎回或退保、个人账户管理机构变更、待遇支付、提前领取、账户注销等。

其中，每个公民只能开设 1 个 EET 账户和 1 个 TEE 账户，两个账户可不在一个机构开设，EET 账户资金由应纳税职工单位代扣代缴，TEE 账户资金由委托人自行缴费，两个账户每年合计缴费总额不能超过制度限制。制定制度时，应充分考虑参加个人账户制度群体复杂多样的特征，确保参保者操作的便利。

（三）信息平台建设

为避免个人在多家管理机构超量开户（EET 和 TEE）及缴入超过制度政策限额的资金、重复享受税收优惠、防范道德风险，同时也为提高管理效率，应建立财税部门统一归口管理，商业保险机构分别进行对接的信息平台，实现账户基本信息、账户资金信息、个人纳税信息的实时交互，以确保监管部门和税务部门的跟踪管理。

信息平台应满足依托委托人身份信息，可以实施查询委托人名下个人账户的开立、缴费、资金、延税金额等信息功能，在账户管理方面，应根据制度规定的税优额度设定缴费上限。

信息平台建设应做好信息系统的安全管理，并注重财税部门、监管部门、商业机构的分级授权管理，确保金融机构客户信息的商业机密安全等。

五、强化准入和监管

（一）建立市场准入机制

税优个人养老金肩负着重大的社会责任和民生使命，由专业的金融机构来管理个人账户资金，有利于准确把握多元化养老保障需求和风险偏好特征，提供有特色、多元化、适合不同年龄段群体需求的产品，帮助参加者在合适的时间选择合适的产品，通过相应资格的参与限制，可以保障市场规范和健康，防止市场的过度竞争和分散化，也有利于尽快形成规模经济。

1. 资质准入

个人账户资金作为养老资金，其管理的特殊性在于安全性和稳定性的极高要求，参与机构必须保证在低风险、市场稳健的情况下争取较高的投资收益，应具有良好的资产管理业绩、财务状况和社会信誉，应为负责养老基金资产投资运营的专业机构。因此，需要参考第一、第二支柱管理选择办法，制定相应资格准入机制。

2. 产品准入

监管部门应对符合资格机构提供的产品设定统一标准，同时建立明确的产品研发和管理制度规则。个人账户资金可以购买的产品，必须由机构在监管部门正式备案，获得监管部门审批，同时个人账户资金的投资运用应符合监管规定范围，确保个人账户的资金长期稳健增值。

（二）优化完善监管体系

1. 建立私人养老金监管体系

由于缺乏统一立法和种种历史原因，目前养老金第二、第三支柱的行政管辖分属不同行政部门，整体协调发展的难度较大。第一支柱和以企业年金为主的第二支柱由人力资源和社会保障部制定业务规则，负责业务监管。企业年金的管理资质分为受托人、托管人、账户管理人和投资管理人四类，共向39个金融机构发放了57个基金管理资格，分属保险、信托、基金、银行等不同金融子行业，其机构监管分属银保监会、证监会等不同监管部门；第一支柱基本养老保险基金投资管理未来的市场化运作，情况也将与企业年金类似。

以商业养老保险为主的第三支柱，目前主要市场参与主体是人寿保险公司和专业养老保险公司，由银保监会进行监管。而从三个支柱的性质上看，第一支柱是由政府强制建立的，目标是广覆盖、保基本，采取的管理方式是现收现付制，即“新人养老人”，由中央政府和地方政府负责管理；而第二、第三支柱则是在第一支柱之上，由企业和个人自愿建立的养老金计划，政府给予税收优惠政策鼓励建立，采取的管理方式是个人账户积累制，即个人缴纳的钱完全是归属个人的，由金融机构负责管理运营。第一支柱和第二、第三支柱的性质完全不同，从国外情况看，通常也是把一支柱作为公共养老金，第二、第三支柱作为私人养老金，采取不同的监管模式。

从本质上看，养老金与保险资金属性类似，为长期资金，风险偏好低，追求安全、长期和稳健的投资收益。近年来，保险行业逐步摸索出一条适合长期资金投资管理的发展路径，建立了比较完善的管理体制、制度规范和监管体系，积累了丰富的理论和实践经验。同时，保险资金运用市场化不断加深，投资渠道稳步拓宽。

考虑到当前中国的经济社会发展状况，应强调或突出养老金的保险属性。因此，将私人养老金纳入保险监管的框架下，并与财税部门的税务监管一起形成“双峰监管”模式，结束当前“九龙治水”的混乱局面。将养老金纳入保险资金运用框架下来投资运作，养老金投资管理可在风险可控的前提下，获取更多的政策支持和更为丰富的投资领域，更好地支持养老金保值增值。同时，早在 2006 年，当时中国保险监管机关就已获得国务院批准，代表中国政府加入国际养老金监督官协会，并当选为执行委员会委员，其拥有多年对专业养老保险公司监管的经验，有专门的部门设置和人员配备，奠定了一定的监管基础。目前由银保监会统一作为第二、第三支柱商业养老金的监管主体，有利于防范因养老金监管主体不同而引发的监管规则、监管尺度不统一和监管真空的问题。

因此，从理顺监管机制、提升监管效能、降低行政管理成本的角度出发，考虑到三个支柱性质和管理方式的不同、商业养老金资金属性、商业养老保险本身即由银保监会监管以及以保险机构为主的市场现状，建议由银保监会牵头负责整合目前分属不同监管部门的第二、第三支柱商业养老金的监管职责，并制定统一的监管规则。

在具体的监管方式上应采取审慎监管与数量限制相结合的方式。纵横并举的工作中，不断完善保险法制体系，加快推进保险监管现代化，同时守住不发生系统性区域性金融风险的底线。

一是集中于投资管理人的行为监管。关注人的行为方面主要是投资决策是否全面考虑了各种因素，在形成资产配置决策的过程中是否达到了“适当勤勉”的要求，是否遵循了公开性、连贯性的投资原则。

二是强调投资管理人的诚信义务和投资管理的透明度。养老基金投资管理人对养老基金持有人负有诚信义务，对养老基金投资更为严格的信息披露要求，促使其信息披露更加充分。

三是通过关注投资决策过程而不是投资结果，允许投资管理人在坚持投资多样化的前提下，实行投资的自由选择。同时，鼓励投资管理人之间开展正常、有序的竞争，防止投资管理人操纵市场，避免投资组合趋同。在通过审慎监管方式给予私人养老金管理机构更多自主空间的同时，也有必要借鉴数量限制的一些合理做法，对投资资产的类别和投资比例，风险资产的最高持有数量、单一金融工具的持有数量，以及养老基金在证券市场上购买基金发起人（如缴费的雇主）发行的债券或股票，海外投资比例和资产类别等进行适当和必要的限制，以形成对审慎监管的有效补充，确保养老金资产的安全性。

2. 强化协同监管和有效性评价

养老金监管体系并非一成不变。从世界各国情况看，审慎监管和数量限制在不同的发展阶段各有侧重。数量限制监管模式下，监管过程和结果都易控制，监管成本也相对较低。因而，对于养老保险基金处于发展初期或者是金融市场不发达、监管条件不成熟的国家来说，该模式有利于控制基金投资风险，最大限度地保证养老保险基金投资的合规性和广大受益人的利益。但伴随着社会经济不断发展和市场环境的逐步完善，由于数量限制监管会损害养老保险基金投资目的的实现，长期还会扭曲金融市场、损害整个金融市场的活力。

因此，在养老金监管系统需要建立定期回顾制度，对监管的有效性进行评估，并在审慎监管和数量限制之间选择适合当前的平衡点，确保监管有效性和市场活力得到有效平衡。

同时，负责私人养老金计划的公平性和适格性审查和监管的财税部门则应该定期根据社会经济发展的变化，以及居民收入的调整、人口结构的变化，定期开展私人养老金体系充足性、公平性和适格性的评估，适时调整私人养老金体系的财税优惠政策，确保激励政策能够有效实现政策目标。

当然，作为私人养老金体系的监管者，无论是专业的监管部门，还是政策的制定部门，都需要定期沟通和协调，共同定期发布私人养老金体系建设报告，强化私营养老金运行和监管透明度，同时也唤醒人们对个人养老问题的关注和重视。

（三）加强税收监管

在税优个人养老金税延监管环节中，税务查询和稽核是重中之重。应确定账户税收优惠标准，通过系统建设设定账户开立、账户缴费上限等阀值，系统应具备自动识别、报错、禁止功能；在运行过程中，商业机构定期对本单位管理的账户进行税务查询，并将查询结果通过数据平台汇报给监管部门，监管部门再将税务数据提交财政部门，及时核查系统差错或个人恶意造伪等情况。

财政部、国家税务总局、银保监会等单位可以依法对商业机构、个人养老金账户进行监督管理，确保税惠型个人养老金的合规运作，防范税收的流失。

从前面补贴和税优的实操经验看，补贴所需财政资金巨大，适合有限的险种及特定人群，税收优惠则主要能惠及纳税人群，覆盖人群面也有限，而养老作为关乎全体居民切身利益的事件，要尽可能覆盖最多的人群，最有效的方法是“补贴 + 税优”，给纳税人群以缴费阶段的税收减免，给非纳税人群以一定额度的定向补贴。具体操作流程如图 5–1 所示。

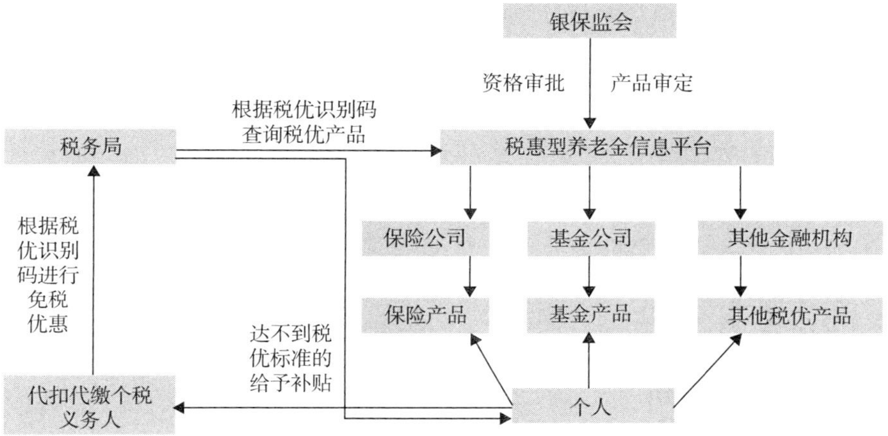

图 5–1　税优养老金操作流程

国际篇

分报告六
养老金第三支柱发展的国际经验及启示

第二次世界大战后，西方发达国家普遍建立了高福利的社会养老保险制度，由于经济快速增长和婴儿潮带来的人口结构优化，在很长一段时间内运行良好，促进了社会进步。但近年来，随着世界经济增速整体放缓，人口寿命的逐步延长、社会赡养率不断降低，各国现收现付的公共养老金体系财务压力日益增大，难以为继。在欧洲，老龄人口赡养率为4∶1，即4个劳动人口供养1个退休人口，到2050年这个比例将降为2∶1，养老形势极其严峻。据OECD统计和预测，2007年OECD国家公共养老金支出占GDP的比例达到7%，占政府总支出的比例达到了16.6%，到2050年OECD 28国平均的公共养老金支出将占到GDP的11.4%。居高不下的公共养老金支出给养老金体系乃至政府公共财政带来可持续发展的巨大压力，事实上，维系现有养老保障水平成为诱发欧债危机的一个重要隐性因素。

在此背景下，世界各国纷纷对其养老保障体系进行反思和改革，改革的总体趋势包括两个方面：一方面是进行“参量式改革”，即通过提高法定退休年龄、调整待遇计发公式等方式削减养老金的支出压力；另一方面是大力推进“结构式改革”，即通过引入和发展私人养老金，建立多支柱养老金体系，特别是通过税收优惠、财政补贴等政策鼓励雇主养老金计划和个人商业养老保险的发展，强化私人养老金在养老保障体系中的地位。通过充分发挥政府、雇主、个人、家庭、市场等各主体的作用，实现在养老责任上的优势互补与风险分担，即由政府建立和担保的现收现付制公共养老金计划为人们提供最基本的生活保障，通过在全社会范围内的收入再分配实现消除老年贫困的目的；由雇主建立的基金积累制养老金计划，帮助人们实现一定的收入替代，平滑生命周期收入；由保险公司等金融机构提供的养老保险产品和计划，满足不同类型人群更高层次的养老需求。

可见，为了应对人口老龄化的挑战，提高养老金体系的可持续性和效率，近年来国际上养老金制度改革的重要趋势是促进私营养老金的发展，建立分担合理的、可持续的、长期精算平衡的、市场化的养老保障体系。尽管国情各不相同，但也有很多共同的经验和启示可供借鉴，包括合理界定政府与市场在养老金体系中的边界，普遍建立起多支柱的养老金体系，私营养老金呈现快速发展态势，政策支持是第三支柱发展的重要引擎，商业保险在第三支柱中发挥重要作用以及专业化监管是重要保障。

一、合理界定政府与市场在养老金体系中的边界

政府制定和调整养老金公共政策的基本前提是正确界定政府和市场的边界。市场的职责是创造效率，政府的职责是纠正市场失灵（张承惠，2017）。各国在养老金制度改革中都致力于合理界定政府与市场的边界。

（一）明晰公共基本养老金承担的责任，即政府责任逐步转向提供基本生活保障的养老金

在一些国家，政府对于养老金的责任主要体现为提供最低水平保障的非缴费型零支柱，即通过基本收入保障的零支柱，旨在消除老年贫困。例如，澳大利亚政府提供的基本养老金，从当前财政收入中拨款，由政府机构管理，需通过收入和财产测试，为退休者提供最基本的老年生活保障；而与就业相关联的养老保障则主要体现在市场化管理的超级年金上。英国政府则通过协议退出和自动加入等政策，将原来“基础养老金 + 与收入关

联养老金"的双层公共养老金结构，逐步调整为统一、单一、简明的基础养老金单层结构。在另一些国家，政府的责任主要体现为提供与收入水平挂钩的缴费型第一支柱，为了能有效实施这种强制型制度，大多数国家都试图确保替代率和费率适中，并弱化再分配功能。和合理界定政府责任相适应，政府在养老金改革中努力控制公共养老金缴费率水平，降低企业和个人的缴费负担，从而为私营养老金的发展释放出一定的空间。2014 年，OECD 21 个国家强制性养老金的雇员个人缴费率平均为 7.09%，雇主缴费率平均为 10.48%，总缴费率平均为 17.57%。

（二）充分发挥市场机制在养老金体系中的作用

在养老金体系中，市场的职责是保证运作机制的财务可持续性（张承惠，2017）。市场机制在养老金领域的实现形式包括提供私人养老金计划、受托管理养老基金、承办公共养老金业务等。就制度效率而言，市场机制提供更低运营成本和更高资金收益，优化了养老金的经济产出，为财务稳健提供有力保障。就社会效率来讲，私人养老金具有多缴多得、缴费和给付激励相容的突出特点，与公共养老金的转移支付相比，具有正向激励作用，扩大了养老金的覆盖范围和缴费规模。就宏观效率来讲，私人养老金积累了大量长期资金，有利于推动居民储蓄有效转化为投资，对经济和资本市场的发展产生了正向的溢出效应。例如，德国先后于 2001 年和 2004 年推出里斯特养老金计划和吕鲁普养老金计划，用税收政策激励发展第三支柱，以弥补公共养老金替代率的下降，提升制度可持续性。

二、普遍建立起多支柱的养老金体系

国际养老金制度改革的共同趋势是，在增强基本养老保险可持续性的同时，充分发挥市场机制的作用，通过大力发展私营养老金，致力于构建多支柱结构相对均衡的养老金体系。通过充分发挥政府、雇主、个人、家庭、市场等各主体的作用，实现在养老责任上的优势互补与风险分担，即由政府建立和担保的现收现付制公共养老金计划为人们提供最基本的生活保障，消除老年贫困；由雇主建立的基金积累制养老金计划，平滑生命周期收入；由保险公司等金融机构提供的养老保险产品和计划，满足不同类型人群更高层次的养老需求。

政府责任逐步转向提供基本生活保障的养老金。而基本生活以上的部分，则通过建立第二、第三支柱的私人养老金来进行补充，形成了以市场化为趋势、各具特色的多支柱养老保险体系（见表 6-1），取得了较好的效果。比如，美国的 401K 计划、个人退休账户；德国的企业补充养老金、里斯特退休金；英国的职业养老计划及个人养老计划；等等。这些计划对第一支柱的基本养老进行有效补充，既减轻了国家的负担，也有效地调动了雇主和个人的积极性，促进整个养老金体系的可持续性提升。

表 6-1　部分国家多支柱养老保险体系的结构

国家	公共养老金	职业养老金	个人养老金
美国	强制性，采取投保资助模式，联邦政府统一管理，社保资金实行全国统筹，基本覆盖全部就业人口	非强制性，市场化经营，实行基金积累制，由雇主与雇员共同或雇主单独缴费，可采取 DB 或 DC 模式①，DB 大约占总量的 60%，DC 占 40%，401K 计划是 DC 模式的代表	自愿性，个人建立退休账户，由保险公司、银行和共同基金等金融机构提供管理
英国	强制性，资金由国家财政、雇主和雇员强制性缴费共同负担、基本达到全面覆盖	强制性，实行基金积累制，由私人和雇主给雇员提供，包括DB、DC和二者混合型三种类型，目前，DC计划是主流模式	自愿性，商业保险公司向自雇人员和没有参加职业养老金计划的人群提供，通常是 DC 型

① DB：Defined Benefit的简称，即收益确定型养老保障计划。DC：Defined Contribution 的简称，即缴费确定型养老保障计划。

续表

国家	公共养老金	职业养老金	个人养老金
德国	强制性，采取投保资助模式，实行全国统筹，经办机构多样化、独立于政府，接受国家监督	非强制性，由企业为雇员缴费，养老保障水平由各企业根据自身经济实力和发展状况决定。设立雇主组织的养老保险基金会作为担保机构，如果企业破产，由基金会负责向雇员支付	自愿性，政府提供补贴
智利	强制性，政府提供补贴，为 65 岁及以上的穷人提供最低生活保障。覆盖贫困人口的 60% 以上	强制性，采取强制储蓄模式，覆盖范围为企业职工、自营职工和非正式工人，职工个人缴费，计入个人账户，市场化运作，由私营养老金公司运营管理	自愿性，职工个人可增缴收入的 10% 计入个人账户或自愿储蓄账户。同时，建立雇主资助的自愿养老金计划（APVC），政府提供补贴

三、私营养老金呈现快速发展态势

国际私营养老金呈现快速发展趋势，其私营养老金资产占 GDP 的比例不断提高，私营养老金对退休人员的收入贡献不断提升，覆盖的人群比例不断增加，年金保险对寿险业保费收入的贡献不断提高。

（一）私营养老金资产占 GDP 的比例不断提高

2014 年，OECD 国家私营养老金资产占 GDP 的简单平均比例为 37.2%，加权平均比例为 84.4%（见图 6–1）；部分非 OECD 国家私营养老金资产也在不断增加，占 GDP 的简单平均比例为 16.4%，加权平均比例为 36.4%（见图 6–2）。

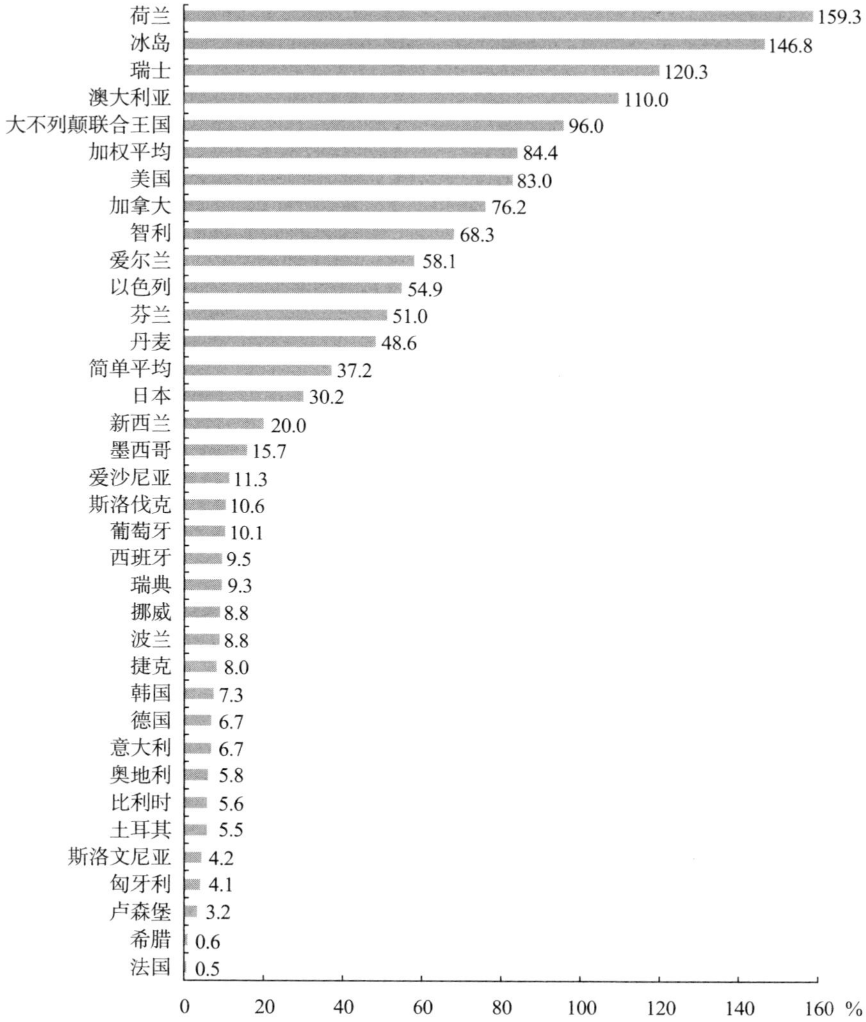

资料来源：OECD Global Pension Statistics.

图 6-1　2014 年 OECD 国家私营养老金占 GDP 的比例

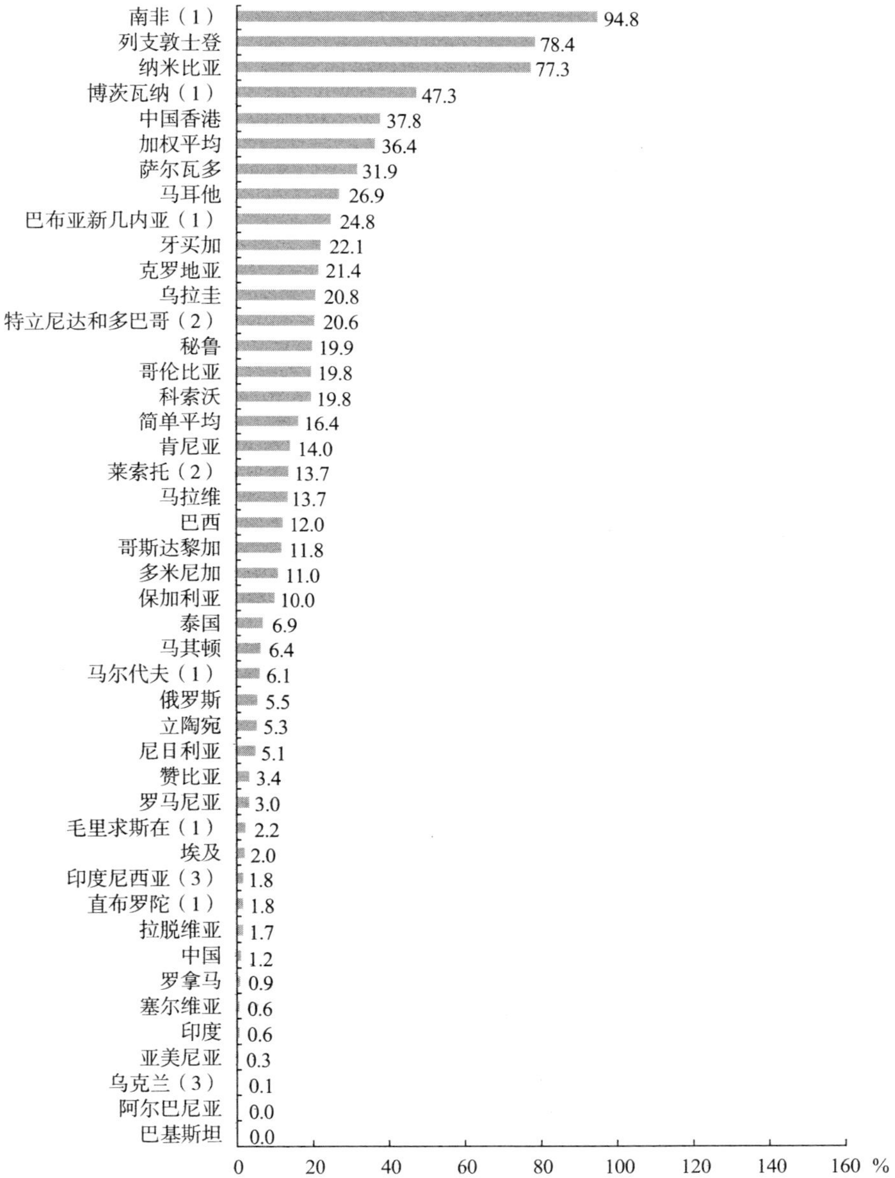

注：（1）为2013年数据；（2）为2012年数据；（3）为2011年数据。
资料来源：OECD Global Pension Statistics.

图 6-2　2014 年非 OECD 国家私营养老金占 GDP 的比例

以美国为例，2015 年其养老金体系三个支柱积累的资产总量为 25.3 万亿美元，占当年 GDP（17.4 万亿美元）的比例高达 145%。其中，第一支柱积累的养老金资产仅占资产总量的 11%，而第二、第三支柱私营养老金非常发达，积累的养老金资产存量巨大，占资产总量的 89%（见表 6-2）。

表 6-2　2015 年美国养老金体系资产

名称	第一支柱	第二支柱	第三支柱	合计	占 GDP 比重（%）
规模（万亿美元）	2.8	15.18	7.32	25.3	145
占总资产比重（%）	11.0	59.1	29.9	100	

资料来源：美国数据www.ssa.gov; www.ici.org。

（二）私营养老金对退休人员的收入贡献不断提升

由于很多国家更为均衡地发展养老保险的三支柱体系，私营养老金发展迅速，其对退休人员的收入贡献不断提升。以美国为例，其退休人员的养老金总毛替代率为67.8%，其中第一支柱的毛替代率为35.2%，作为私营养老金的第二、第三支柱的毛替代率为33.6%，其对退休人员的收入贡献几乎等同于公共养老金。同样的，美国养老金净替代率为81.9%，第一支柱的净替代率为44.8%，作为私营养老金的第二、第三支柱的净替代率为37.1%。其他一些OECD国家也大致如此，作为私营养老金的第二、第三支柱在提升养老金替代率方面发挥了重要的作用（见表6-3和表6-4）。

表 6-3　部分 OECD 国家养老金总毛替代率的结构　单位：%

国家	强制公共养老金的毛替代率	自愿私人养老金的毛替代率	总毛替代率
比利时	46.6	13.3	59.9
加拿大	36.7	29.3	66.0
德国	37.5	12.5	50.0
爱尔兰	34.7	30.3	65.0

续表

国家	强制公共养老金的毛替代率	自愿私人养老金的毛替代率	总毛替代率
新西兰	40.1	12.4	52.5
英国	21.6	29.8	51.4
美国	35.2	33.6	67.8

注：毛替代率为没有经过税收调整的养老金收入 / 退休前的收入。
资料来源：OECD pension models.

表 6-4 部分 OECD 国家养老金净替代率的结构 单位：%

国家	强制公共养老金的净替代率	自愿私人养老金的净替代率	总净替代率
比利时	60.9	11.2	72.1
加拿大	47.9	48.2	96.1
德国	50	14.7	64.7
爱尔兰	42.2	29.9	72.1
新西兰	43	13.8	56.8
英国	28.5	32.7	61.2
美国	44.8	37.1	81.9

注：净替代率为经过税收调整的养老金收入 / 退休前的收入。
资料来源：OECD pension models.

（三）私营养老金覆盖的人群比例不断增加

随着私营养老金的快速发展，其覆盖的人群比例不断增加。2013 年，在德国的社会保险缴费雇员中，71.3% 拥有某种形式的私营养老金计划。捷克、冰岛、美国和英国参加私营养老金计划的人口占其工作年龄人口（15~64 岁）的比例分别为 66.2%、52.2%、47.1% 和 43.3%。

四、政策支持是第三支柱发展的重要引擎

除了人口老龄化程度加重外，公众对养老金的需求增加等客观因素外，政府对公共养老金缴费率的控制为私营养老金的发展释放了空间。同时，政府的税收优惠政策也为私营养老金的发展提供了激励。

（一）控制公共养老金缴费率

2014年，OECD 21个国家强制性养老金的雇员个人缴费率平均为7.09%，雇主缴费率平均为10.48%，总缴费率平均为17.57%，低于中国基本养老保险28%的缴费率（见表6-5）。OECD 13个国家社会保险和强制性私营养老金中雇员个人缴费率平均为8.29%，雇主缴费率平均为15.55%，总缴费率平均为23.85%（见表6-6），远低于中国社会保险40%左右的总缴费率。

可见，为了发挥市场机制在养老金体系中的作用，政府努力控制公共养老金的缴费率，降低企业和个人的缴费负担，从而为私营养老金的发展释放出一定的空间。

表6-5　2014年OECD 21个国家强制性养老金的缴费率　单位：%

国家	公共养老金		私人养老金		合计		总计
	雇员	雇主	雇员	雇主	雇员	雇主	
澳大利亚		9.5			0	9.5	9.5
比利时	7.5	8.86			7.5	8.86	16.36
加拿大	4.95	4.95			4.95	4.95	9.9
智利			11.2	1.15	11.2	1.15	12.35
丹麦	0.54	0.82		12	0.54	12.82	13.36
芬兰	7.05	17.75			7.05	17.75	24.8
法国	6.8	8.45	3	3	9.8	11.45	21.25
德国	9.5	9.5			9.5	9.5	19

续表

国家	公共养老金		私人养老金		合计		总计
	雇员	雇主	雇员	雇主	雇员	雇主	
冰岛		7.79	4	8	4	15.79	19.79
以色列	3.75	3.75	5.5	12	9.25	15.75	25
意大利	9.19	23.81			9.19	23.81	33
日本	8.737	8.737			8.737	8.737	17.474
韩国	4.5	4.5			4.5	4.5	9
卢森堡	8	8			8	8	16
墨西哥			1.125	5.15	1.125	5.15	6.275
荷兰	4.9		8	8	12.9	8	20.9
新西兰			3	3	3	3	6
波兰	9.76	9.76			9.76	9.76	19.52
瑞典	7	11.4		4.5	7	15.9	22.9
瑞士	4.2	4.2	7.7	10.4	11.9	14.6	26.5
土耳其	9	11			9	11	20
平均					7.09	10.48	17.57

资料来源：OECD (various years), Taxing Wages; OECD (2013), Revenue Statistics; Social Security Administration, United States (various years), Social Security Programs throughout the World; OECD pension and tax models.

表 6-6　2014 年 OECD 13 个国家社会保险和强制性私营养老金的缴费率

单位：%

国家	公共		私人		合计		总计
	雇员	雇主	雇员	雇主	雇员	雇主	
奥地利	10.25	12.55			10.25	12.55	22.8
捷克	6.5	21.5			6.5	21.5	28
爱沙尼亚		16	2	4	2	20	22
希腊	6.67	13.3			6.67	13.3	19.97

续表

国家	公共		私人		合计		总计
	雇员	雇主	雇员	雇主	雇员	雇主	
匈牙利	18.5	28.5			18.5	28.5	47
爱尔兰	4	10.75			4	10.75	14.75
挪威	8.2	14.1			8.2	14.1	22.3
葡萄牙	6.4	13.8			6.4	13.8	20.2
斯洛伐克	7	20			7	20	27
斯洛文尼亚	15.5	8.85			15.5	8.85	24.35
西班牙	4.7	23.6			4.7	23.6	28.3
英国	11.9	9.05			11.9	9.05	20.95
美国	6.2	6.2			6.2	6.2	12.4
平均					8.29	15.55	23.85

资料来源：OECD (various years), Taxing Wages; OECD (2013), Revenue Statistics; Social Security Administration, United States (various years), Social Security Programs throughout the World; OECD pension and tax models.

（二）实施税收优惠的激励政策

国际上很多国家都通过各种形式的税收优惠政策提升商业养老保险的需求（见表 6–7），即政府通过让渡税收收入，激励企业和个人参加各种形式的私营养老金计划。正是在税收优惠政策的鼓励下，OECD 国家的私营养老金快速发展，1990—2011 年其养老金给付中，私营养老金的给付水平提高了 37.9%。2011 年，OECD 国家平均以占 GDP0.4% 的税收减免带来了占 GDP1.6% 的私营养老金支出，税收对养老金的放大效应为 4 倍（见表 6–8）。

表 6-7　养老金计划的税收政策

国家	额外的税收优惠	养老金收入完全或部分免税	
		公共计划	私营计划
经合组织成员国			
澳大利亚	√	√	√
奥地利			
比利时		√	
加拿大	√	√	√
智利	√		
捷克	√	√	
丹麦			
爱沙尼亚	√		
芬兰		√	
法国			
德国		√	√
希腊			
匈牙利		√	√
冰岛			
爱尔兰	√		
以色列	√		
意大利	√		√
日本	√	√	√
韩国	√	√	
卢森堡	√		
墨西哥	√		
荷兰	√		
新西兰			

续表

国家	额外的税收优惠	养老金收入完全或部分免税	
		公共计划	私营计划
挪威	√	√	
波兰			
葡萄牙	√		
斯洛伐克		√	
斯洛文尼亚	√		
西班牙		√	
瑞典	√		
瑞士			
土耳其		√	
英国	√		
美国	√	√	
其他主要经济体			
阿根廷		√	
巴西		√	
中国			
印度	√		
印度尼西亚			
俄罗斯			
沙特阿拉伯			
南非	√		

资料来源：Pensions at a Glance 2015：OECD and G20 indicators.

表 6-8 养老金给付支出：公共养老金和私营养老金

		私营养老金计划中的给付支出						公共和私营养老金支出（占 GDP 的 %）	私营养老金税收减免（占 GDP 的 %）
		水平（占 GDP 的百分比）					改变（%）		
国家	方案类型	1990 年	1995 年	2000 年	2005 年	2011 年	1990—2011 年	2011 年	2011 年
澳大利亚	v	1.8	2.9	1.9	2.1	5.6	1.9		
奥地利	v	0.4	0.4	0.5	0.5	0.7	56.6	13.9	0.0
比利时	v	1.0	1.7	1.4	1.5	1.2	15.7	11.4	0.2
加拿大	v	2.5	3.4	3.9	4.2	3.3	29.3	7.6	1.5
智利	m	0.9	1.1	1.2	1.4	4.6			
捷克	m	a	a	0.2	0.2	0.5	9.4	0.0	
	v	a	0.0	0.0	0.0	0.1			
丹麦	q/m	1.5	1.8	2.0	2.3	4.7	202.2	10.9	
爱沙尼亚								6.9	
芬兰	v	0.1	0.4	0.3	0.2	0.3	173.6	10.5	0.1
法国	m	0.2	0.1	0.2	0.2	0.2	–18.7	14.1	0.0
	v	0.1	0.1	0.1	0.1	0.2	233.0		
德国	v	0.7	0.7	0.8	0.8	0.8	18.1	11.4	0.9
希腊	v	0.4	0.4	0.5	0.5	0.4	0.5	14.9	
匈牙利								10.0	
冰岛	v	1.4	1.8	2.3	2.8	3.7	167.1	5.9	0.0
爱尔兰	v	0.9	1.0	0.8	0.9	0.8	–4.3	6.1	1.1
以色列							4.8		
意大利	m	a	a	a	a	a	a	16.2	0.0
	v	0.1	0.3	0.3	0.3	0.4	159.0		
日本	m	0.2	0.3	0.5	0.4	0.6	13.0	0.0	
	v	a	a	2.9	2.2	2.7			

续表

		私营养老金计划中的给付支出						公共和私营养老金支出（占GDP的%）	私营养老金税收减免（占GDP的%）
		水平（占GDP的百分比）				改变（%）			
韩国	v	m	0.0	0.0	0.0	0.1	2.3		
卢森堡	v	a	a	a	0.6	0.6	8.3	0.0	
墨西哥								1.8	0.3
荷兰	m	a	0.0	0.0	0.0	0.0	11.2		
	q	3.9	4.7	4.8	5.2	5.8	48.5		
新西兰		4.9							
挪威	v	0.6	0.6	0.6	0.6	0.6	15.9	6.1	0.5
波兰								10.8	0.0
葡萄牙	v	0.3	0.3	0.4	0.6	0.6	95.0	13.6	0.1
斯洛伐克	v	a	0.1	0.2	0.4	0.3	7.3	0.1	
斯洛文尼亚								11.4	
西班牙								10.5	0.2
瑞士	q/m	1.2	1.9	1.8	2.1	2.6	112.5	9.9	
瑞典	m	2.3	3.3	4.2	4.7	5.0	113.3	11.5	
	v	0.0	0.0	0.0	0.0	0.0			
土耳其								7.5	
英国	v/m	4.2	5.1	6.0	4.7	4.6	7.4	10.2	1.5
美国	v	2.6	3.0	3.6	3.6	4.5	72.5	11.2	0.8
OECD平均		1.2	1.3	1.5	1.4	1.6	37.9	9.3	0.4

注：a为数据缺失；m为强制性私营养老金计划；q为准强制私营养老金计划；v为自愿性私营养老金计划。

资料来源：OECD Social Expenditures Database (SOCX), www.oecd.org/social/expenditure.htm; OECD Main Economic Indicators Database, http://stats.oecd.org/mei/.

如上所述，各个国家为推动个人养老金计划发展，吸引更多人参加个人养老金计划，无一例外都给予了税收优惠支持或者政府补贴等政策激励措施，同时为了实现效率基础上的公平，还设置了限额比例。归纳起来，激励政策主要包括三种形式。

第一，直接财政补贴。直接给予财政补贴的最典型的例子就是德国的里斯特养老金计划。国家补贴由基础补贴和可能出现的子女补贴构成。其中，基础补贴自 2002 年到 2008 年逐年增长，目前为成人每年 154 欧元，已婚夫妇 308 欧元；子女最高补贴为 185 欧元（2008 年前出生的）或 300 欧元（2008 年以后出生的）。同时，自 2008 年起，26 岁以下年轻人士参加还能得到最多 200 欧元的一次性特殊奖励。

澳大利亚为了鼓励更多中低收入人群加入到补充养老保障制度中，澳大利亚政府承诺，若个人从税后收入中再缴纳超级年金基金，则个人每缴纳 1 澳元，政府也将匹配缴纳 1.5 澳元，每人每年最多可得到 1000~1500 澳元的政府补贴。

第二，税收减免和抵扣。在缴费阶段、投资阶段和领取阶段都可以不同程度地享受税收优惠，利用税收杠杆鼓励个人加入个人养老金计划。税收优惠政策的形式主要分为八种，借助字母 E（免税）和 T（征税）的组合来表示：EET 是对缴费及投资收益免税，但领取养老金要进行征税；TEE 是指税后缴费，投资收益及领取免税，这两种方式是当前最主要的形式。此外，还有 TET、ETE、ETT、TTE、EEE、TTT6 种模式。不同的税收模式适合不同的人群，个人可以根据自己情况进行选择。从典型国家的实践看，EET 税收优惠模式更受欢迎。

从国际经验分析，特别是考察发达国家在个人养老金计划中对于税收制度的规定，采用最多的都是 EET 的征税模式，把本来应该当期缴纳的税收延迟到退休缴纳，同时也避免了对收入的双重征税。然而，该模式的不足之处在于实际享受税收优惠的人群有限，对中低收入人群的意义较小，并且对政府的税收征管能力提出了更高要求。

另外一种较为主要的税收减免方式是TEE，也就是税后缴费，投资和领取环节均不缴税。这一模式可以增加账户持有人的选择，扩大覆盖面，提高税收优惠政策的惠及范围。但该模式对于后期政府的财政负担较重。

如里斯特养老金计划的税收优惠主要在缴费阶段，参保人的全部缴费和补贴可以在报税时作为“特别费用”免征个人所得税，最高免税额与每年最高缴费额一致。雇用劳动者、个体劳动者、公务员和退休人员等参加吕鲁普养老金计划可享受缴费和领取两个阶段的税收优惠。缴费阶段实行分步骤全免税政策，2005年缴费免税比例为60%，每年递增2%，直至2025年实现全额免税，自2015年起最高免税额与公共养老金的最高缴费额相匹配且每年调整，2016年单身人士每年最高免税额为22766欧元，夫妻则为双倍，额度可以在夫妻之间自由分配；领取阶段实行过渡期内分步骤征税，2005年个人所领取的50%养老金具有纳税义务，此后每年份额增长2%，到2020年达到80%，随后每年增加1%，到2040年达到100%。

美国传统型个人退休账户在缴费环节享有税收优惠政策，允许个人在税前向账户缴费，账户资产的增值部分无须缴纳投资收益税，只有在账户资金支取时缴纳个人所得税，属于EET税收优惠模式。俄罗斯个人退休账户在资金支取环节享有税收优惠政策，个人税后收入缴费，但账户资金的增值可以免税，属于TEE税收优惠模式。

荷兰、韩国、芬兰、丹麦、比利时、卢森堡、西班牙等多数国家的个人养老金均采取EET税收优惠模式。意大利、瑞典等个人养老金采取ETT税收优惠模式，适应不同收入群体。

第三，缴费限额。在给予个人税收优惠，以激励个人建立个人养老金，分担政府在老龄化进程中的财政压力的同时，通常缴费阶段的税收优惠都是有缴费限额的，即一定缴费额度内才可以享受税收减免。每个国家都设立了一套复杂的税收优惠办法，与本国税收体制密切相关。设置缴费限额的主要目的是在效率的基础上关注公平性，防止富有人群滥用税收政策。例如，德国里斯特养老金计划中缴费与财政补贴相挂钩，所以设有最低和最高缴费限额，2005 年之后缴费限额最低为每年 60 欧元，最高缴费限额为参保人前一年度税前总收入的 4%，2008 年之后最高为每年 2100 欧元，如果缴费额低于 4%，则国家补贴会相应减少。吕鲁普养老金计划不涉及财政补贴，纯粹靠税收政策调节，没有设定缴费限额，可由投保人自由调整选择固定或分期缴费方式。

可见，国外通过多种形式的税收优惠的激励政策，发挥显著的撬动作用，有力地促进了私营养老金的快速发展。税收优惠虽然减少了政府的当前税收收入，但通过发挥税收杠杆的撬动作用，使养老金可以迅速积累，逐渐成为养老的主要来源，为政府减轻了未来的基本养老金支付压力。

五、商业保险在第三支柱中发挥重要作用

国际经验表明，商业保险具有风险管理技术、专业化标准化服务以及长期资产负债管理等优势，是提供第三支柱的重要主体。部分国家认同养老金的保险属性和功能，给予特殊的政策，支持商业保险发挥作用。例如，在德国，规定吕鲁普养老金计划只可由商业保险公司提供；在澳大利亚，超级年金可由不同金融各机构提供积累阶段的投资管理服务，但在领取阶段，则要求必须购买年金化产品。

六、专业化监管是重要保障

全球大部分经济体有效区分了公共养老金（Public Pension）与私人养老金（Private Pension）的监管。养老金第三支柱属于私人养老金的范畴，其所使用的金融工具与人寿保险都是长期性的责任，并通常以相互基金作为投资工具，养老金计划所面临的风险与保险等金融产品所面临的风险在很多方面具有同质性。可见，养老金与保险资金属性相似，均为长期资金，风险偏好低，追求安全、长期和稳健的投资收益。从国际经验看，当前大

部分国家将私人养老金监管与保险等金融监管合并。例如，澳大利亚的保险和超级年金监管委员会，欧盟的保险和职业养老金委员会，巴西的养老金管理公司也属于商业保险监管范围（占 74%）；部分对公共养老金实行市场化改革的拉丁美洲国家（如智利）设立专门的养老金监管机构，来监管市场化的养老金（见表 6–9）。

表 6–9　OECD 国家和地区成立专门的养老金监管机构的情况

国家和地区	监管机构名称
智利	养老金管理总监署（SOAFP）对养老金管理公司进行技术监督和控制
瑞典	国家社会保险局负责养老金的缴费和待遇支付；养老保险基金管理局（PPA）负责资金监管
新加坡	中央公积金管理局在行政上隶属于劳工部，是一个相对独立的且具有半官方性质的公积金管理机构
澳大利亚	谨慎监管局（APRA）、证券与投资委员会
哈萨克斯坦	国家养老金支付中心（State Pension Payment Center,SPPC）
波兰	社会保险机构（ZUS）负责收集缴费资金 保险和养老资金监管委员会（KNUiFE）负责养老资金监管
阿根廷	养老基金监督管理局（SAFJP）
巴西	封闭式基金由国家补充养老保险秘书局管理，开放式基金由保险监管局（SUSEP）监管
墨西哥	国家退休储蓄系统委员会（CONSAR）
荷兰	养老金与保险监督管理机构（PVK）
日本	健康、劳动和福利部
加拿大	财政部
中国香港	中国香港强制性公积金计划管理局；证监会则发牌给参与管理强积金基金的投资管理有限公司，监管销售强积金计划和提供投资意见的中介人
英国	养老金监管局（the Pension Regulator）、审慎监管局
美国	金融监管机构 SEC、劳工部
德国	实行混业监管，银行、保险、证券等均由联邦金融监管局（BaFin）统一管理，下设多个独立监管部门，其中保险及养老金是一个部门

分报告七 美 国

美利坚合众国（United States of America），简称美国，成立于1776年，是由华盛顿哥伦比亚特区、50个州和关岛等众多海外领土组成的联邦共和立宪制国家。其主体部分位于北美洲中部，国土面积963万平方公里，人口3.2亿人，通用英语，是一个移民国家。美国是一个高度发达的资本主义国家，其政治、经济、军事、文化、创新等实力领衔全球。

美国是世界上第一只企业养老金的诞生地（1875年），其养老金体系也是世界上最复杂的体系之一。随着1935年《社会保障法》、1974年《雇员退休收入保障法》、1978年《美国国内税收法案》的颁布，美国养老金的三支柱体系日趋完善。美国遵循贝弗里奇“小政府”的模式，减少政府在社会保障中的干预，强调个人在社会保障中的责任发挥，同时充分运用税收优惠政策，激励促进私人养老金市场发展。

2014年主要经济社会指标详见表7–1。

表 7–1 2014 年主要经济社会指标

	美国	OECD 平均
平均工资（USD）	50075	40007
公共养老金支出占 GDP 比重（%）	6.7	7.9
寿命期望（出生时）	78.9	80.0
（65 岁时）	19.3	19.3
65 岁以上人口占比（%）	14.7	16.2

资料来源：OECD（2015）, Pensions at a Glance 2015: OECD and G20 indicators, OECD Publishing, Paris. http://dx.doi.org/10.1787/pension_glance-2015-en.

一、养老金体系

（一）体系现状

美国养老金体系包括三个部分：社会保障计划（第一支柱）、雇主养老金计划（第二支柱）和个人储蓄养老金计划（第三支柱）。其中，社会保障计划是基石，雇主养老金计划是重要补充，而个人储蓄养老金计划也发挥着重要作用（见图 7–1 和图 7–2）。

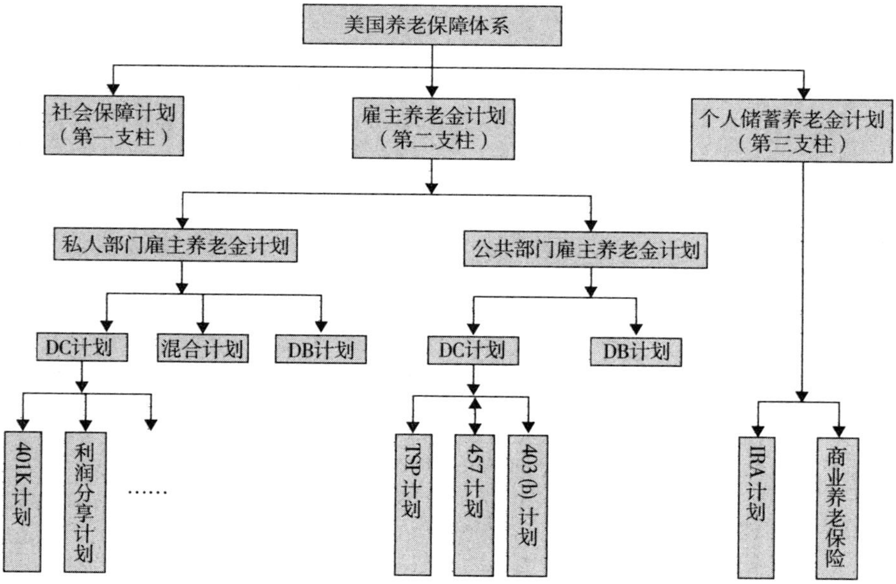

图 7–1 美国养老金体系三支柱

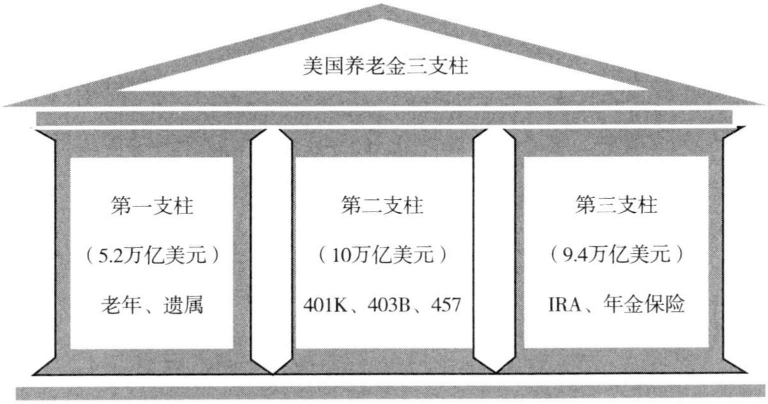

注：数据截至2014年底。

图 7-2　美国养老金三支柱规模

1. 美国社会保障计划

美国社会保障计划（Social Security Program），又称 OASDI 计划，是一个捆绑式的综合保障计划，不仅包括养老保障，还包括基于养老保障的遗嘱保险和残疾保险。基本特点是强制性，以社会保障税方式征收，国家统一征缴，目前税率为雇主和雇员分别缴纳 6.2%（合计 12.4%），最大应税收入为 10200 美元（2008 年）。OASDI 面向全社会提供基本的退休生活保障，覆盖全国 96% 的就业人口。

2. 雇主养老金计划

雇主养老金计划是由雇主出资（公共部门的雇主养老金由政府出资），自愿建立的带有福利性质的养老金计划。20 世纪 70 年代以前，基本都是待遇确定型（DB 模式）；自 20 世纪 80 年代以来，缴费确定型（DC 模式）养老金计划得以迅速发展。美国政府主要通过税收优惠对 DC 模式养老保险计划予以支持，并鼓励其发展。

公共部门养老金计划包括联邦、州、地方政府以及非营利性机构为其雇员提供的养老金计划，包括适用于联邦政府雇员TSP、适用于州政府和地方政府雇员的457计划、主要适用于教育和非营利部门的雇员403（b）

计划等。私人部门养老金计划（Private Pension Plans）则指营利性机构（企业）为雇员提供的养老金计划，最典型的如401K计划。401K计划也称401K条款，401K计划始于20世纪80年代初，是一种由雇员、雇主共同缴费建立起来的完全基金式的养老金制度。该计划是美国在20世纪80年代对私人企业退休金制度改革的产物，这一退休计划取代了过去由雇主一方单独为雇员提供退休福利的局面，形成了雇主与雇员共同负担退休福利的格局。计划参与人涉及托管人、雇主、计划发起人、行政管理人、受托管理人、账户管理人、投资管理人等角色。在计划的投资管理方面，401K计划的投资工具主要是共同基金、员工自控证券交易账户（self-directed brokerage options）、集合信托和企业本身的股票。

3. 个人储蓄养老金计划

个人储蓄养老金计划，包括个人退休账户（IRA）和商业养老险。其中个人退休账户（Individual Retirement Accounts，IRA）发展很快。个人退休账户（IRA）始建于1974年通过的《雇员退休收入保障法案》（ERISA），是由政府通过税收优惠政策而发起，个人自愿建立（所有70.5岁以下且有收入者）的补充养老金计划。由于IRA可以承接第二支柱转入的养老金资产，IRA实质上是第二支柱和第三支柱的混合体。2014年，个人退休账户的资产规模高达7.44万亿美元，占养老总资产的30.19%，是规模最大的单项养老资产。

（二）改革历程

美国作为法治高度发达的国家，法律在养老金体系构建过程中起到了规范和推动作用。1935年美国颁布了《社会保障法案》，建立起养老、遗属及残障保险制度（OASDI），作为该国主要的养老保障制度。随着财政困难、婴儿潮一代的老龄化等问题的出现，单纯依靠政府的养老保障模式出现危机。为此，美国开始推行多支柱养老保险模式。1974年通过了《雇员退休收入保障法》，1978年通过了《美国国内税收法案》，1986年通过了《税法改革修正案》，2001 年通过了《经济增长与减税调和法案》，2002 年通过了《企业改革法案》。这些法案引导雇主为其雇员建立补充养老保险制度，并鼓励发展个人养老储蓄，以作为基本养老保险的补充。经过不断调整与发展，美国逐步形成了包括美国社会保障计划、雇主养老金计划和个人储蓄养老金计划在内的三支柱养老金体系。

（三）主要特点

1. 税收优惠额度逐步扩大

从最典型的401K和IRA发展历程看，养老金享受的税收优惠额度与通货膨胀挂钩，随着通货膨胀上升提高，极大地推动了养老金市场的发展。1978年美国《国内税收法》新增的第401条K项条款的规定退休投资延税，促进了401K随后发展；1974年，美国国会通过《雇员退休收入保障法案》（著名的ERISA法案），符合税收优惠条件的个人可以享受两项税收优惠，即缴费免税和投资收益免税，只在退休领取时缴纳个人所得税。随后个人退休账户IRA得到快速发展。截至2009年底，32年来401K计划资产达到2.8万亿美元。

2. 养老金运作模式从 DB 转向 DC

20 世纪 70 年代以前，雇主养老金计划基本都是 DB 计划，但最近 30 年来，由于 DC 计划在保障养老金计划资产的安全性、缓解雇主养老金计划缺口等方面具有相对优势，DC 计划得到了快速发展。特别是金融危机以后，各国政府财政承担的压力与日俱增，发展 DC 型养老金计划成为大势所趋。

3. 养老金投资范围逐步扩大，投资创新不断深入

20世纪80年代初，把资产配置带到了养老金投资策略的最前沿。20世纪80年代末，引来了衍生品、套期保值、投资组合保险。90年代带来了国际化投资、新兴市场、房地产、商品，以及把股票分成越来越小的子类。同时ETF的诞生，为养老金被动化配置带来了机遇。进入20世纪90年代末

期，对冲基金、FOF、私募股权投资和其他形式的另类投资诞生了并成长为非常重要的角色。养老金投资更加分散化，更加注重FOF及私募股权等另类投资。2000年，养老金投资又回到关注退休金负债和资产匹配配置上，及对未来各类资产趋势的思考，后者其实是有很大不确定的。因此，基于负债的管理，大类资产配置多样化、分散化是养老金投资的重要趋势。

二、个人退休账户（IRA）①

美国个人退休账户（Individual Retirement Accounts，IRAs）是由税收政策激励、以个人为单位、自愿参与的养老储蓄计划，在美国养老金体系和家庭资产配置中处于举足轻重的地位，对于提升养老金体系的可持续性、维护社会稳定和促进经济增长均起到了重要作用。美国IRAs自1974年启动以来发展迅速，2010年起资产规模超过以401K为代表的确定缴费型计划，到2014年大约为34%的家庭（4150户）所拥有，资产规模高达7.44万亿美元，占养老金总资产的30.19%，占家庭金融资产的11%。近年来，部分中国学者专家积极呼吁，借鉴美国IRAs经验，加快推进中国版IRAs的建立，发展私人养老金。但依然“横看成岭侧成峰”，尚存在一些“似是而非”的认识。澄清这些认识误区，是学习借鉴的前提和基础，便于我们发展私人养老金时真正发挥好“后发优势”。

（一）IRAs 并非一成不变，而是不断变革的

IRAs 肇始于 1974 年美国国会颁布的《雇员退休收入保障法案》（ERISA），该法案允许个人在金融机构建立个人退休账户，缴费部分或全部延迟纳税，账户收益全部延迟纳税，即此所谓的传统 IRAs。随后于 1978 年颁布《税收法案》（Revenue Act），于 1986 年颁布《税收改革法案》（TRA），于 1996 年颁布《小企业工作保护法案》（SBJPA），鼓励符

① 段家喜. 美国IRAS的是非及启示[J]. 中国保险市场, 2017(3).

合条件的雇主建立其资助的个人账户计划，三个法案分别规定了简易员工养老计划（SEP IRAs）、工薪减税简易雇员养老计划（SRA-SEP IRAs）和员工储蓄激励匹配计划等三种不同类型的 IRAs。1997 年颁布《税赋缓解法案》，启动建立罗斯 IRAs，实行 TEE 的税收优惠模式（见表 7–2 和表 7–3）。

表 7–2 美国 IRAs 情况

IRAs 类型	出台年份	主要特点	拥有的家庭数（百万个）	占家庭总数的比重（%）
传统型 IRAs	1974 年《雇员退休收入保障法案》（ERISA）	个人缴费，在金融机构建立个人退休账户，EET 的税收优惠模式	36.6	31.2
SEP IRAs	1978 年《税收法案》（Revenue Act）	成立与运营简单、成本低、缴费灵活、雇主为所有雇员等额缴费		
SRA-SEP IRAs	1986 年《税收改革法案》（TRA）	参与者选择性工薪延期缴费，雇主为雇员缴费	9.6	8.2
Simple IRAs	1996 年《小企业工作保护法案》（SBJPA）	适用于 100 人以下的公司，且无其他养老计划，雇主每年必须缴费		
Roth IRAs	1997 年《税赋缓解法案》	个人缴费，在金融机构建立个人退休账户，TEE 的税收优惠模式	17	14.5
总计	—	—	46.1	39.3

表 7–3 IRA 主要内容

序号	项目	内容
1	参加条件	雇员参加 IRAs 必须满足两个条件，即雇员当年有应税收入且年龄不超过 70.5 岁
2	发起设立	雇员设立 IRAs 时必须与金融机构签署受托人或保管人协议且经过美国国税局的核准

续表

序号	项目	内　容
3	缴费限额	传统型和罗斯型每年缴纳上限均为 5500 美元，如果年龄在 50 岁（含）以上，每年可追加缴费 1000 美元
4	资产转存	雇员可以在同类 IRAs 账户之间转账，也可以把符合规定的雇主养老金计划资产转存到 IRAs 账户，还可以把传统型、雇主发起型 IRAs 资产转移到罗斯 IRAs
5	领取规定	IRAs 的法定领取年龄从 59.5 岁开始，在 59.5~70.5 岁参加者可自由选择提取或继续享有税收递延的权利

可以看出，即使美国这样的市场化国家，统筹和规划市场力量来解决养老金问题和老龄化风险，也是一个循序渐进的过程。美国 IRAs 的建立，有效解决了中小企业设立补充养老金计划动力不足问题，使得更多中小企业员工得到了更高水平的养老保障，提升了体系的公平性。当前中国的企业年金覆盖面也很小，基本限定在大型国有企业，绝大部分中小企业没有意愿参与，大部分员工没有被企业年金覆盖。除了认识上的原因，应该还有制度设计上的原因，如何通过个人退休账户，提升企业年金的效率和覆盖面，是制定政策时需要考量的。如是否可以允许中小企业建立简易式的、直接归属个人的养老金计划，是否可以允许个人退休账户承接离职人员的企业年金或职业年金资产等。

（二）IRAs 并非专属第三支柱，而是第二、第三支柱的混合体

世界银行依据发起和管理主体的不同，将养老金体系划分为公共养老金、职业养老金和个人养老储蓄计划三支柱，雇主承担缴费责任（部分或全部）的养老金计划应均属于第二支柱，第三支柱应指仅由个人缴费的养老金计划。国内有许多学者认为 IRAs 是美国养老金体系的第三支柱，但从其构成以及资产来源来看，IRAs 应是第二、第三支柱的混合体，而且以第二支柱为主的。从构成来看，美国有传统 IRAs、罗斯 IRAs、SEP IRAs、SRA-SEP IRAs 和 Simple IRAs 五种类型，后三者是由雇主发起设

立并资助缴费的，主要目的是便利中小企业发起建立职业养老金计划，为没有或无法享受401K等企业补充养老金计划的人员提供保障，应该属于第二支柱；前两者为仅由个人缴费的，但又具有承接资产转入的功能，应属于第二、第三支柱的混合体。从资产来源来看，IRAs来源于养老金计划之间的转账、个人缴费、雇主缴费以及投资收益。相关法案允许退休人员和离职人员将此前积累的企业补充养老金计划资产转存到IRAs，以便继续保值增值。由于IRAs严格限制缴费资格，缴费水平很低。以传统IRAs为例，2016年最高年缴费限额为5500美元，年龄超过50岁方可额外追加缴费1000美元；而同时期401K的最高年缴费限额为5.3万美元，年龄超过50岁则为5.9万美元。IRAs各类型的资产中，传统IRAs资产的比重占绝对优势（占近80%），主要原因在于其可接受各类养老金计划的转账，2012年传统IRAs转账流入资产3000多亿美元，而个人缴费流入的资产不足15亿美元。2009—2012年，IRAs转账流入资产总计将近4万亿美元，而缴费流入的资产总计只有0.2万亿美元。

当前中国政、研、产均在讨论养老金体系改革问题，特别是发展第三支柱的呼声渐高，许多专家建议，借鉴美国IRAs的经验，加快建设适合中国国情的养老金第三支柱，开展税收型个人养老储蓄计划，改变当前过于倚重公共养老金的不利格局，提升养老金体系的可持续性。这一方向、理念是正确的。所谓“它山之石，可以攻玉”，养老金体系的改革与建设可以借鉴他国经验，但其前提是把脉号准了，以便学习其精髓，避免“似是而非”。美国IRAs并非纯粹的第三支柱，在中国，给予商业养老保险税收优惠政策，促进商业保险在养老金体系中发挥更大的作用，除了有利于发展第三支柱，还有利于金融结构的优化和资本市场的稳定，也有利于建立形成“长钱”的机制支持供给侧改革和实体经济的发展。但中国养老金已有个人账户（存在于第一支柱中），发展第三支柱必然走完全积累模式，是否需要再建一套个人账户体系，还是将第一支柱的个人账户剥离，这是一个首先需要面对和解决的问题。否则，即使税收政策出台，第三支柱依然会受到第一支柱的“挤出”，而可能发展得不理想。

（三）税收政策是 IRAs 的关键推动力，但并非唯一

20 世纪 70 年代美国经济陷入滞胀，IRAs 是通过减税刺激经济增长的重要手段，也是通过税收政策促进形成新市场的典范。减免税收直接改变参与人的收益函数，进而影响其行为。美国的税收制度非常复杂，以传统 IRAs 的税收规则为例，其缴费资格及缴费水平都有非常严格的收入和报税身份限制。有无被雇主养老金计划覆盖的人员享受不同的待遇，已覆盖的人员，其年收入如超过 7.1 万美元，则没有资格向 IRAs 缴费；而未覆盖的人员，如其已婚单独报税，当其配偶有工作且被雇主养老金计划覆盖时，该人员年收入达到 1 万美元，就没有资格向 IRAs 缴费。这么复杂细致的征税规则，需要强有力的税收征管系统和制度支持。2015 年传统 ZRA 账户税收减免限额详见表 7–4。

表 7–4　2015 年传统 IRA 账户税收减免限额

申报纳税身份	调整后的年收入（美元）	税收减免
单身、户主	≤ 61000	缴费限额内税收完全减免
	> 61000 且 <71000	部分税收减免
	≥ 71000	不减免
已婚联合申请或者符合条件的寡妇（鳏夫）	≤ 98000	缴费限额内税收完全减免
	> 98000 且 <118000	部分税收减免
	> 118000	不减免
已婚单独申请而且没有和配偶一起生活	≤ 10000	部分税收减免
	> 10000	不减免

注：如果纳税人已婚单独申请而且没有和配偶一起生活，相应的IRA账户税收减免限额小于单身纳税人的税收减免限额。如果工作时参与了养老金计划，调整后的收入对IRA账户税收减免额度的影响。

资料来源：美国国税局，http://www.irs.gov/Retirement-Plans/2015-IRA-Deduction-Limits-Effect-of-Modified-AGI-on-Deduction-if-You-Are-Covered-by-a-Retirement-Plan-at-Work。

从图 7-3 可以看出，除税收政策外，IRAs 还受到其他政策的影响，有时这些政策起到关键性作用。1982 年美国出台政策简化税收规则并扩大 IRAs 的适用范围，提高 IRAs 年度缴费限额，并提出建立覆盖全体雇员的普遍式 IRAs，即允许年龄低于 70.5 岁以下的所有纳税人，无论有无其他退休养老计划，都可建立可扣税的 IRAs。传统型 IRAs 缴费额由 1981 年的 34 亿美元增长到 1982 年的 283 亿美元，并在 1982 年至 1986 年的年均缴费额达到 344 亿美元，实现了跨越式发展。但 1986 年废除普遍式 IRAs 的目标和规定，收紧参与资格和条件，缴费额由 378 亿美元直线下降到 1987 年的 141 亿美元，并在后续的年份保持较低的发展速度。

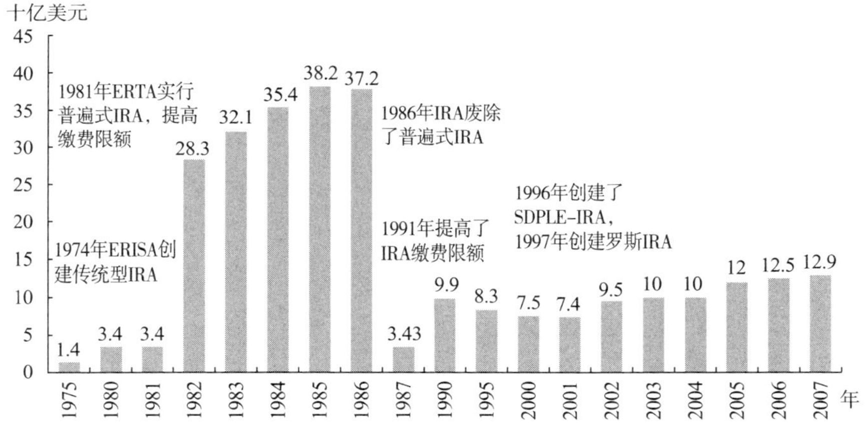

资料来源：田向阳，2015。

图 7-3　传统 IRAs 发展情况

作为享受税收优惠的对价，政策要求参与人严格遵守 IRAs 运作规则，主要是严格限制提前动用 IRAs 资金，以保证其用于养老保障的目的和资金的长期积累。如参与人出现提前撤回、从事禁止交易、超过规定的缴费金额等情形时，将被额外征收 10% 的税收惩罚。

税收优惠政策是第三支柱发展的制度扳机，但并非“一策就灵”。一是需要配套措施，如对提前动用资金的限制，以保证资产的长期积累。二是要简洁易行。美国的税收系统很复杂，短期内中国无法照抄照搬。在中国发展第三支柱需要更简洁易行的税收政策，这一点可借鉴德国里斯特养老金计划的经验，给予直接财政补贴和免税政策，即对低收入者直接给予一定额度的财政补贴，对中高收入者则允许在一定额度内缴费免缴所得税，以快速吸引国民参与。

（四）IRAs 是开放的市场，而非专属的

在美国，银行、储蓄协会、经纪公司、共同基金和保险公司等金融机构经政府准许后，均可提供 IRAs 服务。参与人可以到金融机构自行设立，也可通过雇主发起的简易退休计划、雇主雇员联合信托账户等方式设立。雇员设立 IRAs 时必须与金融机构签署受托人或保管人协议且经过美国国税局的核准。账户所有人具有完全的投资自由度并承担投资风险。IRAs 所有人可委托金融机构投资于银行存款、共同基金、人寿年金以及股票、债券等产品。对养老金投资实施审慎人原则，没有具体的投资比例限制。从资产配置的结构来看（见图 7–4），美国 IRAs 资产配置起初以银行和保险公司为主，1975 年分别占 70% 和 25%；而目前共同基金和经纪公司分别占 50% 和 40%，银行和保险公司的市场份额而不足 10%。

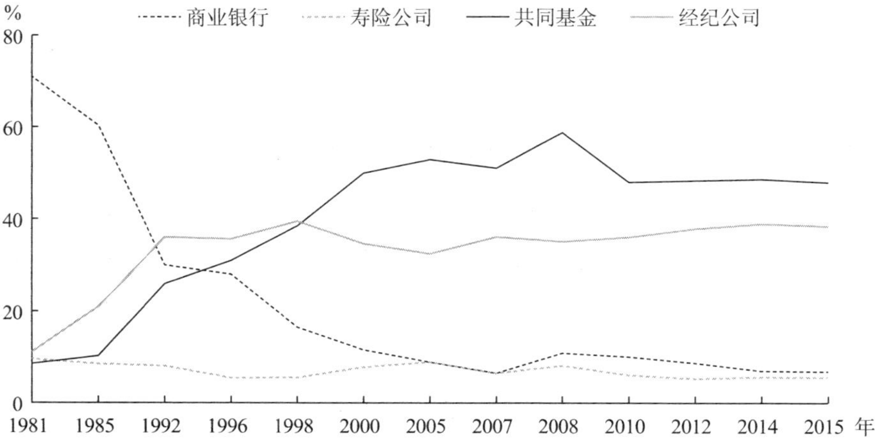

资料来源：ICI。

图 7–4　1981—2011 年美国各类金融机构管理 IRA 资产的市场占比

大部分发达国家的私人养老金市场是开放的，银行、证券、基金、保险等金融机构均参与其中，美国也不例外。但各类金融机构发挥的作用不同，扮演的角色也不同，有的国家商业保险发挥垄断性的作用，如德国；有的国家则只发挥次要作用，如美国。在中国发展第三支柱，顶层制度设计时就应从优化金融结构等视角，考虑各类金融机构所发挥的作用。单独给予商业养老保险税收政策，或支持其先行先试，既扶持了商业保险的发展，又可改变当前“银行独大”的金融结构，也可推动建立形成“长钱”的机制，促进资本市场稳定，属于“一措多举”。

三、美国商业养老保险产品及市场情况

年金是一种支付合约，这种合约是保障年金所有者在一定时期内或者终身获得固定的收入。人寿保险公司持有的大部分养老金或者退休金计划都是年金合约形式，因为它能够在年金所有者退休后提供稳定的收入。

根据美国投资公司协会调查，到 2014 年第四季度末，在美国养老的退休资产中，年金资产为 2.03 万亿美元，占总退休资产的 8.24%，总体而言占比不高。但是，美国年金产品在寿险公司中占据重要地位。

2013 年，美国寿险公司净保费收入为 5933.35 亿美元（见图 7–5），其中年金及其相关产品保费为 2876.69 亿美元，占比为 48.48%；寿险保费为 1305.82 亿美元，占比为 22.01%；健康险保费为 1750.84 亿美元，占比为 29.51%。由此可见，年金保险保费收入占到寿险公司保费收入的一半左右，其重要性由此可见一斑。

从图 7–6 也可以看出，2002—2013 年 12 年间，美国年金相关类产品的保费收入一直占人寿保险公司净保费收入的比重最大。根据美国年金保险公司协会 2013 年的调查，由于个人年金中的延期年金产品享有产品投资收益税收递延政策，86% 的美国家庭因为税收递延政策而购买年金相关类产品。其中，相关年金产品包括个人退休账户所持有的资产，这两者都

享有相应的税收优惠。两者享受税优的不同之处在于延期年金产品享有投资收益的税收递延政策，个人退休账户不同类型分别享有缴费、养老金领取的税收递延优惠。

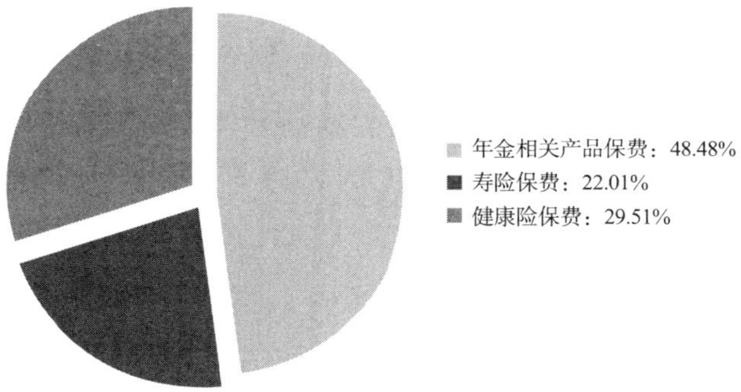

资料来源：美国人寿保险公司协会，https://www.acli.com/Tools/Industry%20Facts/Life%20Insurers%20Fact%20Book/Documents/FB14Chapter%204Income.pdf.

图 7-5　2013 年美国人寿保险公司净保费收入的分布

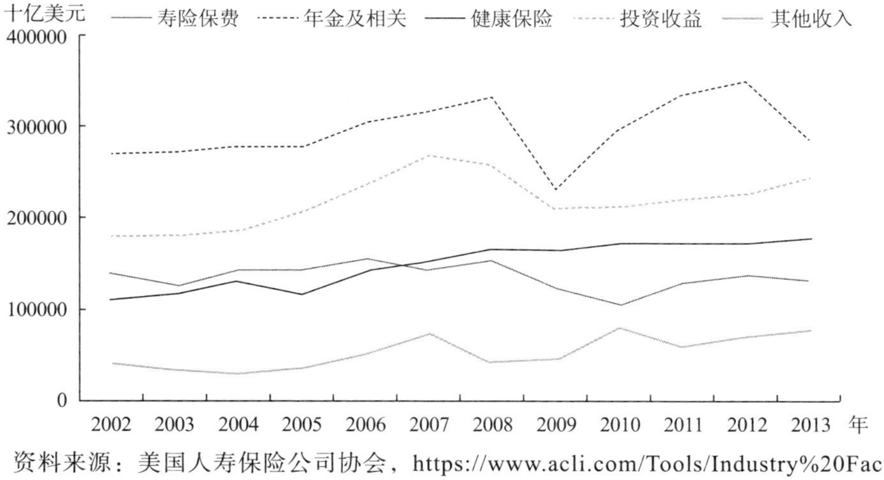

资料来源：美国人寿保险公司协会，https://www.acli.com/Tools/Industry%20Facts/Life%20Insurers%20Fact%20Book/Documents/FB14Chapter%204Income.pdf.

图 7-6　美国人寿保险公司历年收入

保险公司出售的年金产品一般有两种：期年金和延期年金。延期年金是年金所有者定期缴纳一定数量的年金保费，一般是退休之后开始领取的。

投资收益享受税收递延，直到养老金领取的时候投资收益开始征税，也就是 TET 模式。

从表 7–5 可以看出，固定年金占比逐年下降，而可变年金占比在逐年增加。在 2001 年以前，固定年金占比大于可变年金，2001 年以后，可变年金明显大于固定年金，而且这种趋势到 2013 年还在持续发展。

表 7–5 延期年金类型年度占比 单位：%

类型＼年份	1995	1997	1998	1999	2001	2005	2009	2013
固定年金	67	54	46	49	35	51	44	25
可变年金	33	46	54	51	65	49	56	75

资料来源：美国年金保险公司协会，http://www.annuity-insurers.org/wp-content/uploads/2013/10/2013-Gallup-Survey.pdf.

从图 7–7 可以看出，在 2000 年以前，团体年金资产数量逐年增加，而且占所有年金产品中比重最大。在 2000 年以后，团体年金资产有所回落，并且首次低于个人年金资产，而且直到 2013 年都是这种状况。2001 开始有其他类型的年金资产统计，资产数量不多，但是总体趋势平稳。根据美国人寿保险公司协会的统计，截至 2013 年底，个人年金资产为 1795.78 亿美元，团体年金资产为 1080.91 亿美元，其他年金类型资产为 195.91 亿美元，总计年金资产为 3072.60 亿美元。总体趋势是逐年增加，但是总额较上一年度有所回落。

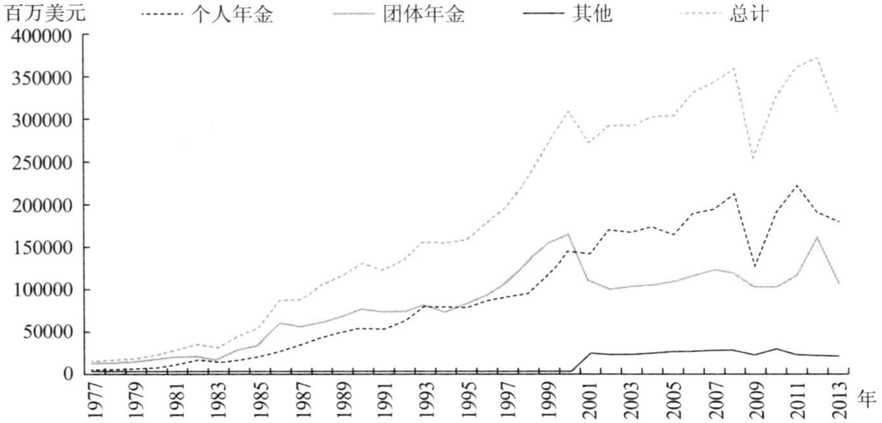

资料来源：美国人寿保险公司协会，https://www.acli.com/Tools/Industry%20Facts/Life%20Insurers%20Fact%20Book/Documents/FB14Chapter%208Annuities.pdf.

图 7-7 年金产品资产

四、启示

（一）减少政府负担，降低公共养老金替代率

美国是社会保险贝弗里奇模式的典型代表，其基本理念是包括养老在内的社会保障不是政府一家的事情，不能由政府包揽一切，而是政府、雇主和个人的共同责任。政府保障计划的基本职能是确保绝大多数老年人的基本生活需要，而要想获得更高的保障水平，必须依靠雇主和个人的进一步努力。因此，作为第一支柱的社会保障计划替代率保持在相对比较合理的水平，从而为第二、第三支柱的发展提供空间，IRAs 的发展使得美国的养老金体系结构更为均衡。从长远看，有利于降低政府财政负担，提高经济竞争力。

（二）全方位税优，体系比较复杂

税收政策是鼓励企业和个人建立私人养老保险的重要制度保障。以

EET 税制（缴费和投资阶段免税、取现时缴税）为核心的政策支持是刺激 IRAs 快速发展的原始驱动力。从其发展历史来看，当美国政府放松参与条件，并提高可扣税的缴费限额时，IRAs 的发展步伐就会加速。但美国采取综合税制，有个人或家庭自行申报税收，相关法律关于养老金的税收政策规定详细，相对较复杂。

（三）第二、第三支柱可以贯通和转接

美国第二、第三支柱的企业养老金和个人退休账户互为补充、互相强化，后者的转存功能打通了两者的联系，使得 IRAs 成为美国整个私人养老金体系的蓄水池，拓展了养老保障体系的覆盖面，提升了居民的养老储蓄能力，实现了各种计划之间的有机结合。目前，我国第一支柱缴费率过高，第二支柱企业年金建立规模有限，要鼓励发展第三支柱的税优个人养老金，可以借鉴美国的转存功能，将第一、第二、第三支柱打通，如对未建立企业年金的企业，要求建立第三支柱；同时，允许个人自愿选择协议退出的方式，允许个人将公共养老金个人账户转移至第三支柱；允许离职人员将第二支柱转存到第三支柱等。

（四）市场巨大，支持资本市场发展

养老金作为长期资金，对资本市场能提供稳定的资金来源，对资本市场起到压舱石的作用。美国资本市场为养老金提供了适宜的环境和健全的品种，同时养老金也成为资本市场长期资金的稳定来源。美国长期基金中一半以上的资金来自 IRAs 和 401K 的投资，加强了养老金与资本市场的正相关联系。同时，雇员在参与养老金计划中，会频频接触股票、基金等，一定程度上了促进了投资文化传播和投资者教育普及，为资本市场的稳健发展奠定了基础和借鉴。

分报告八 英 国

英国是由大不列颠岛上的英格兰、威尔士和苏格兰以及爱尔兰岛东北部的北爱尔兰以及一系列附属岛屿共同组成的一个西欧岛国，除本土之外，其还拥有十四个海外领地，总面积24.41万平方公里，总人口为6510万人。英国是一个高度发达的资本主义国家，是世界第五大经济体系，是全球最富裕、经济最发达和生活水准最高的国家之一。

作为当代资本主义的鼻祖，英国是最早建立社会保障制度的国家之一。第二次世界大战后，英国以贝弗里奇报告为基础，通过《国民保险法》（1946）、《国家援助法》（1948）等法律，按照统一、综合、充足、分类等原则，迅速构建起“从摇篮到坟墓”的社会保障体系。经过多轮改革，目前英国已形成制度完善、机构健全、多支柱保障的养老金体系，在给付充足性、制度可持续性等方面排在世界前列。

2014年主要经济社会指标详见表8-1。

表8-1 2014年主要经济社会指标

	英国	OCED平均
平均工资（USD）	55539	40007
公共养老金支出占GDP比重（%）	5.6	7.9
寿命期望（出生时）	80.4	80.0
寿命期望（65岁时）	19.4	19.3
65岁以上人口占比（%）	18.1	16.2

资料来源：OECD（2015）, Pensions at a Glance 2015: OECD and G20 indicators, OECD Publishing, Paris. http://dx.doi.org/10.1787/pension_glance-2015-en.

一、养老金体系

（一）现行养老金体系

目前，英国已经形成了国家养老金、职业养老金和个人养老金三支柱的体系结构。第一支柱国家养老金是强制缴费性质，体现了社会福利的普遍性原则，是英国在保障劳动者基本权益方面的国策。第二支柱职业养老金是由私人和公共部门的雇主为其雇员提供的，2012 年由自愿到强制性的过渡，为替代率较低的国家养老金提供补充支持，以缓解老龄化及老年贫困化的压力。第三支柱个人养老金主要面向自雇人员和没有参加职业养老金计划的人群，强调发挥个人在社会保障中的责任和作用。目前，三支柱的替代率分别是：第一支柱为 30%，第二支柱、第三支柱合计为 31%。英国养老金体系详见图 8–1。

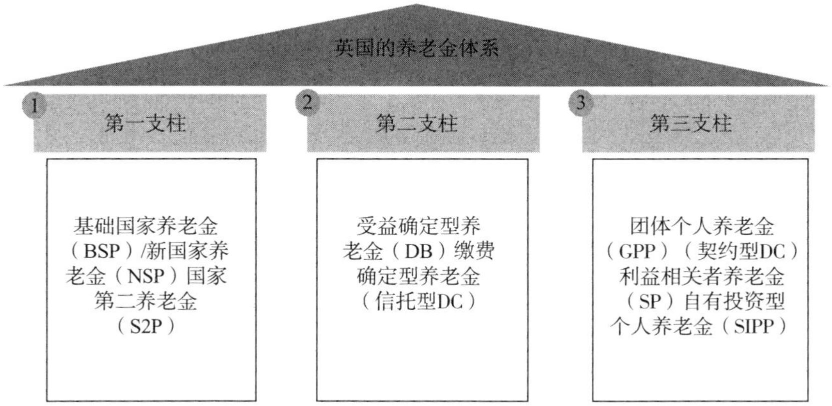

资料来源：Beillie Gifford.

图 8–1　英国养老金体系

1. 第一支柱国家养老金

国家养老金主要包括面向全体满足条件纳税人的国家基本养老金（BSP）和旨在为中低收入或承担对残障病弱者长期照护义务的雇员提供的国家第二养老金（S2P），二者均属于现收现付制。此外，还有家计调查后的养老金津贴、住房津贴和儿童津贴等福利补贴。国家养老金纳入国家保险基金统一运作，仅投资于银行存款和国债等无风险资产，不进入资本市场，差额由历年结余和国家财政补充。随着人口老龄化加剧，养老基金差额日益增加，但经过改革，国家养老金支出在 GDP 中的比例已经保持在 5%~6% 的相对稳定水平（见表 8–2）。

表 8–2 国家养老金的总体支出状况 单位：十亿英镑

养老金类型	2014/2015 金额			
	2014/2015	2020/2021	2025/2026	2035/2036
国家基本养老金（BSP）	67	62	57	39
国家第二养老金（S2P）	18	17	14	8
新国家养老金（NSP）	0	16	48	130
国家养老金的其他补贴	3	2	2	2
养老金补助	7	5	4	3
其他养老金津贴	3	3	3	3
养老金总额	99	104	128	184
占 GDP 比重（%）	5.5	5.0	5.4	6.1

（1）国家基本养老金

英国以国民保险税（National Insurance Contribution）[①] 形式征缴国家基本养老金，覆盖人群包括满足最低薪资收入的雇员、自雇者和无业人群。

征缴方面。以雇员为例，周工资薪金收入为缴费基数，其中雇主按照雇员收入的 13.8% 缴纳；雇员收入低于封顶线（827 英镑 / 周）部分按 12% 缴纳，高于封顶线部分按 2% 缴纳。同时，英国实行免征额制度，低于免征额（155 英镑 / 周）部分雇主和雇员都不需要缴费[②]。英国财政部下

① 国民保险税属于社会保障的筹资方式，是西方发达国家如美国、英国、法国、加拿大等基于普遍福利的政策，向雇主、雇员及自雇人士征收的一种税，用以满足养老、医疗、失业等各种社会保障支出。国民保险税实行比例税率，非累计制，纳税人每周的税款取决于本周的所得额，不受前后各周所得多少的影响。

② 现行数据由Baillie Gifford提供。

属的皇家海关和税务总署（HMRC）负责国民保险税的统一征收。国民保险税和收入所得税共用一个税收征收系统，以电子报税方式，由雇主从雇员工资薪金中代为扣除。英国的国民保险税征收效率高，管理成本低，隐瞒缴费或降低缴费基数等现象较少发生。

领取方面。采取定额发放，与缴费金额无关，只与缴费年限有关，而且定期调整。全额领取国家基本养老金需缴纳 30 年的国民保险税，2015—2016 年的全额领取标准是 115.95 英镑 / 周。目前，国家基本养老金的领取标准男女不等，2018 年起养老金领取年龄男女同岁且不断提升，最终将达到 68 岁（见表 8–3）。从 2011 年 4 月起，基本养老金的上调幅度改为工资收入增长率、消费物价指数以及 2.5% 三者中的最高者（见图 8–2），新的养老金调整机制出台后，英国的养老金开始扭转持续相对贬值势头，2016 年后重新回升到 24.4%（见图 8–3）。

表 8–3　国家养老金领取年龄　　　　单位：岁

时间	男	女
目前	65	63
2018—2020 年	66	66
2026—2028 年	67	67
2044—2046 年	68	68

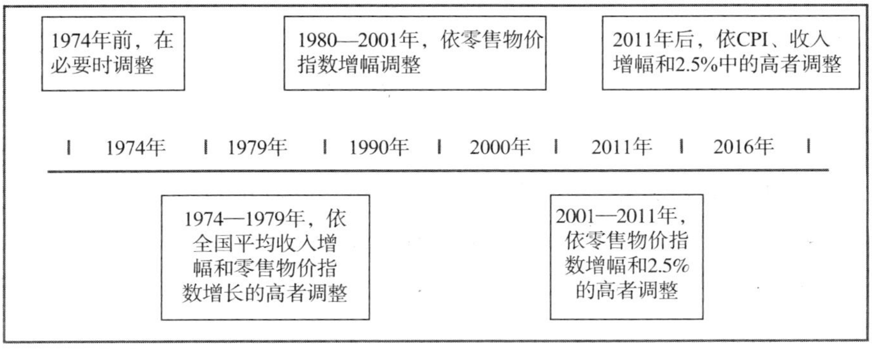

图 8–2　英国国家基础养老金调整机制建立过程

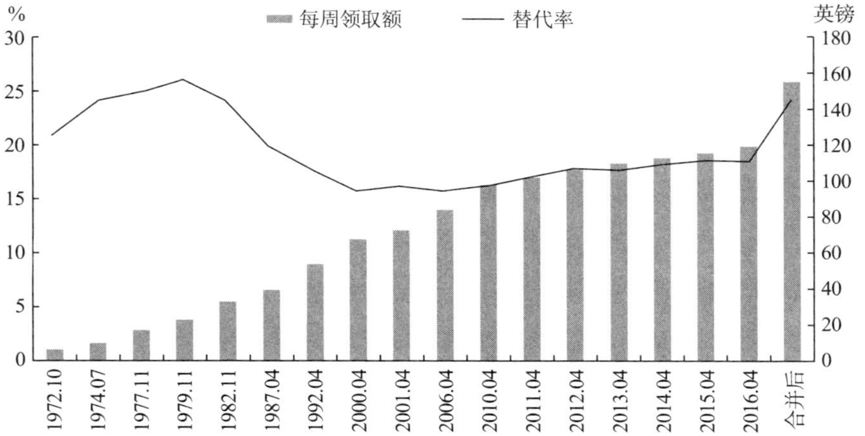

图 8-3　国家基本养老金和国家新型养老金相对于全国平均收入的上调情况

（2）国家第二养老金

国家第二养老金是 2002 年工党政府推出的与收入关联的国家附属养老金计划，它的前身是 1959 年的等级养老金（GP）和 1975 年的国家收入关联养老金（SERPS）。主要目标人群是中低收入者以及看护长期患病或身体残疾者的从业人员，其准入门槛很低，任何已缴纳了国家基本养老金保费同时又没有职业养老金或私人养老金的雇员将自动具有享受 S2P 的资格，自由职业者除外①。

国家第二养老金领取采用与薪资收入相关联的累退制，领取水平与薪资收入呈反比，年收入越少，所得到的替代率水平越高，以体现对中低收入人群的倾斜。同时该计划还设定了“协议退出”机制，通过保费折扣与优惠的方式，引导收入较高人群放弃 S2P 而参与职业养老金或个人养老金等第二、第三支柱。

从 2016 年 4 月起，英国将对上述两部分养老金进行合并，形成一个新的定额给付养老金（NSP），在新型国家养老金体制下，工作满 35 年后，获得 155.65 英镑 / 周的养老金，从而将政府的职能完全转向保基本，促进

① http://www.xzbu.com/3/view-1503308.htm.

市场化养老金机制发展。目前，第一支柱养老金替代率为 25%~35%。

2. 第二支柱职业养老金

职业养老金是由私人和公共部门的雇主为其雇员提供的，主要包括确定收益型（DB 型）和确定缴费型（DC 型）两种计划。

（1）DB 型养老金。

英国最早建立的是 DB 型养老金，目前有 427 万人正在领取 DB 型养老金，未来还有 2000 万人领取，在英国工作人数中占绝对比例（截至 2017 年 2 月英国工作人数为 3184 万人），尤其是公共部门的雇员参加的职业养老金基本上全部为 DB 型计划。现阶段 DB 型养老金收入为 7000 英镑 / 年，与政府提供的基本养老金水平相当。受利率下降、老龄化及会计政策变更 FRS17 的影响，DB 型养老金入不敷出，DB 系统越来越少，目前只有 13% 系统向新成员开放，其余大都关闭。DB 型养老金的投资范围比较广泛，股票、债券占比可达 36%、45%（以前有 60%、70%），也可以投资地产等（见图 8–4）。

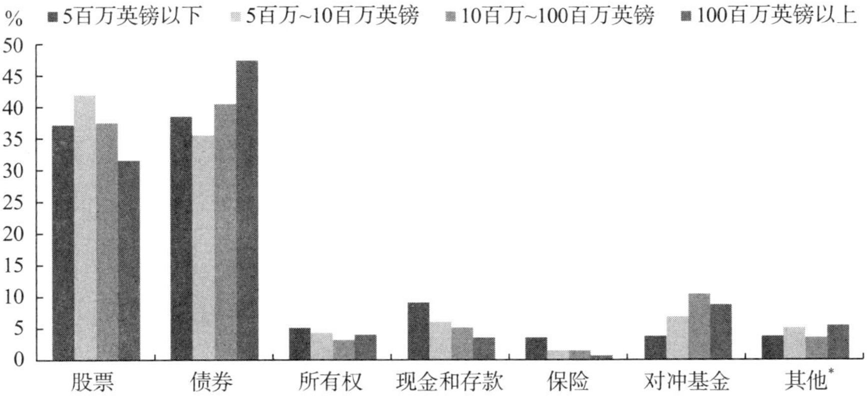

注：*指除对冲基金以外的其他另类投资。

资料来源：PPF/The Pensions Regulator.

图 8–4　英国养老金投资比例

（2）DC 型养老金。

伴随 DB 养老金系统的递减，DC 型养老金不断递加。在“自动加入”

计划之前，信托机制的 DC（类似我国企业年金）有 250 万名员工、27000 个计划，比较分散。DC 型养老金领取年龄为 55 岁，2028 年将提升到 57 岁。如果提前领取要加征 55% 的税。最初为自愿性质，但“自动加入”制度为职业养老金增加了强制性特征。

英国政府对职业年金计划提供税收优惠，采用 EET 税收模式，即缴费和投资阶段免税、领取阶段缴税。职业养老金计划必须在英国皇家税务及海关总署注册，以获得减税资格。职业年金缴费有一定的免税额度要求，当前可免税的一生养老金资产总市值不能超过 175 万英镑（2009 年 4 月 6 日起实施），在这一上限内，缴费可以是雇员工资的 100%，年度养老金缴费免税上限为每年 24.5 万英镑。在基金管理方面，职业年金必须以信托基金形式设立，受托人需为所有计划成员的利益考虑，任何违法行为都将面临重罪，1/3 受托人是由计划成员提名选举的。年金受托人具有充分自由的资产配置和投资选择的空间。英国政府对私人年金的投资监管实行审慎人原则，不设股票投资的上限。

3. 第三支柱个人养老金

目前，英国个人养老金主要有团体个人养老金（Group Personal Pensions，GPP）、个人存托养老金（Stakeholder Pensions）和自主投资式个人养老金（Self-Invested Personal Pensions，SSIPs）三种类型。

团体个人养老金采取雇主建立、雇主和雇员共同缴费的模式，由雇主直接和商业机构议价后再提供给雇员，其账户管理费较为低廉，属于契约型合同，只能由保险公司经营。1999 年的《养老金法案》推出个人存托养老金，要求雇用超过 5 人的雇主必须为雇员提供加入个人存托养老金或其他养老金计划的机会，由雇主建立，但仅由雇员缴费，主要由商业保险机构提供。自主投资式个人养老金则由商业保险机构和其他金融机构受托管理养老基金并负责投资，但因受托管理费过高而发展受限。目前，商业保险在个人养老金市场占有近 90% 的份额。

（二）改革历程

英国最初实行的是免费性质的单层养老金模式。1908 年英国推出的《养老金法案》规定，居住在英国年满 70 岁的公民，如果年收入低于 21.1 英镑，就有领取养老金的资格。1925 年张伯伦内阁颁布法案，首次确立缴费养老金制度，结束长期以来的非缴费养老金制度。1942 年颁布的《贝弗里奇报告》奠定了英国现代养老金体系的理念和构想基础，并使之成为全球养老金体系的主流模式之一。1959 年引入国家分级养老金计划，以便在基础养老金之上，提供额外的收入关联养老金。随后的持续改革（见图 8–5），特别是 1975 年推出的协议退出和 2008 年推出的自动加入，使得英国在解决人口老龄化带来的公共养老金压力方面走在欧洲各国前列。根据国际货币基金组织的预测，在西方七国中，英国是唯一一个从 1990 年到 2050 年公共养老金支出占 GDP 的比重出现下降的国家。而同期德国、法国和意大利公共养老金占 GDP 的比重都增加了 10 个百分点以上。从这个意义上讲，英国在解决人口老龄化带来的养老金压力方面走在欧洲国家的前列。

年份	
1908	规定年满70岁的英国居民，年收入不超过21.1英镑，就有领取养老金的资格
1925	首次建立缴费型养老金，结束长期以来的非缴费型养老金制度
1946	依据1942年发布的《贝弗里奇报告》，筹建社会保障部，并提高养老金待遇
1959	引入国家分级养老金计划，政府提供额外的收入关联养老金
1975	明确基础养老金的增长与物价挂钩，而不是与国民平均收入挂钩
1980	允许已参与的雇员通过协议退出的方式退出国家收入关联养老金计划
1986	推出EET式的个人养老金计划，个人自行缴费，也允许其雇主为雇员缴费
1995	基于信托法限制和规范雇主和受托人的行为与权力；建立全国监管养老金计划的机构
1999	推出EET式的个人存托养老金计划，其主要特色为低缴费、低收费
2008	推出自动加入计划，从2012年起逐步过渡到强制性的企业年金
2013	简化国家养老金，从双层到单层；推迟领取年龄
2014	取消养老金领取的税收限制，提高养老金使用灵活性

图 8–5　英国养老金体系改革演进历程

1. 协议退出

20 世纪 70 年代，英国人口老龄化加剧和经济滞胀使国家养老金给付压力剧增。1975 年《社会保障法案》推出了国家收入关联计划养老金，所有的雇员必须参与，但允许已参与职业养老金或个人养老金计划的雇员通过协议退出的方式退出该计划。同时要求，职业年金作为第二支柱 SERPS 的替代，其年金的给付水平应不低于 SERPS 下该职工的给付水平。1986 年《社会保障法案》放宽了协议退出的范围并给出更优惠的条件，使得更多的职业养老金计划协议退出国家关联养老金计划，选择协议退出的劳动者在符合条件时不仅可以获得税收减免，甚至还能以税收返还的形式积累到个人退休账户中。

2. 自动加入

2008年，《养老金法案》规定建立更具强制性的全覆盖的职业养老金计划。自2012年10月起，年满22周岁且未达到年金领取年龄的雇员，可以按表8-4条件自动加入计划，其年缴费的最低限制规定为，自2018年起为年工资收入5824英镑至42385英镑的8%，由雇主、雇员和税收与海关总署（HMRC）的税收返还按比例共同负担（计划到2019年该比例为3∶4∶1），超过该区间的由雇员自行承担，且必须符合终身缴费上限的规定。

表 8-4　自动加入条件

年收入	加入条件
10000 英镑以上	自动加入且享受雇主缴费
5824~10000 英镑	在雇主同意的情况下可以加入该计划，且享受雇主缴费
5824 英镑以下	在雇主同意的情况下可以加入该计划，但不享受雇主缴费

为顺利推进自动加入计划的实施，英国政府还推出了国家职业储蓄信托计划（National Employment Saving Trust, NEST），以解决市场失灵所带来的高昂管理成本和销售佣金问题。同时，将合并后的国家养老金由

119.3 英镑直接调高为 155.65 英镑，以减少改革阻力。在自动加入计划实施前，职业养老金计划的参加人数为 250 万人，计划实施后新增了 600 万人，其中 60%（360 万人）都加入了 NEST。截至 2016 年，英国职业年金的覆盖率已超过 50%。

（三）主要特点

1. 保基本、广覆盖、强激励的国家养老金

英国国家养老金在普惠的基础上，秉承基本保障、收支统一的原则；由国家承担最低限度基本保障责任的同时，为个人参与私人养老金体系提供空间和激励。一方面，强调保障老年人的基本生活支出需求，保持较低的基本养老金替代率，以减轻企业和个人负担，并为职业养老金、私人养老金腾出空间。据测算，2012年英国新入职的平均收入雇员，预计其退休时基本养老金替代率为32.6%。另一方面，强调公平，基本养老金统一实行定额，不与缴费基数高低挂钩，更加突出养老保险社会互济功能。据统计，英国老年人口贫困率为10.5%，比OECD平均水平12.3%还低1.8个百分点。

2. 强制性、广覆盖的私营养老金

为解决第一支柱国家养老金替代率较低的问题，英国大力推动职业养老金和个人养老金的建立。最重要的改革举措就是协议退出和自动加入。一方面，协议退出机制有效建立广覆盖的职业养老金计划，大力发展个人养老储蓄。协议退出计划使得职业养老金开始受到实质意义上的审查，职业养老金不再是雇主纯粹自愿设立的，而是必须由政府审核、符合一定规范并保证最低养老金水平的计划。协议退出的实施也使得英国职业养老金市场开始得到迅速发展。另一方面，自动加入计划的推出，既有效保证了强制性企业年金的推广，进而给予每个国民平等享有养老保障的机会；又保证了制度的平稳过渡，体现了英国养老金体系改革的规划性和延续性。

3. 有序调整的养老金给付机制

为减缓对养老金购买力的侵蚀，防范老年经济贫困，四十年来英国政府几乎年年上调国家基础养老金，并探索建立有序的调整机制。1974年到1979年依全国平均收入增幅和零售物价指数的高者调整养老金给付水平，到2011年后，依CPI、收入增幅和2.5%中的高者调整，即所谓的“三把锁”，有效地保障了基础养老金的给付水平，有利于给国民一个较为稳定的预期。

二、个人税优养老金

（一）主要类型

目前，英国第三支柱中的个人养老金计划主要有三大类：一是团体个人养老金（Group Personal Pensions, GPP）；二是个人存托养老金（Stakeholder Pension, SP）；三是自主投资型个人养老金（Self-invested Personal Pensions, SIPPs）。全部为 DC 型养老金模式。

1. 团体个人养老金（GPP）

GPP 与雇员通过集合的形式签订养老金计划合同，将集合资产交由选定的资管公司管理，每个养老金计划中会包含一系列的投资组合供计划提供人选择（有些计划包含上千个组合）。个人有独立账户，改变工作并不影响持续向账户缴费。没有为雇员提供职业年金计划的雇主必须与一家或多家保险公司达成协议，使其雇员能够参与个人养老金计划；自雇型员工也可不通过雇主直接参与计划。目前，英国约有超过 1000 万人参加了个人养老金计划，约占全国总人数的 16%。

2. 个人存托养老金（SP）

SP 与 GPP 非常类似，均为 DC 型补充养老金，雇员或非雇员均自愿参加，均可获得一定比例的税收减免政策。区别在于，SP 倾向于更长期投资策略，尤其对于中低收入人士。SP由政府管理，在诸多方面有严格规定，例如，为确保管理费低廉，SP型产品被设定管理费最高值（前10年为1.5%，以后为1%），所有产品均不得超过其最高值。此外，SP采取弹性管理，投资者随时可参与或终止计划并无手续费。总体而言，有超过5个雇员以上的雇主必须提供SP计划供雇员选择。相比于GPP，SP的买卖更便宜且投资更透明。

参加SP计划的个人与养老金提供者签订合同，这里的养老金提供者范围较广，通常为保险公司或投资机构，也包括银行和建房基金会。2006年起对个人参加的养老金计划总数没有限制，但是由于涉及税收减免，对参与养老金计划的总资产有限制。

3. 自主投资型个人养老金（SIPPs）

SIPPs是指英国政府批准通过的，可以让参与计划的个人自行从英国税务局许可的全种类投资工具中自行配置的养老金计划。英国税务局的投资范围更广，除了包含常规的个人养老金投资工具外，还包括权益类与不动产等。由于投资范围扩大，部分资产不能像其他DC型养老金一样获取减税优惠。部分投资标的目前基本法规准许，但是未来将面临高昂税收处罚，如住宅地产、古董汽车、艺术品等。

常规的个人养老金计划是让受托人拥有资产的所有权和使用权，SIPPs计划中个人和计划负责人共同担任受托人控制资产的运作。但是实际上，SIPPs由计划负责人担任受托人。因此，计划负责人全程控制资产并确保税收减免与投资方向不冲突。

SIPPs主要有以下四种常见的产品形态：一是推迟形态。资产委托给养老金保险基金（类似GPP），有时直接选择公募基金。个人对资产的投资权利被推迟到将来的某时间。二是杂交形态。一部分如推迟形态委托给投资机构，其余的资产交给投资者自行投资。三是计划提供多种可投资资产供选择，投资者不受限制地选择。四是单一投资。近期趋势化的一种形态，投资公司仅允许投资资产投向一种标的类资产，但是管理费显著降低，部分计划允许未来升级为全种类投资。

（二）税收政策

英国税惠型养老金的政策包括税收递延和税收返还，具体包括缴费阶段和领取阶段。

1. 缴费阶段

个人账户有年度缴费额度和终身缴费额度的限制。2015—2016 年缴费上限为 40000 英镑（职业养老金和个人养老金共用此额度），若当年超过该额度，可以申请使用过去三年内未使用的剩余年度缴费额，该额度内的缴费可从税前列支；终身缴费上限为 100 万英镑，超过限额部分在领取时需缴纳额外税收，具体因领取方式而定（见表 8–5）。

表 8–5　2007—2016 年英国个税递延型商业养老保险账户年度和终身缴费限额

税收年度	年度缴费额度（英镑）	终身缴费额度（百万英镑）
2006—2007 年	215000	1.5
2007—2008 年	225000	1.6
2008—2009 年	235000	1.65
2009—2010 年	245000	1.75
2010—2011 年	255000	1.80
2011—2012 年	50000	1.80
2012—2013 年	50000	1.50
2013—2014 年	50000	1.50
2014—2015 年	40000	1.25
2015—2016 年	40000	1.00

资料来源：HMRC Personal Pension Statistics 2015, P.9.

个人缴费部分在其年度缴费上限内免税，但采取先扣税后返还（Tax Relief）的形式进入个人养老金账户。雇员年度缴费 3600 英镑以内或其全部工资性收入，以二者数额较大者为限，可以获得边际税率的税收返还，具体因适用税率不同而有差异（原则是 20%），雇主缴费可全额抵免企业所得税。该计划产生的收益享受税收全免，资产增产不收取资本收益税。基本税率的税收返还由养老金提供机构代表账户所有人向 HMRC 提出申请，后者在缴费后的 2~6 周内将应返税收返还到个人账户，高等税率和额外税率的税收返还需由个人向 HMRC 申请，由后者根据缴费者的纳税情况作出返还。

个人缴费部分在年度缴费上限外的部分，账户管理机构有义务向客户提示具体的超出额，超额部分视同应税个人所得适用边际税率，但对退休或因重病而开始领取养老金的个人当年超额缴纳部分不征税。

2. 领取阶段

领取时缴纳的税费由积累的个人养老金数额和领取方式所决定，通常自 55 岁可以开始领取（2028 年起推迟到 57 岁），在终身缴费额度内一次性领取 25% 部分可以免税，其余部分按领取数额的边际税率征税。具体如下：积累的养老金总额在 30000 英镑以内（包括职业养老金和个人养老金），允许一次性全额领取而不缴纳任何税收；积累的养老金总额在 30000 英镑以上，但在个人终身累积额度内，允许一次性领取总额的 25% 不缴纳任何税收，剩余部分以年金形式领取，按领取的数额适用边际税率；积累的养老金总额超过个人终身累积额度的，超额部分一次性领取适用边际税率，若转换成年金形式领取需缴纳 25% 的税收，领取时再按边际税率征税。

2013—2014 年税优个人养老金在领取环节共计征税 131 亿英镑，净税收返还额达 343 亿英镑，较前一年度的 351 亿英镑略有下降，延续了 2010—2011 年后整体下降的趋势。该下降趋势主要是由于年度缴费和终身缴费额上限逐年减少所致。同时，计算税收返还的税基是工作时期的收入所得，其基数远大于退休时期的养老金收入，且一次性领取养老金总额的 25% 免征个人所得税。2001—2014 年英国税优个人养老金税收返还详见图 8-6。

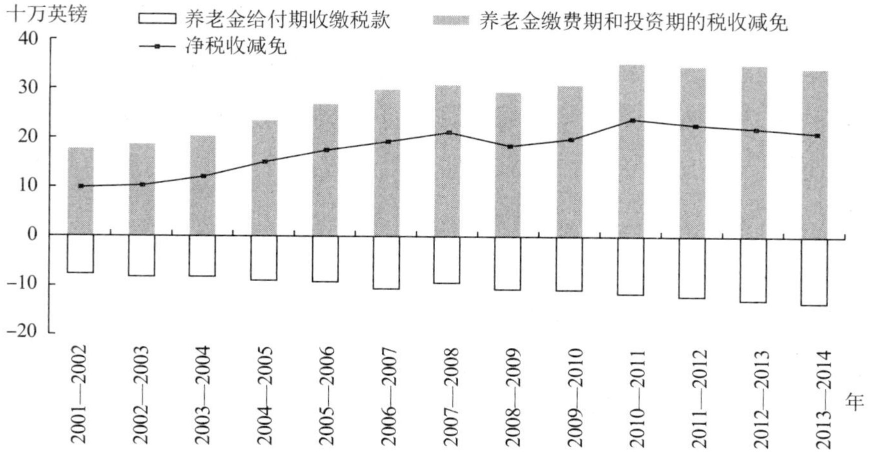

资料来源：HMRC Personal Pension Statistics 2015, P15.

图 8-6　2001—2014 年英国税优个人养老金税收返还

三、启示

（一）确立简明单一的公共养老金制度，做好多支柱体系的功能划分

2016 年改革之前，英国养老金体系由国家基础养老金、附属养老金和私人养老金三部分（或支柱）组成。2013 年英国政府颁布《养老金改革法案》，将第一支柱的国家基础养老金与第二支柱的国家附属养老金合并，从 2016 年 4 月起形成一个新的定额给付养老金。这使得公共养老金简单明了，由双层结构彻底转轨为单层结构，国民很清晰自己公共养老金的领取水平，以便规划私人养老金；同时公平性更强，低收入群体的养老金水平有明显增加，有效防范了老年贫穷。为缓解第一支柱养老金替代率不高的问题，政府积极推出第二、第三支柱职业养老金和个人养老金，通过一系列制度的明确，各支柱的功能划分更为合理。第一支柱保基本，保障较高水平的基本收入，第二支柱和第三支柱做实个人账户，充分发挥个人在

社会保障中的作用，鼓励养老金市场化运作机制，力争为国民提供退休后的改善收入。

中国目前基础养老保险制度实际上担负了国家基本养老金和职业养老金两种职能，养老金的统筹账户与个人账户无法真正分开运行。其后果是国家养老金责任过大，同时不同养老金制度间不公平，形成了双轨制。建议建立统一的国民养老金制度，使现有的基础养老保险制度在功能上拆分为国民养老金和职业养老金两大模块，前者实现全国统筹，重点保障基本收入底线；后者做实个人账户，与职业年金合并后独立运行，重点改善收入。调整后养老金“并轨”目标将仅集中在国民养老金模块上，可以有效减少社会矛盾和财务成本。

（二）实现参保人从第一支柱向第二、第三支柱的平稳过渡

政府和个人责任的界定，是社会保障改革中的难点，特别是在缩减公共养老金给付水平或减少政府养老责任时，尤其要考虑利益平衡和机制稳定。英国将其公共养老金由双层改革为单层时，并没有采取“断崖式”或“一刀切”等激进措施，而是通过协议退出和自动加入两个计划，用四十多年的时间逐步推进，配合税收等政策引导人们主动加入第二、第三支柱。

中国目前要降低第一支柱的缴费率，鼓励人们转向第二、第三支柱时，可借鉴英国的这种平稳过渡模式。通过强制或半强制手段确保参与公平，提高企业职工参与率，在此基础上，明确各方权利义务、形成风险共担机制，允许企业职工自愿退出，同时尽可能调动职工、企业、市场各方主体的积极性。一方面，通过税收减免、强制或半强制参加、降低管理成本鼓励雇员参加；另一方面，把市场机制有效的部分交给市场机构，在市场失灵的部分（中小账户市场）通过政府手段来弥补，力求实现政府与市场的互补与衔接。

（三）以税惠方式促进商业保险在第三支柱中作用发挥

目前，商业保险公司占据了英国第三支柱近 90% 的市场份额。英国商业养老保险税收政策明确规定团体个人养老金（GPP）的雇主缴费部分可以税前列支，同时个人缴费部分在年度缴费上限内可享受税收返还，一系列政策促进个人养老金缴费持续增加。从刺激商业养老保险需求的角度出发，中国可以借鉴英国的做法，将团体养老保险的个人缴费部分也纳入税收优惠政策的范畴内。

个人税优养老金发展的核心是税制设计和征收安排，英国个税征收建立在完善的社会征信体系和合理的家庭收入调查基础上，这使得个人税收优惠从制度上能够惠及无雇主和自雇人群，国家通过让渡一定时间内的税收收入，引导企业和个人购买商业养老保险，增加个人养老资金的储备，达到提高个人退休收入保障水平的目的。从英国实践来看，这一模式使得国家以较小的成本支出，获得了较大的养老金市场，同时又切实提高了退休人员养老保障水平，有效缓解了国家的财政压力和养老压力。从中国的实际出发，在注重商业养老保险自身发展的同时，更应当加快社会征信体系的建设，加速综合所得税制改革，以税优个人养老金制度和政策的出台为契机，在制度设计上覆盖自雇人群和无业人群，应当是保险业提高服务社会经济能力，满足社会多样化养老保障需求的题中之意。

（四）推动养老金投资运营以实现保值增值

通过金融市场实现养老金的保值增值是英国养老金改革的重要内容，目前英国养老金的第二支柱和第三支柱都可以投资到股票、债券等资本市场，从英国养老金的入市效果来看，资本市场多元的投资渠道和广泛的投资领域，有助于提升养老金的投资收益率，分散养老金投资风险；而养老金入市除了推动资本市场量的扩张，还会助推资本市场发生质的改变。养老基金对更加完善的资本市场制度建设起到了巨大的促进效应，包括更好的会计、审计、经纪和信息披露等机制，养老基金控制金融风险以及其长期投资行为都有利于降低资本市场的波动性。为了实现养老金的保值增值，推动中国基本养老保险资金投资运营同样不可避免，建议中国尽快完成制度顶层设计，出台具体实施方案，推动基本养老保险结余资金投资运营。

分报告九　德　国

德意志联邦共和国（简称德国）由 16 个联邦州组成，首都柏林，领土面积为 357167 平方公里，以温带气候为主，人口约为 8110 万人，是欧洲联盟中人口最多的国家。德国是欧洲最大经济体，全球国内生产总值第四大国，2015 年 GDP 为 3.37 万亿美元。

德国是公共养老金制度的发源地，并且是公共养老金俾斯麦模式的典型代表。2000 年以前，其公共养老金一枝独秀，给予慷慨保障，而私人养老金处于自由发展状态，作用较小。2001 年和 2004 年先后推出里斯特养老金计划（Riester-Rente）和吕鲁普养老金计划（Rürup-Rente），用税收手段激励发展个人养老金，在降低公共养老金替代率的同时，维持制度的可持续性。这两项计划的推行，成功实现体系结构的优化，为全球养老金改革带来成功范例。

2014 年主要经济社会指标详见表 9-1。

表 9-1　2014 年主要经济社会指标

	德国	OECD 平均
平均工资（USD）	55649	40007
公共养老金支出占 GDP 比重（%）	10.6	7.9
寿命期望（出生时）	80.7	80.0
（65 岁时）	19.4	19.3
65 岁以上人口占比（%）	21.4	16.2

资料来源：OECD（2015）, Pensions at a Glance 2015: OECD and G20 indicators, OECD Publishing, Paris. http://dx.doi.org/10.1787/pension_glance-2015-en.

一、养老金体系

（一）现行体系

德国养老金采用三支柱模式，即强制性的现收现付的法定养老金（第一支柱）、雇主设立的补充性的职业养老金（第二支柱）和个人自愿储蓄性养老金（第三支柱）。2015 年德国养老金体系支付 3430 亿欧元（见图 9-1），法定养老金占 72.9%，比改革前缩减了 10 多个百分点；个人养老金占 22.7%，提升了 10 多个百分点，用人单位的缴费负担得到有效控制，仅为 4.4%。

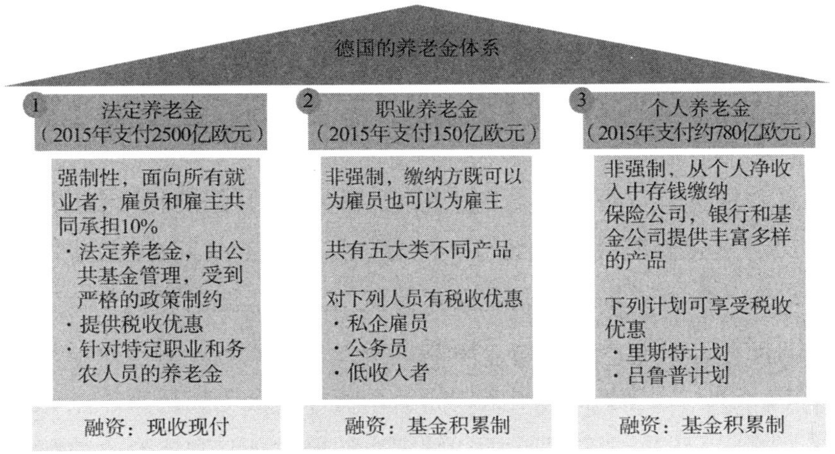

资料来源：BCG。

图 9-1　德国养老金体系结构

1. 法定养老金

德国的法定养老金建立在“代际协议”的基础上，采用现收现付的财务模式，即由当前的工作者缴纳养老金以支付已经退休人员的养老金。所有工人和职员都要参加强制性的法定养老金，覆盖了 90% 的从业人员，是养老金制度的主干。其资金来源渠道包括雇主和雇员缴纳的养老金费，以及国家财政补贴，后者约占养老金费的 1/5。

自2013年1月1日起，德国法定养老金缴费率为雇员月薪资总额的18.9%，按照雇主和雇员各自承担的即时养老金缴费率的一半的原则，雇员个人需缴纳其中的9.45%，低收入者（月收入低于800欧元）可以少缴或者不缴养老保险费；雇主缴纳另外的9.45%。为低收入者雇员以及参加德国矿工、铁路工人、海员养老保险的雇员缴费比例高于9.45%。自我雇用者需缴纳月收入的18.9%。此外，德国为特定的自雇者、矿工、公共部门雇员、公务员和农民设立了单独的养老金项目，还为公共部门雇员与公务员提供了补充保障（见表9–2）。

表9–2　德国2013年法定养老金运作情况

		总体（平均）	新养老制度	旧养老制度
男士	人数（人）	6703434	5183956	1519478
	平均收益率（基金净值）（%）	1.0074	1.0111	0.9946
	被保险人平均年龄（岁）	41.32	40.35	44.65
	平均养老金支付金额（欧元）	1062.93	1075.73	1019.24
女士	人数（人）	8782819	6705725	2077094
	平均收益率（基金净值）（%）	0.7711	0.7605	0.8052
	被保险人平均年龄（岁）	30.37	27.65	39.14
	平均养老金支付金额（欧元）	585.00	524.04	723.68

法定养老金的被保险人必须达到规定的退休年龄和达到缴纳保险费的期限，才能有领取养老金的资格。德国的退休年龄为65岁，领取养老金待遇的最低缴费年限为5年。如果已经缴费35年，可在63~65岁退休。根据2005年新修订的《老年和伤残保险法》，2012—2029年退休年龄将由65岁提高至67岁。在满足特定条件下，可以提前（申请者至少满60周岁）申领养老金，每提前1个月退休，领取养老金待遇的数额将减少0.3%，最高减少额为14.4%。如果投保人死亡，其家属可以得到一定百分比的养老金。

德国联邦劳工和社会事务部主要负责制定法定养老保险的法规。德国社会保险是分散经办的，全国有116家联邦授权的社会保险经办机构，管理包括法定养老保险、法定健康保险、法定意外事故保险。法律规定，以上社保经办机构都要接受社会保险局的日常监管。社会保险局还负责管理政府对社保系统的财政补贴和补助资金的发放。

目前，德国养老金第一支柱的保费收入占比超过 80%，仍然是整个养老体系的重要支柱。随着养老金预估缺口持续扩大，政策将继续向鼓励第二、第三支柱的方向改变。从法定养老金的名义水平（名义水平 = 缴费 45 年的净标准养老金水平，并参考年均净收入）来看，从 2000 年的 53% 下降至 2015 年的 48%。依据现行法律和监管政策，预计到 2030 年左右，法定养老金名义水平将下降至 43%（见图 9–2）。

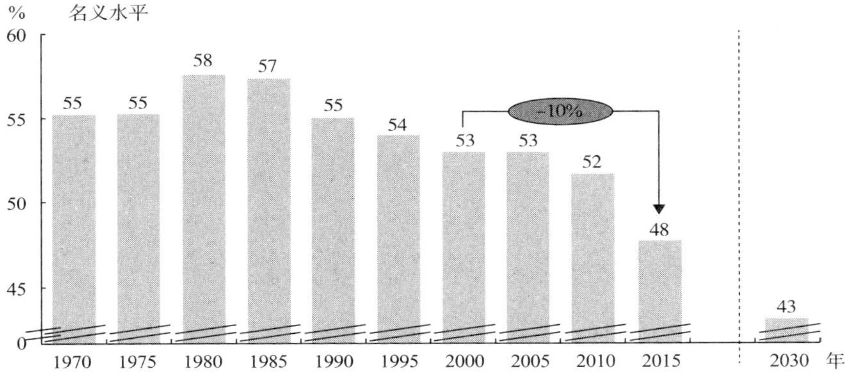

资料来源：Deutsche Rentenversicherung；Hoppenstedt；GDV.

图 9–2　1970 年以来德国法定养老金名义水平

2. 职业养老金

德国的职业养老金是企业自愿为员工提供的一种补充保险性质的福利待遇，是法定养老金的补充。截至 2011 年底，已经有约 460 万名员工享有企业提供的企业退休金，覆盖了德国现有劳动力的 65%。企业补充养老金是企业行为，由私人公司经营，政府只对其进行宏观调控。为了防止因雇主破产而无力支付养老金债务的风险，德国设立了雇主组织的养老保险基金会作为担保机构，如果企业破产，无法支付本企业补充养老金，则由该基金会支付。

企业补充养老金往往由所在工作单位代办，具有很强的规模经济优势，并能采用集体协议投资方式，对于雇主和雇员都有吸引力。一般来说，企业补充养老金的覆盖范围也会受公司规模影响，500人以上的大型公司，基本都提供企业补充养老金计划，而在人数少的小型企业，仅有少数公司提供企业补充养老金计划。职业养老金计划有五个实施渠道：直接保险、养老金计划、养老基金、直接承诺（及应付记账准备金）和支持性基金。其中，2500欧元的免税政策限制，适用于外部年金机构（如养老基金、直接保险、退休保险），不适用于应付记账准备金。

一是直接保险。直接保险是一种特殊形式的人寿保险，由雇主作为投保人为雇员订立保险合同。雇主和雇员所缴纳的4%上限的年金额度（2500欧元）以及另外固定额度1800欧元属于免税范畴。保险公司受联邦金融监管机构监管，并且直接保险将会受到严格的量化投资监管。比如，投资股票市场的比例不得超过35%。在此形式下，雇主一般没有直接养老金管理责任，养老金的管理等同于保险公司的资产管理。

二是养老金计划。养老金计划是一种类似于人寿保险的特殊保障机构，雇主支付保险费，是一种排在养老金承诺之后由私人雇主提供养老金的主要方式。此项必须依据准确的精算原则进行融资以确保可以在需要的时候完成养老金债务的负债问题。

三是养老基金。养老基金是法律上具有独立地位的机构，受保险机构和保险法监管，但其投资运营不受限制。根据德国法律规定，养老基金不一定要保持100%的基金份额，允许上下10%浮动。

四是直接承诺。直接承诺是指一家公司，从其自己的资源中，给予员工承诺，旨在特定情况下或在雇用合同终止后（如退休、死亡、残疾）对员工支付一次性的福利。此项准备金可享受税收优惠政策并且不属于员工需纳税收入，但当员工领取此养老金时需缴纳税收。此项无缴费限制，但存在附加费用，如向养老金担保协会缴纳费用，计算负债发生的费用，且通常选择集团股东作为其养老金担保方。当雇主一旦破产，将由养老金担保协会为其支付养老金。

五是支持性基金。支持性基金是独立的保障机构，负责实施一个或多个雇主的企业年金保证，雇主在援助基金中投资，并向其支付雇员的企业年金保费，在投资运营中，援助基金的投资不受任何限制，企业必须向养老金协会缴纳保险费用成为会员。

德国职业养老金计划的五个产品对比详见表 9–3。

表 9–3　德国职业养老金计划的五个产品对比

	产品概述	给付情况	监管规范	资金配置	其他
直接保险	产品大都类似于个人寿险	通常有既定的缴纳额，明确最低给付额和最低利息	德国联邦金融监管局 会受到《偿付能力监管标准Ⅱ》的影响	按照投资法规的规定，定义为约束资产 风险资产比例上限 35%	降低成本；避免保险公司的义务
养老金计划	不同的法人实体（AG 或 VVaG）来负责承保自身成员或其他成员（即封闭式 vs. 开放式）	通常有既定的缴纳额，明确最低给付额和最低利息	德国联邦金融监管局	按照投资法规的规定，定义为约束资产 风险资产比例上限 35%	从保险的角度来看，与直接保险相差无几
养老基金		通常有既定的缴纳额，明确最低给付额，有保本承诺	德国联邦金融监管局 PSVaG2 负责筹措补贴所需要的资金	养老金投资法规 最高可达企业的全部股份	企业可以把它们的直接承诺转化为退休基金
直接承诺	公司自行给付养老金并建立相应的专项储备金（加上再保险）	通常按缴纳金额给予相应的给付额	PSVaG	投资活动完全自由化 资本可返还到公司本身	退休金缴纳额可投资于公司本身
支持性基金	由一家或多家公司出资（间接给付	通常按缴纳金额给予相应的给付额	PSVaG	投资活动完全自由化 资本可返还到公司本身，如作为贷款	不会发生针对供应方的索赔（公司直接负责）

资料来源：BCG。

德国的企业补充养老金虽在政策推动下保持增长，但由于监管政策及产品较为复杂，目前占比较小，发展受到限制。从整体份额来看，虽然德国企业数量众多且不断增加，有大约 64% 的职工参加了企业补充养老金，但相较于同类国家，德国的企业补充养老金计划在退休收入总额中比重仍然偏低，仅为 4.4%。从监管政策来看，监管法规中涉及保证利息、性别无差异定价及可携带性的规定对企业补充保险保单量增长的影响最大，且对于退休基金的资本要求相对较高。从产品条款及销售渠道来看，企业补充养老金产品众多，且条款复杂程度较高，企业职工因信息匮乏对产品和规则难以完全理解，导致产品的有效需求不足。此外，对于某些目标客户群体而言，第三支柱中里斯特养老金政策的吸引力远胜于一般的企业补充养老金。

3. 个人自愿储蓄性养老金

德国政府为了弥补法定养老金的不足，规定所有参与社会保障体系的公民，都可以参加直接补贴或税收刺激的个人自愿储蓄性养老金。德国的个人自愿养老金是由商业机构提供的一种补充保险，主要是为那些想在退休后得到更多养老金收入的人员提供额外的经济保障，个人自愿参加、自愿选择经办机构。德国个人自愿养老金的对象主要是医生、药剂师、律师、艺术工作者等群体。

具体而言，个人可以根据自己意愿和偏好（如风险趋避、投资生命周期、年金或高收益商品）选择产品，并能通过广泛的销售网络（如银行）投保，也可提供专为客户量身定做的个性化服务。2011 年德国政府规定，个人自愿储蓄性养老金的免税额度，以个人收入的 4%（社会保障提取限制）为上限。由于养老保险可享受税收优惠，所以相当受欢迎，被视为一种个人储蓄工具。养老保险所赚取的利息在领取退休金前均予以免税，但领取条件为最早领取年龄需满 60 岁，合同存续期间须至少 12 年，并且提取期间至少 5 年以上。

自从德国 2002 年颁布《退休储蓄法案》（政府支持企业补充养老金

和个人缴纳的养老金计划）、2004 年颁布《退休收入法案》（关于养老金课税政策）以及 2010 年《会计现代化法案》提出下调保证利息条款等监管政策的推动，德国第三支柱的保险合同数量持续增长。2015 年，德国个人缴纳的养老金合同数量约为 4000 万单，是 2000 年的 4 倍。

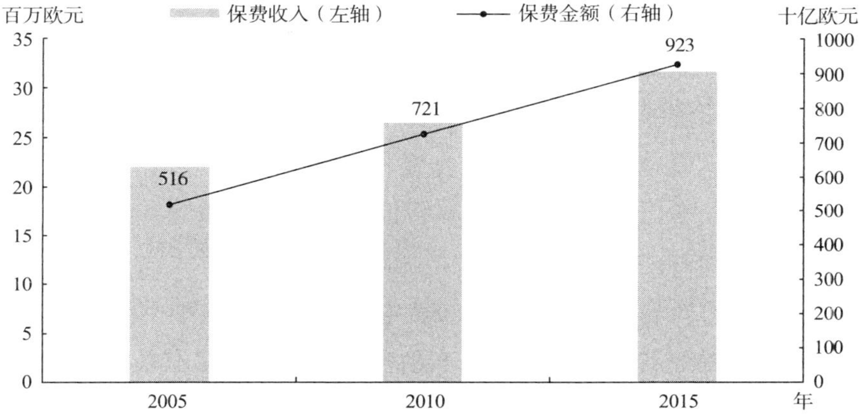

资料来源：德国保险业协会GDV。

图 9-3　德国第三支柱保险合同趋势

德国的监管政策对于个人养老金的发展提供如下支持：

一是从需求端激励购买，通过创造市场需求，从而刺激市场供给。政府通过直接补贴（政府直接支付现金补贴）和税收优惠（通过“付时免税，领时再征”的征税延迟达到减税效果）两种基本激励手段刺激需求。这两种手段在使用上灵活配置，分别针对不同年龄、不同性别、不同婚姻状况和不同收入阶层制定对应的标准，并且定期调整标准。

二是从监管层面加强约束，防止出现投机和泡沫。对于产品供给方，设置严格的产品认证审核条件，政府机构负责核准用户的补贴和税收优惠的资格和适用性，以及补贴的发放。同时，对资金的投资和运作进行严格限制和监督，并在投资出现亏损的情况下以“最后担保人”的形式出现。对于购买方，严格限制养老金领取年龄和领取方式，并严格限制使用和流转。

三是设置一个较长的过渡期，使其对经济和财政的影响最小化，便于民众适应接受。充分考虑到税优个人养老金的推出可能会带来的巨大影响，各项制度的落地均预留了较长的过渡期，逐步到位。比如，里斯特养老金的收入投入比例经过 4 年由 1% 逐步提高到 4%；吕鲁普养老金的投入免税额比例经过 20 年由 60% 逐步上升至 100%。

（二）改革历程

1. 德国养老金体系所面临的问题

一是来自人口老龄化的客观冲击。长期以来，德国一直是一个出生率过低、人口增长缓慢甚至是负增长的国家，对于未来缺乏劳动力的担忧，一直出现在公众和官方的话题讨论中。对于许多工业国家而言，人口老龄化的趋势正在不断加剧，退休或面临退休的人口日益增加，德国也不例外。德国长期以来稳定的养老金制度在人口结构异化的条件下，养老金给付的压力也随之增加，再加上德国政党制度和福利刚性的存在，现有的“开源节流”政策依然难以阻止政府支出失控的趋势。德国政府对养老金的税收转移规模仍然从 1991 年的 21% 上升到了 2006 年的 33%，在联邦财政预算中，2006 年，对于养老金的转移支付总额已达 770 亿欧元，这其中还不包括 550 亿欧元对于参保人的附加支出以及 110 亿欧元对于私人养老储蓄的津贴。

基于对政府财政支出失控的忧虑，也有学者认为，这样的养老金制度将是不堪重负的，甚至认为德国的养老金制度是一个过时的且成本巨大的体系。当然，这样的说法仅仅是从纯经济的角度考虑。而对于人口结构变化所带来的影响，德国政府试图通过提高退休年龄的方式加以克服。为解决这笔庞大的支出所带来的财政负担，2007 年默克尔政府通过了关于推迟退休年龄的改革方案，将法定退休年龄从 65 岁提高到 67 岁。

二是来自内部财政的压力。近年来，养老金支出在德国一直是支出规模最大的福利项目，仅 2010 年财政年度，政府就为法定养老金体系投入超过 800 亿欧元用来满足当期待遇支付。为了缓解财政压力，德国政府采取了多种增收减支措施，比如，德国从2001年开始逐渐延长退休年龄。再比如，逐步提高缴费率，从目前的19.9%提高到2030年的22%，并逐步降低法定养老保险的替代率，参保45年的养老金工资替代率由目前的51%，逐步下降到2030年的43%。但由于老龄化进程加快等因素，现收现付制模式下法定养老保险的财务不可持续性并没有改观。

三是来自外部经济的冲击。自2008年以来，以美国为首的全球经济危机给各国都带来了新的冲击，德国也不例外。资本市场的风险和萎缩导致德国养老金基金的保值增值计划也受到了阻碍，人们的收入降低，失业率增加，“里斯特计划”的参与群体开始出现下降的趋势。与此同时，德国政府又出台了对工作年限较长的员工增加工资以及对于某些特定经济部门提高最低工资的政策，这些政策甚至引来了对于德国经济价值取向的争论，但无论如何，对养老金制度的负面影响是确定无疑的。

自2010年以来，由于欧元危机的影响持续发酵，德国作为欧洲经济尤其是欧元区国家经济的“火车头”，难免要承担更多的经济责任和负担。一方面，以欧洲四国（Euro PIGS）为代表的欧洲高福利国家，为维持超额福利支出而导致的政府债台高筑使德国不得不对其进行经济援助计划以保证欧元的“硬通货”地位；另一方面，无论地中海国家、波罗的海国家还是北海国家，大部分法定退休年龄都低于德国5年甚至更多，德国政府单方面提高退休年龄政策的一个潜在风险就是：高收入的精英阶层有可能为逃避长期工作年限的约束而在职业生涯的末期选择到其他欧盟国家工作，而欧盟其他国家尤其是申根国家的长期失业人口则有可能在本国退休以后再来德国碰碰运气，因为在欧盟国家间，无论劳动力的流动还是养老金的跨国转移都是十分便利的。而这样一来，对德国可能造成的冲击则是不可小觑的。因此，默克尔政府在实施“经援计划”的过程中始终呼吁欧盟各国提高法定退休年龄。

2. 三支柱体系演变历程

德国于1889年建立的法定退休金计划是世界上最早的养老金制度之

一，近 20 年逐步演变成三支柱体系（见表 9–4）。

表 9–4　德国养老金三支柱体系的演变过程

	总体发展	第一支柱	第二支柱	第三支柱
19 世纪	19 世纪初，先于政府，大企业建立了养老基金	俾斯麦时代（1889）建立政府法定退休金计划，是世界上最早之一	19 世纪初，先于政府，大企业建立了养老基金	人寿保险出现
20 世纪	1972 年，放宽退休年龄下限 1992 年，重新提高退休年龄，限制提前退休 初步形成三支柱体系雏形，退休后收入高达退休前的 70%，退休后收入比例为：法定养老金 80%；职业养老金 20%；非补贴个人养老金 10%	1911 年，正式推出政府退休金 1957 年，引入现收现付体系（PAYG），以总收入为基本参照 1972 年，扩大法定退休金计划覆盖范围，养老金与税前总收入挂钩 1992 年，养老金与税后净收入挂钩	1974 年，出台法律，完善职业养老金计划，防范企业破产	20 世纪 90 年代，第三支柱开始形成
21 世纪	2002 年，颁布《退休储蓄法案》 政府为完全基金积累制职业养老金和个人养老金提供补贴支持 2005 年，颁布《退休收入法案》，退休收入延迟课税，即缴纳免税，领取课税 2008 年，颁布《退休年龄调整法案》，将退休年龄逐步从 65 岁提升到 67 岁	2001 年，确定未来 20 年养老金缴纳上限不得超过 20% 2004 年，在养老金计算公式中引入可持续因子，使其根据人均寿命、人口出生、人口流动、就业率等自动调整	2002 年，允许第二支柱享受里斯特补贴 2005 年，允许员工在变更工作单位时携带养老金计划 2012 年，性别无差异定价政策	2001 年，推出第三支柱新举措——政府补贴的里斯特计划 2005 年，推出吕鲁普计划，进一步鼓励第三支柱发展

早期德国公共养老金体系有两个不同的发展阶段：

第一个发展阶段是从 1889 年至 1957 年。德国社会福利保障思想起始可以追溯到中世纪，当时的矿工们筹建了集体金库，用于资助遇难或贫困的成员，这是德国当今企业年金的前身。早在 19 世纪末，德国就建立了社会保障制度，距今已有 100 多年的历史。当时工业的迅速发展使产业工人人数剧增，但是工人在很大程度上处于无保护地位。1883 年，俾斯麦政府通过了《医疗保险法》，1884 年颁布了《事故保险法》，1889 年又出台了《养老、残废、死亡保险法》，这可以视作现代养老保险制度安排的起点。在养老金体系建立后的二十年里，发展态势基本良好。但第一次世界大战使得缴费人口降低，养老金领取人口增加，养老金体系面临危机。而 1922—1923 年的经济大危机彻底摧毁了养老金体系，到危机末期只有靠帝国的不断融资才使得养老金体系得以延续，1924 年的货币改革使得养老金体系的实际资产只有 1923 年时的 1/10。随后 1929 年经济危机带来的失业增加，薪酬降低，短工人数增加，且从 1929 年引入失业养老金，即雇员可以在失业 12 个月之后，达到 60 岁时提前领取养老金，这一政策又给养老金体系带来了融资可持续性危机。

1889 年建立公共养老金体系时，公共养老金体系主要为混合体制，由作为基本生活保障的国家拨款部分以及以保证退休前后生活水平不变的个人缴费部分组成，1949 年法兰克福经济委员会颁布的《社会保险调试法》引入了最低养老金政策使得“保证基本生活需要”的理念在公共养老金体系中得以加强。

第二个发展阶段是从 1957 年至今。这一阶段“保障退休前后生活水平不变”的理念贯穿始终，而对生活救济金承担了保障最低生活需求的功能。

从 20 世纪 50 年代开始的德国“经济奇迹”带来了高就业率以及高工资，从而解决养老金体系的困境，解决退休人员的贫困问题成了当务之急。1956—1957 年，阿登纳政府取消了最低养老金政策，引入了将养老金水平与毛工资相关联的动态养老金体系，该体系遵循保险均衡原则，即缴费与养老金水平呈正相关，以保证退休人员在退休前后生活水平不变。该政策保证了大约 70% 的养老金替代率水平，从而使得退休人员也同时享受了“经济奇迹”带来的生活水平的改善。该项改革为高工资长缴费年限的人带来了极大的收益。1957 年，德国养老金体系又重新引入了在第二次世界大战时被废止的对公共养老金体系按照不同人员就业类型所进行的工人养老金、雇员养老金、矿工养老金等的划分。迄今为止，德国公共养老金体系的融资来源并没有改变，即由与工资相挂钩的缴费和国家拨款共同支持，但其中国家拨款的目的已从保障退休人员最低生活标准转变为支持公共养老金体系的继续运作。

德国的养老金体系从俾斯麦时期到近代的发展过程详见表 9–5。

表 9–5　德国的养老金体系从俾斯麦时期到近代的发展过程

时间	改革内容
1889—1891 年	引进资金积累型的残疾人养老金；参保人领取养老金的年龄在 70 岁以上；养老金缴费是由雇主与雇员平等地分担的
1913 年	退休年龄在 65 岁（仅限于白领）
1916 年	残疾人的养老金领取年龄由 70 岁减少到 65 岁
1921—1923 年	通货膨胀补偿
1923 年	领取养老金年龄 65 岁（仅限于蓝领）
1929 年	失业养老金退休年龄 60 岁（仅限于白领）
1958 年	转化成为现收现付制度：养老金待遇建立在缴费的基础上；保障老年人生活标准为改革的主要目标；根据总工资和工资指数化来进行养老金待遇动态调整；正常的退休年龄是 65 岁；失业养老金退休年龄是 60 岁（蓝领工人）；女性退休年龄为 60 岁
1968 年	完全的现收现付制度储备基金为三个月
1972 年	公共养老金体系对所有的国民开放（包括自雇者、家庭主妇）；长期护理的最低退休年龄（63 岁）和残疾人领取养老金的最低年龄（60 岁）采取弹性制；对国民养老金建立最低额制度
1977 年	离婚夫妇将分享养老金
1978 年	最低储备减少到一个月
1986 年	妇女对孩子教育期视为享受养老金缴费期；在遗嘱养老金中男女平等

续表

时间	改革内容
1992 年	东德合并，净工资指数化代替原来的总工资指数化，逐步增加失业养老金、残疾人养老金、女性养老金领取的起始年龄，对于早退休引入精算调整，显著地减少教育算作服务期的时间

进入 21 世纪以来，德国政府对社会养老保险制度进行了一系列较大改革。随着人口老龄化的加剧，德国养老保障制度将过去的唯一支柱模式转化为三支柱模式，以应对人口预期寿命延长和低出生率给法定养老金所造成的财政压力，保障公共养老金的可持续发放。在此期间，德国养老保险体系经历了数次改革，其核心改革措施是建立国家鼓励的私人基金积累的养老制度，其改革的标志事件是建立里斯特养老金。与英伦国家和许多其他国家的基金积累模式不同的是，德国创造性地建立了一个国家严格监管的、严格控制市场准入和投资的社会福利市场，打破了过去国家和市场相互区分的二元模式（见表 9–6 和表 9–7）。

表 9–6　德国养老金数次重要改革

改革法案	主要内容	意义 / 成绩
1992 年养老金改革	重点就是取消了以总工资作为调整指数，取而代之的是以净工资作为调整指数，即总工资扣除向养老金缴费后的工资为基数所计算的工资指数作为调整指数，采用净工资指数确定的养老金。特别明显的是，净工资指数水平调整幅度低于总工资的调整幅度。为了应对老龄化风险，政府决定逐步延长退休年龄，男性从 63 岁到 65 岁，启动年份从 2000 年到 2001 年结束；对于女性，退休年龄从 60 岁延长到 65 岁，启动年份从 2001 年一直到 2006 年	是自 1957 年以来德国最大的一次调整。在维持养老金可持续性上影响力太小，在改革时点上来得太晚了，也未能将德国的养老金重新带上可持续的发展道路

续表

改革法案	主要内容	意义 / 成绩
2001 年养老金改革“里斯特改革”	为加强未来公共养老保险的财务可持续性，将德国的养老金由现收现付制度转变为多支柱的制度，通过税收补贴、税收优惠和税收延缴等方式提高基金积累制的第二支柱和第三支柱比例，减轻公共养老金的资金压力。德国转变为多支柱的养老金制度，这次改革也被称为“里斯特改革”	标志着德国从此以后告别了传统型的现收现付制度
2004 年养老金改革	具体措施是在养老金计算公式中加入“可持续发展因子”，即每一个缴费者所对应的养老金领取者人数增加，养老金水平将下降	使养老金的发展水平同制度赡养率（缴费者与养老金领取者之间的相对人口数量）的变化联系起来
2007 年养老金改革	核心是提高退休年龄，在 2012—2029 年把领取养老金的年龄标准逐步从 65 岁提高到 67 岁	在前期改革基本解决了公共养老金的可持续支付问题后，开始着手兼顾公平性诉求，对前期改革进行修正
2014 年养老金改革	一是年满 63 周岁且缴满 45 年养老保险费者可以提前退休并可获得全额养老金；二是引入母亲养老金	通过《法定养老保险改进法案》，提高了部分参保者的养老金待遇水平

表 9-7　2014 年德国养老金改革的主要内容

改革措施	63 岁退休	母亲养老金
内容	缴费满 45 年可以提前至 63~65 岁退休并领取全额养老金	1992 年前生育的母亲（也含少数父亲）养老金计算中计入两分
受益人数	惠及 1951 年 7 月至 1963 年婴儿潮期间出生的部分人群。有数据显示，实施一年后约有 10 万人提前退休	约为 950 万人，每生养一个孩子，西部地区目前每月领到的养老金增加 28.61 欧元，东部地区为 26.39 欧元，即每年多领取 300 多欧元养老金
预计支出	预计 2014 年当年花费 9 亿欧元；2015 年至 2020 年每年约花费 20 亿欧元；2030 年将升至每年 31 亿欧元	预计当年花费 33 亿欧元，以后每年约花费 67 亿欧元。截至 2030 年共新增养老金支出约为 1250 亿欧元
资金来源	法定养老保险缴费（滚存结余）	法定养老保险基金（滚存结余）

从对于法定养老金收支的影响看，无论是63岁退休还是母亲养老金，均会增加德国养老金支出，长期实施也会导致缴费率上升、养老金替代率下降。据估计，实施这两项改革后，全德国每年将为此增加90亿~110亿欧元养老金支出。截至2030年，由此次一揽子改革而增加的支出累计达到至少约1600亿欧元，其中大部分用于母亲养老金。

从对劳动力市场的影响看，德国2014年法定养老金改革会加重劳动力短缺。历经反复博弈和妥协，德国于2007年艰难地决定推行延迟退休改革，几年来政府和企业为让年长工人留职而在培训和保健方面大量投资。然而，这次63岁退休的举措允许劳动者提前领取全额退休金，使得本就面临人口老龄化、劳动力短缺等问题的德国雪上加霜。有数据显示，计划实施一年后约有10万名劳动力提前退休，其中不乏有经验的劳动者。由改革而加剧的劳动力短缺状况恐不利于德国经济持续增长。

从对再分配效应的影响看，改革增进了年长劳动者的退休选择权，提高了部分年长母亲的养老金待遇水平。由于改革成本主要通过养老保险缴费支付，因此是年轻代际向年长代际的再分配。改革对于年长一代劳动者特别是工作年限长、缴费长的劳动者是一种补偿，横向公平有所促进，但对于年轻代际却可能有失公平，因为增加的养老金支出需要依靠缴费形成。

（三）主要特点

1. 由单一支柱向多支柱体系的转变

德国的法定养老金从1957年起就采用现收现付制，这意味着在职者缴纳的保费并不是用来支付其本人的养老金，而是用来支付当下退休人员的养老金。现收现付制具有代际间收入再分配的功能，也因此对人口年龄结构存在着严重依赖——单纯在现收现付制框架内进行紧缩。仅靠法定养老保险自身的适应性调整，不能从根本上化解人口老龄化所带来的财务压力的。德国养老金制度改革更重要的成功经验在于，通过2001年“里斯特改革”把资金积累制下的企业、私人补充养老金（第二、第三支柱）正式纳入养老金体系，以弥补现收现付制下法定养老金（即第一支柱）的不足，实现了单一支柱向多支柱体系的转变。

这一转变意味着资金积累制对现收现付制的部分替代，意味着养老金福利供给的部分“私有化”；其更深远的意义在于，它引入了私有部门，引入了市场竞争，成功塑造了德国养老金“福利市场”，大大提升了相关福利产品的供给效率。首提“福利市场”概念的德国学者努尔迈耶（Frank Nullmeier）评述 2001 年“里斯特改革”时称，福利国家的责任依然在于确保一定的保障水平，但具体福利产品和服务的供给则更多地由市场调节，以盈利为导向的私人经济主体也参与其中；传统的“生产型”福利国家开始向“调控型”福利国家转变，即国家的主要任务不再是为民众制造和提供福利产品，而是对提供福利产品的“福利市场”进行调控。和多数市场化进程一样，“福利市场”的效率明显高于“福利国家”。

2. 现收现付养老金制度替代率逐步下降

传统上养老金调整指数选择消费者价格指数或工资增长率。采取工资增长率进行调整时，需要考虑到人口因素的影响，如果待遇调整忽视人口因素，实际上总工资增长率是下降的，因此，没有考虑在职劳动者下降对制度融资带来的挑战，将危及制度的财务可持续性。

为实现制度财务可持续性，在人口老龄化挑战下，德国公共养老金制度采取了极为相似的组合式改革措施：一是制度内引入考虑人口因素的指数化调整，内化人口老龄化风险；二是改革效果上，综合考虑缴费率和替代率水平的双重约束，政府负责的公共养老金待遇水平会合理下降，值得注意的是，待遇水平的合理下降是以其他补充养老金项目跟进为前提的；三是在改革方向上，逐步从单一的公共养老金制度模式向多层次养老保险制度体系迈进。多层次制度设计在降低改革阻力的同时实现一定程度的风险分散，通过多重制度体系保障离退休人群基本生活水平不下降。如果在没有引入其他收入替代的情况下，贸然降低养老金待遇将使得退休者绝对养老金水平下降，这有悖于社会公众的整体利益，因此，利用不同层次养老保险制度分散不同的风险，才能真正构建起保证国民基本生活水平的安全网。

3. 建立了缴费率和替代率双重约束下的公共养老金调整机制

为实现制度财务可持续时，综合考虑缴费率和替代率水平的双重约束，德国养老金制度引入人口因素指数化调整以内化人口老龄化风险，实现风险的代际分担。2004 年德国养老金改革引入了可持续因子，实现了在考虑净工资增长率的基础上，综合考虑出生率、人口迁移、制度抚养比和劳动力市场情况，以内置稳定器的方式实现制度能够较为独立地应对外部环境的变化。

从缴费率水平来看，调整机制引入人口因素起到抑制缴费率过快增长的作用。虽然采取 DB 制的德国在面临养老金支付压力时，需要缴费率的逐步上升，但缴费率上升的空间越来越小。如果将退休年龄渐进延迟到 67 岁，缴费率存在一定的下降空间，2012 年、2013 年和 2014 年德国法定养老金缴费率[①] 略有下降，分别为 19.6%、18.9% 和 18.7%，初步达到改革时提出的将缴费率水平控制在 20% 以下的目标。

从替代率水平来看，指数化调整机制是影响养老金待遇水平的重要参数。德国可持续因子的引入使得标准退休者毛平均工资替代率将从 2001 年的 48% 下降到 2030 年的 42%，下降幅度为 12.5%。而且德国为预防老年贫困，建立了最低养老金制度。可见，实行 DB 型制度的德国对养老金替代率水平下降程度有一定的限制。

从代际风险分担效果对比来看，现收现付制养老金待遇调整是调节代际分配的重要工具。DB 型养老金制度更加强调在职者和退休者的风险分担，德国公共养老金调整机制的运行通过缴费率适当上升和待遇水平适当下降实现制度财务的可持续，即在职者和退休者共同承担人口老龄化成

① 2012—2013 年法定缴费率数据来源于德国国家统计局网站，网址：https: //www.destatis.de /EN/。

本，例如，德国可持续因子的取值为0.25恰好满足改革确定的缴费率上限和养老金待遇水平的下限要求，制度抚养比每上升1%，需要缴费率上升0.625%，同时替代率水平下降0.375%，这种调整机制的设立体现了德国长期合作主义的传统和对退休者的保护。从政府财政负担程度来看，德国公共养老金支出的资金主要来源于工薪税和政府的财政补贴，并实现比例化。德国政府对公共养老金制度的补贴维持在20%~30%。为满足养老金支出，德国通过开辟税源，分别将消费税和生态税用于养老金支出。可见，DB型筹资模式下的德国其政府财政负担相对较重，是养老金制度十分重要的融资渠道。

4. 引入人口老龄化因子以实现财务自我反馈机制

养老金出现支付危机时，或是通过外部资金的注入（如财政补贴）、提高缴费或降低支出等方式增强制度的自我平衡能力。自21世纪以来，经济持续低迷和人口结构的持续老化，面对缴费率上升和待遇水平下降双重困境的约束，养老金指数化调整成为公共养老金改革的重点。以德国为代表的部分发达国家在公共养老金改革中转换了传统DB型养老金通过提高缴费率以满足支出需要的改革思路，取而代之以固定缴费率，从而对养老金支出形成硬约束。德国可持续因子的设置考虑到持续增加的人口老龄化成本，更加强调制度封闭而独立的运行。德国目前正逐渐偏离初始的纯DB模式，吸收DC制部分以收定支的性质。但与纯粹DC制下个人需要承担待遇下降全部风险不同的是，德国规定了替代率水平的下限，具有一定的兜底担保性质，实现人口老龄化风险在缴费者和退休者之间共同分担，在实现代际公平的同时通过调整机制的预警作用，自动对制度运行的财务状况进行有效监测确保制度财务稳健。

5. 多渠道筹集调整基金，实现政府投入比例化机制化

政府作为养老保险制度的主要发起人，其对公共养老保险制度承担着相应的财政责任。稳定、多元化的筹资渠道对于养老保险制度的运行意义重大。德国财政补贴在较长时间内维持在20%~30%。德国养老金运行实

践表明，不仅要明确财政是养老保险制度筹资的重要渠道，还应该将政府的财政责任比例化、规范化，避免出现财政盈余时任意提高调整幅度，财政赤字时不予以支持的随意性，政府财政投入限制在可控的范围内，避免制度风险裹挟增加财政风险。

二、个人税优养老金

（一）主要类型

1. 里斯特养老金

里斯特养老金是一项可以享受国家资助的个人储蓄性养老金计划，是德国 2001 年养老金改革的突出成果，旨在补充第一支柱，其政策依据是 2002 年 1 月 1 日起生效的《老年财产法》，由原来的德国劳工与社会事务部部长 Walter Riester 设计，并以其名字命名。

（1）基本理念。里斯特养老金利用政府补贴作激励，鼓励民众自愿缴纳个人养老保险，以使退休生活更有保障，从而弥补第一支柱“法定养老金”的萎缩。里斯特养老金完全由政府监管，投资非常安全但不够灵活。

（2）目标群体。里斯特养老金作为个人自愿参加的储蓄性养老保险计划，主要的目标人群包括已经参与法定养老金计划的企业雇员、农业工人和公务员。这些人所属的养老保险系统因人口老龄化都面临着养老金替代率不断下降的局面。德国政府希望通过资助措施激励这些人参加补充养老保险计划，以保证其老年生活水平不下降。里斯特养老金并不覆盖自由职业者及未参与法定养老金计划的员工，之后针对这些群体的需求推出了吕鲁普计划。

（3）产品特征。里斯特养老金产品可以由人寿保险公司、银行、基金公司和德国建房互助储金信贷社提供。里斯特合同也因此存在不同形式，即个人年金保险、银行储蓄计划、基金储蓄计划和所谓“住房里斯特”等。

保险公司、银行和基金公司的产品必须满足政府制定的相关标准，才能得到由德国联邦金融服务业监察署开具的证明。所有已开具证明的里斯特养老产品都可以在监察署的网站上查到。只有购买获得证明的里斯特养老保险产品，投保人才能够申请得到国家的资助。

保险公司、银行和基金公司的产品必须满足如下要求：一是必须保证投保人本金的安全。在领取环节开始时，至少保证个人自己的存款和国家的补贴金额可供支配。但是如果个人在缴存阶段提前终止合同，则有可能损失一些缴费。二是允诺终身年金。除了人寿保险公司的传统年金保险外，对于银行和基金公司的储蓄产品，规定其将领取环节开始时的已有资本的一部分注入养老保险，为投保人在 85 岁以后按月支付养老金。三是最早 62 岁以后领取养老金，也可在法定退休年龄开始后领取。四是可以通过附加合同建立伤残保险和遗嘱保险。五是缔约费用，即签订里斯特合同形成的费用，至少分摊到 5 年，这一条适用于 2005 年以后签订的合同，之前许多已有合同的缔约费用是分 10 年扣除的。六是必须每年以书面形式将缴费的使用情况、现有资金情况、缔约费用、管理成本和盈利情况告知储户（投保人）。

此外，里斯特养老金还具有一些其他特点。例如，不区分性别的差异，男女缴存费用相同就会获得相同的养老金；在领取环节开始时，投保人有权要求将已缴存资本的最多 30% 一次性支付等。

（4）政策调整方向。针对市场反映的问题，德国监管当局对里斯特养老金计划作出了相应调整。一是提高补贴水平。提高对低收入和有子女家庭的直接补贴，特别是年收入 1 万欧元以下的群体。二是设置灵活的支取方式。支取方式由原来的按月支取，调整为可在退休时一次性支取账户的 30%，也可将养老金账户资金用于购买、建造住宅。三是简化产品，促进保单销售。将里斯特计划的 11 项认证条件简化为 6 大规则，并面向社会开设免费课程指导养老金购买。销售成本分摊期缩短至 5 年，有效提升保险公司的销售意愿。

2. 吕鲁普养老金

吕鲁普养老金在德国官方也被称为“基础养老金”，是一种可以享受政府大数额、高比例退税方式的个人自愿投保的商业养老保险计划。其政策依据是 2005 年 1 月 1 日起生效的《老年收入法》。从产品提供方来看，由于吕鲁普计划强制性要求投保人退休时持有终身养老金，因此吕鲁普计划产品的主要提供者是保险公司，只有一小部分产品由基金提供。总体来看，吕鲁普计划增长势头良好，其累计合同数量从 2005 年的 14.8 万份增长到 2015 年的 197.3 万份。但从 2012 年开始，增长幅度日益放缓，其原因可能是目标受众基于饱和以及近年来的低利率大环境（见图 9–4）。

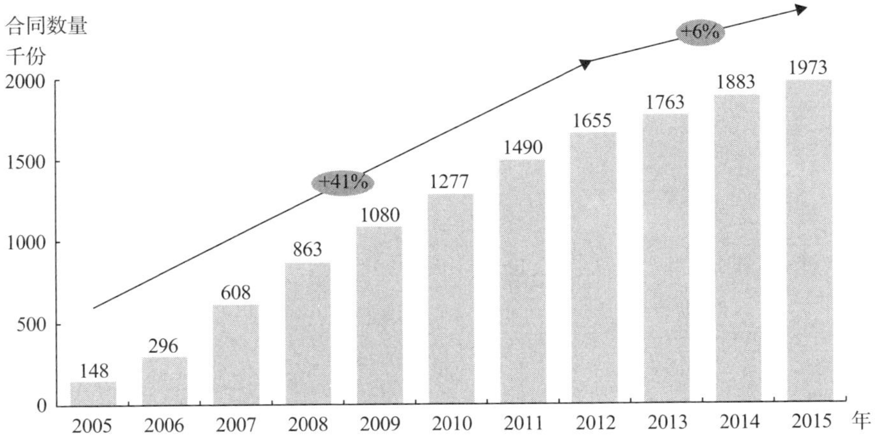

图 9–4　吕鲁普计划累计合同数量（2005—2015 年）

（1）基本理念。吕鲁普养老金任何人都可参与，但该计划专为纳税负担重的人士设计。吕鲁普养老金保证支付终身养老金，即使当参与人可能领取失业津贴时，养老金额度也不能缩减。与里斯特养老金不同，该计划参与人员得不到任何政府补贴。如果被保险人去世，积累资本无法被转让或继承。

（2）目标群体。从受益人群来看，吕鲁普养老金对所有在德国居住和生活的纳税人开放。雇用劳动者、个体劳动者、公务员和退休人员等均可根据个人意愿参保吕鲁普养老金计划。但是，因为雇用劳动者有义务参保法定养老保险，公务员也有独立的养老保险系统，而且他们还有权获得里斯特养老金的国家资助，所以吕鲁普养老金对他们而言只是一份补充保险。但对于绝大多数既不参保法定养老保险，也不属于特定职业养老保险保障范围的个体劳动者而言，吕鲁普养老金无疑要起到基础性的保障作用。因此，吕鲁普养老金在德国媒体上常被称为个体劳动者的养老金。

（3）产品特征。目前吕鲁普养老金产品只可以由保险公司提供，可以是传统的寿险产品，也可以是集保险保障和投资收益为一体的“基金连锁”寿险产品。但是因为可以享受政府税收优惠，因此吕鲁普养老金又不同于普通的寿险计划。从 2010 年起，吕鲁普养老保险产品必须得到审批证明，具体经办机构是德国联邦税务总局。以下是审批要求的一些法定的基本标准：一是养老金为终身年金，按月领取（无一次性支付可能）；二是领取养老金要在年满 62 岁以后；三是养老金诉求不可继承、不可抵押、不可变现和变卖（即使参保人负债，其养老金诉求也不可以被剥夺）；四是可以通过附加合同建立伤残保险和遗嘱保险。

此外，吕鲁普养老金也具有一些其他特点：无最低缴存额；缴存额与收入无关，除了可以选择固定的基础缴费外，投保人还可以自由调整缴费金额；缴费方式灵活，允许保户在月、季度、半年或年中任意选择，特别情况下甚至可以通过一次性缴费建立吕鲁普养老金计划。

（二）支持政策

税收政策是个人养老金发展的第一推动力和重要引擎。德国先后出台三方面的税收优惠政策，促进个人养老金的发展。

一是直接财政补贴。公共养老金的义务参保人、公务员及其他公职人员、农民养老保险的义务参保人等，参加里斯特养老金计划可以直接获得包括基础补贴和子女补贴在内的国家补贴。基础补贴自 2002 年到 2008 年逐年增长，目前为成人每年 154 欧元，已婚夫妇 308 欧元；子女最高补贴为 185 欧元（2008 年前出生的）或 300 欧元（2008 年以后出生的）。同时自 2008 年起，26 岁以下年轻人士参加还能得到最多 200 欧元的一次性特殊奖励。

二是税收优惠和减免。里斯特养老金计划的税收优惠主要在缴费阶段，参保人的全部缴费和补贴可以在报税时作为“特别费用”免征个人所得税，最高免税额与每年最高缴费额一致。雇用劳动者、个体劳动者、公务员和退休人员等参加吕鲁普养老金计划可享受缴费和领取两个阶段的税收优惠。缴费阶段实行分步骤全免税政策，2005 年缴费免税比例为 60%，每年递增 2%，直至 2025 年实现全额免税，2015 年起最高免税额与公共养老金的最高缴费额相匹配且每年调整，2016 年单身人士每年最高免税额为 22766 欧元，夫妻则为双倍，额度可以在夫妻之间自由分配；领取阶段实行过渡期内分步骤征税，2005 年个人所领取的 50% 养老金具有纳税义务，此后每年份额增长 2%，到 2020 年达到 80%，随后每年增加 1%，到 2040 年达到 100%。

三是明确缴费限额。设置缴费限额的主要目的是在效率的基础上关注公平性，防止富有人群滥用税收政策。里斯特养老金计划中缴费与财政补贴相挂钩，所以设有最低和最高缴费限额，2005 年之后缴费限额最低为每年 60 欧元，最高缴费限额为参保人前一年度税前总收入的 4%，2008 年之后最高为每年 2100 欧元，如果缴费额低于 4%，则国家补贴会相应减少。吕鲁普养老金计划不涉及财政补贴，纯粹靠税收政策调节，没有设定缴费限额，可由投保人自由调整选择固定或分期缴费方式。

1. 里斯特养老金的税收政策

里斯特养老金可以同时享受两种方式的国家资助：一种是直接的财政补贴；另一种是将参加里斯特养老金计划的储蓄额作为“特别支出”免征个人所得税。直接补贴额度如表 9–8 所示。

表 9-8　里斯特养老金直接补贴额度

年度	占净工资的最低比例（%）	国家津贴（欧元 / 年）	子女补贴（欧元 / 年）
2002	1	38	46
2004	2	76	92
2006	3	114	138
2008	4	154	185

里斯特养老金属于税收延迟型养老金计划。所谓税收延迟是指个人在养老保险缴费阶段不纳税，在领取养老金时再对这笔养老金收入缴纳个人所得税。从 2008 年起，里斯特养老金缴费阶段可以作为“特别支出”免缴个人所得税的储蓄金额最多为 2100 欧元，其中包含国家直接补贴的金额。如果个人可以享受的免税额度多于个人获得的国家直接补贴金额，那么个人可以在获得国家补贴的基础上再享受额外的税收抵免。纳税人可在个人纳税申请中说明相关情况，最终由税务局通过计算确定对纳税人最有利的资助方式。

除了对个人自愿储蓄性养老保险提供资助外，国家还对企业补充养老保险，即企业年金计划给予里斯特资助。直接保险、退休保险和退休基金这三种形式的企业年金可以得到政府提供的“里斯特补贴”。补贴的条件原则上同个人自愿储蓄性养老保险相同，补贴的多少视个人的家庭状况、子女的数量以及储蓄额度的多少计算。

2. 吕鲁普养老金的税收政策

德国政府对吕鲁普养老金计划实行相同的免税和延税的政策。投保吕鲁普养老金计划的缴费可以作为“特别支出”免征个人所得税。最高免税额每年 20000 欧元（单身）或 40000 欧元（夫妻）。

如果一个个体劳动者既没有参加法定养老金，也未参加特定职业养老金，只是购买了吕鲁普养老金计划，那么政府提供的对养老保险支出的税收优惠则可以百分之百通过吕鲁普养老金实现。但要 100% 免税要到 2025

年以后。2005 年到 2025 年为过渡期，2005 年的免税比例为 60%，之后每年增加 2%（见表 9–9）。

表 9–9　吕鲁普养老金缴费最高免税比例与金额

年份	比例（%）	金额（欧元）	
		单身	已婚
2005	60	12000	24000
2010	70	14000	28000
2015	80	16000	32000
2020	90	18000	36000
2025	100	20000	40000

吕鲁普养老金计划在领取阶段对养老金的征税分步骤实施。2005 年养老金的 50% 具有纳税义务，此后有纳税义务的养老金份额每年增长 2%，到 2020 年达到 80%，随后每年增加 1%，到 2040 年达到 100%。与此相反，里斯特养老金在领取阶段对养老金的征税则不设过渡期。与缴存阶段个人可享受免税的金额逐年增加不同，个人养老金纳税比例在退休当年确定，以后则不再变动。

3. 对两类养老金计划的税收政策评价

里斯特养老金和吕鲁普养老金虽然都属于德国政府推出的新型个人储蓄性养老保险计划，但是两者存在着很多的差异。里斯特计划的税收优惠可以在年底或年初的年度税务申报中直接由保单持有人认领。其补贴由合同提供者（如保险公司、银行等）收取；保单持有人只需在合同开始时填写表格并将其提交给合同提供者，或在有任何改变时（如孩子出生），给合同提供者提供最新的信息。而吕鲁普计划的税收优惠可以在年底或年初的年度税务申报中直接由保单持有人认领。同时，作为新型个人储蓄性养老金计划，两者同一般的个人储蓄性养老金计划也有很大的不同。两者作为税收延迟型养老保险计划，虽然看上去早晚都要课税，但考虑到通货膨胀和累进税率等因素，其减税效应还是非常明显的。年轻人是税收延迟制度的最大受益者。通过对养老保险缴费的免税政策，年轻人可以拥有更大的财政空间为享有高品质老年生活而提早储蓄。

里斯特养老金和吕鲁普养老金在设计之初所针对的人群就不同，因此两者也并不构成竞争关系。义务参保法定养老保险、公务员养老保险和农民养老保险的人群首选里斯特养老金建立补充保险，这些人中收入较高者也可以额外再参加吕鲁普养老保险享受税收优惠。绝大多数无法享受里斯特资助的个体劳动者则选择吕鲁普养老金计划享受政府对养老储蓄的免税优惠。

德国政府推出里斯特养老金和吕鲁普养老金，通过直接补贴、免税与延税的政策实质上将个人储蓄养老保险计划中的完全个人缴费转变为国家缴费和个人缴费相结合的形式，是国家责任和个人责任在养老保险方面的完美结合。极大地激发了德国民众购买个人养老金计划的热情。从推出之日起，里斯特养老金和吕鲁普养老金的签约数量就逐年攀升，特别是里斯特养老金受众面较广。

（三）投资情况

保险公司是德国资管业最大的机构投资者，作为养老金体系第三支柱的重要组成部分。2014 年，德国资产管理行业机构投资者投资占比分别为保险公司 23%、养老基金 12%、银行 8%、其他金融机构 14%。在保险机构投资者中，寿险公司占比最大，为 68%（见表 9-10）。

表 9-10　2012 年德国养老金投资比例　　单位：%

类别	股票	债券	现金收益类	其他（共同基金、房地产、贷款）
百分比	3.7	41	2.3	51

德国养老金资产配置主要呈现以下三个方面的特点。

1. 养老金的资金配置倾向于保证型产品

从客户需求偏好来看，德国消费者普遍对投连型产品缺乏兴趣，希望更多资金配置到保证型产品上。特别是在经济危机期间，保险客户希望寻求更多保障，使得投连业务给退保保证金带来的正面影响不断缩水。2000—2003年互联网泡沫危机期间，德国指数型寿险产品的比例下降16个百分点，而在2008—2011年全国金融危机期间，其比例更是下降24个百分点。还有数据显示，在德国保证型投连产品要比非保证型产品卖得好。同时，德国市场常见的传统保证型产品在Solvency Ⅱ出台后利润率大幅度下降，于是出现一些创新保证型产品取代传统产品。

投连型保险 APE 在新业务总额中的比例详见图 9–5。

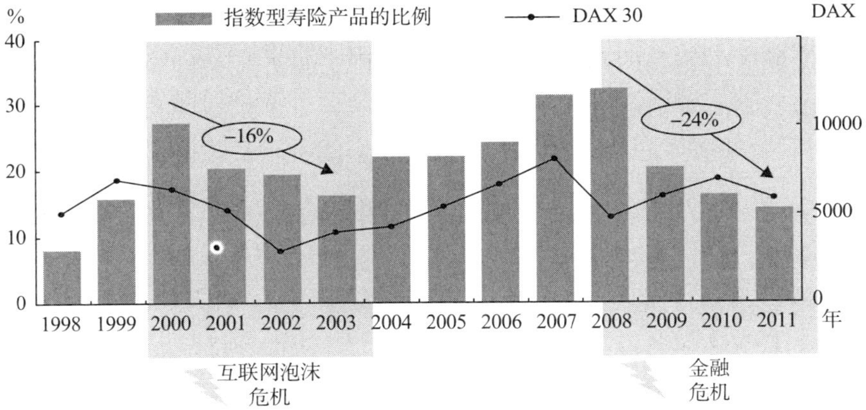

资料来源：Deutsches Aktieninstitut (DAI);GDV;Hoppenstedt; TowersWatson;dpa;Thomson Financial Datastream.

图 9–5　投连型保险 APE 在新业务总额中的比例

但是，德国市场上常见的传统保证型产品存在回报低、风险高的特点。一方面，传统保证型产品的利润率很低。很大一部分保费扮演着储蓄的角色，投资于目前很低的市场利率，如 10 年期的德国政府债券收益率仅为 0.055%；另一方面，传统保证型产品成本偏高。其对上一代人作出的保证承诺成为企业的巨大负担，平均保证利率为 3.4%。此外，该类产品的监管要求逐步提高，需要累积非常高的安全资本缓冲，特别是在《偿付能力监管标准Ⅱ》的资本要求之下，风险资本成本偏高。

目前，德国市场上出现以创新保证型概念取代传统保证型产品的趋势，新型产品呈现以下三个方面的特点。

一是采用与指数挂钩的结构。通过与指数回报相结合的累积保证，且完全通过外部机构（通常是投行）进行对冲，以实现保证。同时，通过降低保单持有者在指数化回报中的分红水平，来负担保证成本。

二是动态混合。建立投连型基金组合中的累积保证机制，这是一种固定比例投资组合保险机制，主要应用于个人保单账户，通过对交易成本的“摩擦再平衡”，来负担保证成本。

三是“简化”可变年金。即运用衍生品工具开展动态对冲，由此形成保证，保证成本的表达形式是投连型基金的固定比例。2008 年以后，逐步对产品进行了改进，以降低“保证力度”。

2. 养老金资产配置中固定收益类比例较高

从养老金投资结构来看，2014 年德国保险行业资金运用中固收类占比高达 84%，股权类投资比例仅占 7%。

德国保险业一般账户历年资产配置详见图 9–6。

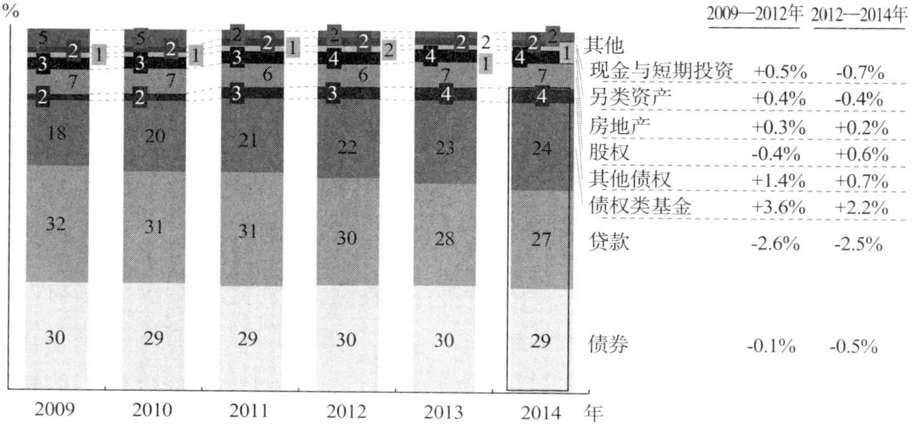

图 9–6　德国保险业一般账户历年资产配置

德国保险资金资产配置比例主要是基于以下三个方面的原因：一是德国的通货膨胀率长期维持较低水平，近年来长期维持在3%左右，使得有利于险资持有固定收益类资产。二是德国保险消费者偏好中长期限、保证收益的投资产品。德国社会老龄化加剧，消费者更渴望稳定的回报，也逐步形成了对保证收益产品的依赖。目前，德国传统寿险产品90%以上都有保证收益，且期限长达25年以上，且投连产品市场份额远低于英美国家。三是监管层对资产投资数量限制与偿付能力监管制约高风险资产配置。德国监管层通过划定限制资产，施加严格的比例限制，限制资产主要集中于影响保险公司保单赔付能力的资产，此类资产约占保险公司总资产的90%以上。其可投资资产类别限制在六大类，包括贷款、债券、资产支持证券/信用票据、股票/基金、房地产、信用机构，对于不同资产类别设定严格的比例与集中度限制，且限制资产投资的货币必须与保险合约偿付的货币相匹配。此外，监管层还通过对资本金要求制约激进投资策略，促进保险公司实施高评级、期限与货币匹配、风险分散的投资行为。

3. 养老金投资房地产及基础设施逐年升温

2008年，德国养老金被允许投资房地产。近年来，为提高投资收益率，德国养老金在固定收益类配置中债基的配置显著增加，同时积极增加了房地产和基础设施投资，以及另类投资。保险资金配置在房地产的比例从2009年的3.3%提升到2014年的3.7%，并呈现逐年上升的趋势。同时，德国许多大型保险公司陆续开展能源类的基础设施投资，比如德国安联保险公司近年来在风能、太阳能等清洁能源设施投资超过60亿欧元，苏黎世保险公司试行新的资产配置策略，改变投资组合，减少债券增加基础设施投资。

养老金资产配置向房地产和基础设施倾斜，主要基于以下几个方面的原因。从投资期限来看，房地产和基础设施投资持有期限通常是20~30年，与最低收益保证产品的长期限匹配度较高。其资金占用量较大，适合大体量的保险机构投资者。其资产组合收益率适中，且与证券市场相关性比较低，同时能够有效抵御通货膨胀。整体来看，房地产和基础设施投资相较于传统投资具有诸多优势。此外，保险公司还尝试增加了一些另类资产的投入，如大宗商品、对冲基金和私募基金。但是随着 2012 年偿二代监管要求的改变，近年来对另类资产的投资又有下降趋势。

（四）市场情况

从整体看，里斯特养老金计划在 2006—2008 年受益于政策刺激大幅增长，随后增长总体趋于停滞。2008 年的政策放宽，养老金账户资金被允许投资房地产，使得里斯特养老金计划中用于房地产建造或购买的产品比例大幅增长。2016 年德国社会围绕养老金体系争议不断，里斯特养老金计划更是成为争论的焦点，受到政界人士及消费者保护团队的严厉批评。从运行情况来看，里斯特养老金并未如预想的那样，为法定养老金提供期望的大力补充（迄今共有 1650 万份合约）。有 1/3 的合约未获得政府补贴，原因是并未申请或缴费额太低不够全额补贴标准；有 1/5 的合约处于搁置阶段，意味着并不会向账户缴费（见图 9–7）。

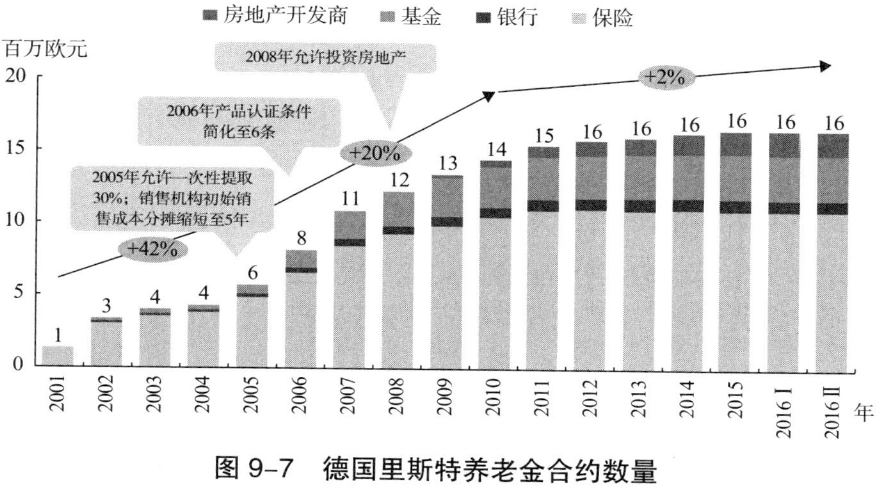

图 9–7　德国里斯特养老金合约数量

里斯特养老金停滞不前主要有五个原因：一是产品复杂，限制条件较多。与其他储蓄产品相比成本过高，其中管理成本高达 20%，而普通基金积累制寿险仅 10%。产品条款复杂，消费者难以理解并与其他产品比较。二是支取方式不够灵活。初期无法领取养老金，如果不在欧盟 / 欧洲经济区范围也无法领域养老金。养老金只能够在退休后按月领取，无法一次性支取更高额度，也不能预借，因此无法帮助投保人用于大额支出或应急。三是机制僵化。要想获得全额补贴，每次有信息变更（如小孩出生）都需重新申请。四是流程繁杂，且销售成本回收期长。保险公司和银行等供给方认为申请和管理流程过于复杂，降低了产品的吸引力和盈利性。按照监管规定，初始销售成本被要求分摊至前 10 年，供应方无动力销售。五是保障不足。里斯特养老金的设计方向是针对低收入和有子女家庭，但对这部分群体的保障程度过低，无法满足养老需求。

（五）监管体系

德国是混业监管的代表国家，其银行业、保险业、证券业等均由联邦金融监管局（BaFin）统一管理。联邦财政部长对联邦金融监管局负责；主席负责统筹内部沟通、协调、发展策略及国际关系等事项。联邦金融监管局下辖银行、保险及养老金、资产管理和投资、内部行政及法律、消费者保护和金融市场等多个独立监管部门。德国保险监管的内容，主要集中在对保险市场准入、市场行为、财务风险以及保险资金运用的监管等方面。德国商业养老保险的日常监管机构是联邦金融监管局（BaFin）。

从保险政策制定来看，主要由德国中央政府负责。中央政府负责里斯特和吕鲁普计划相应法律法规的制定、补贴和税收优惠。其中，里斯特计划由前劳工和社会事务部长 Walter Riester 领导的委员会制定，其法律依据是 2002 年发布的退休储蓄法案。而吕鲁普计划是依照 2004 年颁布的养老金收入法设立，该法律于 2015 年 1 月 1 日正式生效，最初由 Bernd Rürup 领导的政治委员会发起。德国的地方政府不参与两大计划的监管，地方政府可以对关于养老金系统的新法律投反对票，但它们对两大计划的政策影响效果较弱。

从产品准入来看，里斯特和吕鲁普养老金计划分别采用了不同的认证标准。由联邦金融监管局负责认证过程审核，以确定养老金的投资产品是否满足所有认证标准。对于里斯特养老金计划，最初设定了 11 个标准，到了 2006 年，标准减少为 6 个，使里斯特养老金计划的产品认证要求更容易被理解和达标，其内容包括养老金最低给付金额、反性别歧视、保险合同执行年限、信息披露等。对于吕鲁普养老金计划，产品准入标准更为细致，主要包括保险合同执行年限、养老金给付标准、残疾与死亡福利等。

三、启示

（一）充分发挥税收政策的调控作用和激励作用

税收激励政策是个人养老金发展的第一推动力和重要引擎，德国养老金税收政策中同时运用了直接财政补贴和税收优惠和减免，还明确了缴费限额，既具有普惠型，又体现了公平性。我国对不同层次的养老保险计划也采用不同的税收政策。目前我国一方面，对个人储蓄性养老保险计划缺乏个税减免的优惠。建议借鉴德国吕鲁普养老金和里斯特养老金的经验，适时推出享受政府税收优惠的新型个人储蓄性养老保险计划。在推广的过程中为了减轻政府因税收减少而承受的压力，可以考虑采用德国延迟纳税制度分步骤实施的做法。另一方面，我国对基本养老保险给予的免税政策主要惠及正规就业的企业职工，而绝大多数的个体劳动者（个体工商户、自由职业者和一些灵活就业人群）因多种因素没有参加基本养老保险，也就无法享受政府给予的免税优惠。单纯依靠延税、减税措施会使原本就无税收负担的低收入者无法受益，这不但有失公平性，而且也不符合中国目前缩小居民收入差距的精神。可以借鉴德国吕鲁普养老金的成功经验，采用税收优惠和直接补贴两种方式相结合的资助方式使这类群体同样从养老金税收优惠中受益。

（二）养老金制度设计应简单明晰易操作

里斯特养老金计划和吕鲁普养老金计划同属政策激励型个人养老金，但两者存在差异。里斯特养老金计划推出虽早，但已停滞不前，主要原因是制度设计僵化、流程复杂。后来的吕鲁普养老金计划作了改进，取消最低缴存额的限制，缴费方式灵活简便，从制度设计上保证了简便易行，推出后受到好评，2005—2012 年年均增长 41%，近三年因市场接近饱和以及收益水平不太乐观等影响，增长放缓，年均增长 6%，但也远高于里斯特养老金计划。我国要出台养老金计划也要考虑制度设计上简明清晰，易于操作，这样更容易被接受。

（三）注重发挥商业保险的作用

德国注重发挥商业保险在个人养老金中的作用，主要体现在：一是吕鲁普养老金计划只可由商业保险公司提供；里斯特养老金计划早先由商业保险公司独家经营，后放开到基金、银行和地产，但商业保险仍占绝对垄断地位。二是商业保险提供丰富多样的产品，既包括传统的寿险产品，也包括终身养老金产品，还有集保障与投资于一体的投连保险和万能保险等。

我国与德国具有相似的社会保障体系，也面临公共养老金一支独大转向三支柱并行的改革需求，商业保险机构在多年的发展中积累了较为丰富的精算控制和投资风险管控策略，最适合与潜在投保人群接洽并推动养老金体系的建立，应该充分发挥商业保险的作用。

（四）建立跨支柱的个人养老金账户体系

德国缺乏养老金个人账户体系，导致人们对于个人缴纳及未来所得没有概念，无法清楚明确地了解个人退休后实际可获得的养老金。且德国过于强化多层次养老金体系建设，政策制度较为复杂，难以得到公民的普遍理解。同时，政策调整变动过快，不利于推动执行，不利于第二、第三支柱发展。建议我国借鉴北欧的个人养老金账户体系。

（五）明确政府职责，进一步保护投保人权益

改进税收政策，通过税收政策改革鼓励人们购买养老金产品。加强风险控制，通过对保险公司偿付能力、投资策略的监管确保金融机构的金融能力和发展可持续性，明确可投资与房地产、股票等风险资产的上线。防止金融泡沫，通过强化房地产和金融的严格监管，防止泡沫滋生。

（六）激发市场活力，将产品创新与销售推动的责任交给金融机构

高偿付能力的资本需求、不断变化的客户需求，以及整体较低的利率环境都在促使德国金融机构从根本上重塑业务模型即从传统的保障型产品转向更多元产品创新。我国保险市场巨大，且互联网金融发展速度超前，需引导市场进行更加积极的产品创新，改良传统的作业流程和产品。

分报告十　意大利

意大利位于欧洲南部，是欧洲四大经济体之一，也是欧盟和北约的创始会员国，是欧元区核心国家。国土面积为 30.1 万平方公里，人口为 6002 万人，2015 年 GDP 经济总量为 1.815 万亿美元，列世界第十位。

意大利养老金制度至今已有百余年历史，经历了制度建立、发展、危机、改革的过程，目前已形成三大支柱有效互补的局面，公共养老金计划在养老体系中比重最高，补充性的职业养老金计划、个人养老储蓄计划是非强制性的，企业和个人可自愿缴费，弹性更大。

2014 年主要经济社会指标详见表 10–1。

表 10–1　2014 年主要经济社会指标

	意大利	OECD 平均
平均工资（USD）	36891	40007
公共养老金支出占 GDP 比重（%）	15.8	7.9
寿命期望（出生时）	82.3	80.0
（65 岁时）	20.4	19.3
65 岁以上人口占比（%）	21.7	16.2

数据来源：“OECD（2015）, Pensions at a Glance 2015: OECD and G20 indicators, OECD Publishing, Paris. http://dx.doi.org/10.1787/pension_glance-2015-en.

一、养老金体系

（一）现行架构

意大利已基本形成由公共养老金计划、补充性的职业养老金计划、个人养老储蓄计划三个支柱构筑的养老金体系框架。第一支柱为强制性的公共养老金计划，是养老金体系的重要组成部分，覆盖包括国家公务员、私营企业工作人员以及自雇劳动者在内的所有工作人员，雇主和雇员必须同时缴纳社会保险费。第二支柱是补充性的职业养老金计划，个人自愿参加，实行基金积累制，雇主和雇员均承担一定的缴费义务，其缴费额全部进入个人账户。第三支柱是个人养老储蓄计划，实行基金积累制，由分散化的金融机构进行市场化投资运作和管理。

表 10-2 意大利养老金体系

各支柱	累积和风险承担	管理	参加	产品种类
公共养老金计划（第一支柱）	现收现付制度 根据受益人年龄确定缴费比例	主要由国家社会保险局（INPS）进行管理	雇主、雇员均强制性缴费	1. 企业私营部门等普通劳动者公共养老金计划 2. 国家雇员的公共养老金计划 3. 自由职业者及特殊行业的公共养老金计划
职业养老金计划（Occupational Pension）（第二支柱）	基金累计制 雇员在离职后，可将累计余额转到新雇主的计划中或参加个人养老金计划	通过外部养老基金管理机构进行管理 其中，资产由银行、保险公司、基金管理公司等进行管理；养老金待遇给付和任何附加的保险需委托给保险公司管理	雇主：公司的支持与提供的劳动契约相关 雇员：自愿	1. 封闭式养老基金（closed/contractual pension funds） 2. 开放式养老基金（部分）（open pension funds, collective basis）

续表

各支柱	累积和风险承担	管理	参加	产品种类
个人养老储蓄计划（第三支柱）	基金累计制	通过外部养老基金管理机构或其他形式进行管理 其中，资产由银行、保险公司、基金管理公司等进行管理；养老金待遇给付和任何附加的保险需委托给保险公司管理	自愿	1. 开放式养老基金（open pension funds, individual basis） 2. 寿险年金、储蓄保单等其他私人养老保险产品（individual pension plans, PIPs）

（二）历史沿革

20 世纪 90 年代以前，意大利养老金制度建立、发展和不断走向危机的过程，而此之后是深化改革、走向整合的过程。

意大利养老金制度最早起源于 1898 年的工人伤残年老保险国家基金（CNAS），第二次世界大战后意大利建立了民主共和国，受德国俾斯麦模式的影响，其养老金体制建立在雇佣劳动关系的基础上，由雇主和雇员同时缴纳社会保险金，体现社会互助的价值理念。

意大利养老金体系下的退休人员能获得很高的养老金替代率。20 世纪六七十年代是意大利工业经济发展的黄金时期，由于经济增长幅度较快，制度给予退休劳动者过多的权益。1969 年，意大利颁布的第 153/69 号法案进一步确立了收入关联型的养老金给付计算方法，养老金替代率曾经一度高达 95%。即使到 20 世纪 90 年代初，意大利退休职工养老金的总和替代率平均达到 78.8%，远高于经合组织国家同期 56.9% 的平均水平。公共养老金计划提供过高程度的养老保障，导致很少有人关注补充养老金储蓄计划，只有自雇人员和高收入人群对补充养老金储蓄计划所提供的税收优惠感兴趣，很大程度上限制了第二、第三支柱的发展。

为了促进补充养老金体系的发展，意大利政府采取了许多措施，对养老金体系进行改革，其中最著名的是《124 号法令》和《335 号法令》。1993 年 4 月 21 日颁布的《124/1993 号法令》适用于所有的雇员，不论是公共部门、私营部门、自由职业者及特殊行业的职员都可以成为养老金体系的一员，并通过立法认可了补充养老金体系。《124 号法令》规定雇员缴费可以享受 27% 的税收优惠，缴费最高限额为 250 万里拉，养老金领取环节需缴纳总保费（包括雇主缴费和雇员缴费）15% 的所得税，并未在投资环节给予税收优惠，但通过《585 号法令》（1993 年）为养老基金投资设定了 0.125% 的税率。1995 年，意大利颁布了《335/1995 号法令》，对《124/1993 号法令》进行改进，取消了总缴费 15% 的所得税，细化税收优惠细则，规定税收优惠限额为收入的 2%，改法令不仅指导了公共养老金体系的发展，同时还指导了补充养老金体系的发展，将补充养老金体系划分为第二支柱和第三支柱。此后，意大利针对由此创立的法规进行了不断修订，并于其他法规相互整合，包括涉及税收改革的《47/2000 号法令》《168/2001 号法令》。

意大利养老金体系在 1995 年前后出现分水岭，1995 年以前，公共养老基金总体上来说是缴费收入大于养老金给付支出，而自 1995 年以后，养老保险基金就入不敷出，制度运行也面临着不可持续的风险。在 20 世纪 90 年代，意大利进行了几次较大的重大改革，如 1992 年的阿玛托改革（Amato,1992）、1995 年的迪尼改革（Dini, 1995）和 2010 年、2012 年的改革（Sacconi-Tremonti, 2010；Fornero-Monti, 2012），其目的是应对日渐沉重的养老金支付压力，维持养老基金的可持续运转。改革主要内容包括逐步提高退休年龄，调整养老金计算方法和参数，从受益关联型逐步转向缴费关联型、引入名义账户制、改造传统的现收现付制、推动发展补充养老金体系等。

近 20 年来，意大利对养老金制度的改革一直在积极努力地向前推进，但福利制度的改革很难一蹴而就，这是一个艰巨和长期的过程。

（三）监督与管理

1. 第一支柱的监督与管理

意大利公共养老金体系具有一定的分割型特征，即根据保障对象的不同而实施分类管理。

企业私营部门等普通劳动者参加国家社会保险局（INPS）管理的养老金计划，国家社会保险局（INPS）是意大利最大的社会保障与福利机构，由劳动与社会保障部（Ministry of Labor and Social Security）负责监管，为工业行业、商业及金融等行业参保人提供养老金、家庭津贴、事业补助等保障；国家雇员参加国家雇员保险局（INPDAP）管理的养老金计划；自由职业者及特殊行业参加分别由各行业协会（如CASSE、INPGI、ENAPAI、IPS等）来组织管理的养老金计划。各类计划的缴费和待遇水平都有显著差异，总体上国家雇员的养老金缴费和待遇都较高，自由职业和特殊行业缴费率和保障待遇均较低。

总体来说，在公共养老金体系管理当中扮演比较重要角色的机构有国家经济财政部和国家社会保险局。

2. 第二、第三支柱的监督与管理

意大利养老金体系第二、第三支柱的养老金管理主要通过外部养老基金管理机构或其他形式进行管理，资产由银行、保险公司、基金管理公司等进行管理，但养老金待遇给付和任何附加的保险需委托给保险公司管理。

此外，根据《124/1993号法令》和《335/1995号法令》的规定，意大利补充养老金均由养老基金监管委员会（Pension Funds Supervisory Commission, COVIP）负责监管，服从相同的法规（包括税收优惠政策等），该委员会具有独立的组织结构和管理体系，并与劳动部、财政部联系紧密。总体上看，养老基金监管委员会对养老基金进行监管，各类专业化监管部门对养老基金的各参与方进行监管。在监管的某个阶段，也可由养老基金监管委员会与监管参与养老金运作的金融机构的专业化管理机构来共同进行监督。

（四）养老金体系特点

1. 公共养老金体系分割化

意大利按职业、行业的不同设立不同的公共养老金计划和管理机构。企业私营部门等普通劳动者参加国家社会保险局组织管理的养老金计划；国家雇员参加国家雇员保险局管理的养老金计划；自由职业者及特殊行业参加各行业养老金计划（共 21 类）。各类计划的缴费和待遇水平都有显著差异，总体上公共部门养老金比私人部门慷慨，并且由于各计划之间的管理相互独立，难以实现管理的规模经济及约束财政的支出。此外，分割化的体系不利于劳动力在公共部门与私营部门、不同行业间的流动。

2. 公共养老金计划的高缴费率、高替代率

现阶段，意大利普通劳动者的公共养老金计划按工资的 32.7% 比例缴费，公职人员养老金缴费率为 32.95%。据相关机构的统计，意大利社会保障税率大于 40%，超过同期欧元区平均税率水平。20 世纪 90 年代初，意大利退休职工公共养老金给付的替代率平均达到 78.8%，虽然从那时起意大利就开始对公共养老金政策进行改革，但依据现行法规，截至 2035 年退休的员工，其公共养老金给付的替代率依旧能达到 67.3%。较高的养老金第一支柱替代率，满足了退休人员绝大部分的收入需要，在一定程度上抑制了意大利养老金体系第二、第三支柱的发展。

二、第三支柱

（一）主要类型

个人养老储蓄计划以个人养老金账户为基础，个人可以自主购买、自愿缴费，主要包括保险公司管理的寿险年金、储蓄保单以及各类金融机构

管理的开放式养老基金。

寿险年金、储蓄保单等个人养老保险产品，通过长期契约保单形式管理个人养老金缴费，保险公司负责管理缴费和进行养老金待遇的给付，为个人进行长期的养老理财规划。

开放式养老基金产品是由银行、保险公司和资产管理公司等金融机构建立的退休计划，创立开放式养老基金的金融机构负责在累积阶段管理确定的缴费，在养老金待遇给付和附加保险（残疾待遇和遗属待遇）环节必须由寿险公司负责，属于自愿性的商业养老金计划。

（二）支持政策

意大利立法中对于商业保险中寿险保单能否作为养老金第三支柱享受税收激励待遇作出了明确规定，寿险产品在满足一定标准的前提下，可享受税收激励政策，如给付年龄要求、采取一次性给付方式等。

（三）市场情况

私人养老保险计划（PIPs）主要的产品形式为由商业保险公司遵循养老金计划规则设计的契约型保险合同产品，如储蓄类寿险年金产品（saving-oriented life insurance）等。产品仅限于个人购买，且后续资金不能进入封闭式、开放式的养老基金产品中。

目前，意大利商业保险公司有两类私人养老保险计划的产品，分别为分红型（with-profit）和投资连结型（unit-linked）。通常，分红型产品为客户提供一个保证的最低年利率，并根据当年投资收益的实际情况分配盈余的红利；投资连结型产品没有保证的年利率，在任何时刻的价值是根据其投资基金在当期的投资表现来决定的，在某些情况下提供两者组合的保险产品，以满足客户更多的风险偏好需求。此外，保险公司可针对私人养老保险计划增加额外的特定保障服务，如身故保障、长期护理保障等。

私人养老保险计划产品可设置任意的缴费频率及缴费金额，缴费金额也可按照通货膨胀系数进行逐年递增，以确保养老账户的抗通货膨胀性。此外，客户可设置用一定比例的政府退休金给付缴纳该类产品的保费。

因此，由保险公司提供的私人养老保险计划产品与养老基金类似但有所区别，相同点在于税收优惠、可转化性、监管政策等方面，而不同之处在于产品形态等方面（见表 10–3）。

表 10–3　私人养老保险计划与封闭式、开放式养老基金的区别

	私人养老保险计划	封闭式、开放式养老基金
产品形态	有如下三种形式可供选择： 1. 分离式保本基金（segregated traditional funds），其投资收益有最低保证 2. 投资基金（unit-linked funds / equity funds） 3. 保本基金与投资基金的自由搭配（mixed asset allocation） 此外，产品还会包含额外保险保障，如身故保障、长期护理保障	同传统的共同基金，投资收益没有最低保证
缴费区别	任意的缴费频率及缴费金额	根据既定劳动契约及产品形态确认
相关费用	较高	较低

以意大利忠利保险的 Genera Futuro 产品为例，表 10–4 详细介绍了该私人养老保险产品在形态、保障等方面的内容。

表 10–4　忠利保险 Genera Futuro 产品形态

	特点	备注
产品形态	有如下 4 种形式可供选择： 1. 保本基金（segregated funds） 2. 投资基金（equity funds） 3. 60% 保本基金 +40% 投资基金 4. 40% 保本基金 +60% 投资基金	可选择的形式类型根据被保险人年龄、临退休年限和风险偏好程度进行一定限制 投保后 4 种形式可相互转化，向第一种保本基金转化不收取费用，其他需收取一定的费用

续表

	特点	备注
保障	满期保障：最高可将满期保险金的 50% 转化为年金方式进行领取 死亡保障：在缴费累计期身故，约定保额给付 长期护理（LTC）保障：在缴费累计期出险，提供失能年金	满期后选择的年金给付类型有： 1. 终身年金（life time annuity） 2. 可逆终身年金（reversible life time annuity） 3. 终身年金与死亡账户余额结合的给付（life time annuity and account value upon death） 4. 根据法规可调整的年金给付（reviewable annuity rates as regulated by the local authority）
管理费	在缴费累计期不收取费用，满期转换为年金给付部分收取 1% 的费用	
退保	无惩罚	法规规定

三、商业保险及其作用

（一）商业保险的历史沿革和架构

意大利的保险业发展具有悠久的历史，其保险市场在全球也具有比较重要的地位。意大利的总保费量在 20 世纪 90 年代不断上涨，而后受到 2008 年国际金融危机的影响开始略微下降，从意大利保费量占比世界份额来看，也是呈现 20 世纪 90 年代后不断增加但过后开始下降的趋势，其总量排名基本保持在世界第六、第七名的水平。

意大利保险市场可分为非寿险市场和寿险市场，是遵循国际惯例的一个分类。按此分类标准，意大利的寿险业务基本相当于中国保险监管机关所定义的人身保险业务。其中，非寿险是指寿险以外的一切保险业务的总称，包括广义财产保险和短期人身保险；传统的寿险包含了定期寿险、终身寿险、养老保险、长期护理保险等传统保障类寿险产品，而除此之外，储蓄类寿险产品是将传统的寿险保障属性与分红型、投资连结型等属性结合的一类产品。

规模上来看，金融危机后最近几年虽然意大利寿险保费的增量率不及非寿险，甚至在特定年份出现了大规模的下滑，但寿险保费量仍远超非寿险保费量，意大利保险市场保费规模及其增长率可参见图 10–1。

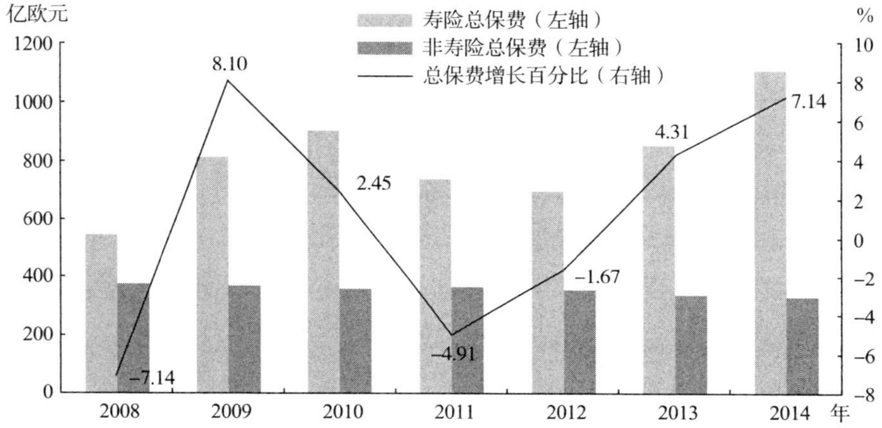

图 10–1　意大利保险市场总保费（2008—2014 年）

意大利储蓄类寿险产品的发展显得尤为突出，从 20 世纪 80 年代末开始，银行开始与保险公司开展合作，推出保障类寿险产品，产品保险金额较低、期限较短，主要投资于债券，此类产品在后来的发展中出现了零存整取、额外附加退休金以及单收入家庭保障等比较受欢迎的形式。尤其是近三年里，由于低利率导致投资资金逐渐从银行储蓄、投资基金等转向储蓄型寿险产品，意大利寿险市场总保费总规模出现年均 20% 以上的增长率。

此外，由于意大利法规对满足一定条件的寿险保单可作为享受税收激励待遇的第三支柱养老金作出了规定，也进一步促进了意大利寿险年金等其他私人养老保险计划（PIPs）产品的发展。

（二）商业养老保险产品及市场情况

1. 产品种类

在意大利养老金体系下，除了第一支柱公共养老金计划为强制性外，商业养老金产品存在于作为补充养老金供给的第二、第三支柱部分，所涉及的产品主要包括独立的养老基金、私人养老保险产品等商业养老金产品类型。相应的产品种类具体可见表 10–5。

表 10–5　意大利商业养老金产品种类

<table>
<tr><th>所属支柱</th><th>产品</th><th>类型</th><th>特点</th></tr>
<tr><td rowspan="2">第二支柱</td><td>封闭式养老基金产品
closed/contractual pension funds</td><td rowspan="2">职业养老金计划</td><td>某些企业、群体、行业和地域建立的契约型基金</td></tr>
<tr><td>开放式养老基金产品（部分）
open pension funds(collective basis)</td><td>金融机构（银行、保险公司和资产管理公司）建立的退休计划</td></tr>
<tr><td rowspan="2">第三支柱</td><td>开放式养老基金产品
open pension funds(individual basis)</td><td>自愿性商业养老金计划</td><td>金融机构（银行、保险公司和资产管理公司）建立的退休计划</td></tr>
<tr><td>寿险年金、储蓄保单等其他私人养老保险产品
individual pension plan（PIPs）</td><td>私人养老保险计划</td><td>长期契约型的养老金缴费</td></tr>
</table>

封闭式养老基金成立的形式有两类：一类是由雇主和雇员从公司层面发起成立的公司型养老基金（company pension funds）；另一类是依据雇主协会（employee’s association）和雇员协会（trade union）之间达成的协议而建立的行业型养老基金（industry-wide pension funds），此类基金是拥有组织结构的独立法律实体并存在集体协商机制，适用于某些企业、群体、行业和地域，目前运作的较大规模的行业型养老基金具体可见表10–6。

表 10–6 意大利封闭式养老基金产品

序号	所属行业	基金名称
1	工业行业（the industrial section）	Previndai
2	化工行业（the chemical section）	Fonchim
3	能源行业（the energy section）	Fondenergia
4	金工行业（the metal and mechanical section）	Cometa
5	通信行业（the telecommunication section）	Telemaco
6	航空行业（the aviation section）	Previvolo

2. 市场潜力及规模

在市场潜力方面，虽然意大利第一支柱的养老金待遇水平普遍较高，满足了退休人员绝大部分的收入需要，但针对公共养老金历次改革之后，公共养老金的给付替代率逐年下降，在未来个人为满足退休后养老需求，商业养老金产品市场的需求预计会逐渐增大（见表 10–7）。

表 10–7 意大利公共养老金的给付替代率

缴费开始年限	缴费年限（年）	退休时的替代率（%）
2000 年	35	67.3
2010 年	35	67.1
2020 年	35	56
2030 年	35	49.6
2040 年	35	48.5
2050 年	35	48.1

在市场规模方面，商业养老金产品总体上发育还很不充分，目前只覆盖全部人口比例的 10% 左右，商业养老金产品的市场发展空间巨大。根据养老基金监管委员会的数据，开放式、封闭式养老基金、私人养老保险计划及存量基金的资产规模及人数见表 10–8。

表 10-8　意大利商业养老金产品市场的资产规模及人数（截至 2008 年底）

产品类型	资产规模（亿欧元）	占比（%）	人数（万人）
封闭式养老基金	140.9	23.0	204.4
开放式养老基金	46.6	7.6	79.8
私人养老保险计划	65.9	10.8	131.4
存量基金	359.4	58.6	67.7

纯商业性的私人养老保险计划产品只有为数不多的高收入阶层购买，例如，大多数为如经理层、银行和保险从业人员，但随着意大利公共养老金替代率下降而导致的个人养老需求增加，以及私人养老保险计划产品税收政策的普遍激励，其资产规模及参与人数都成逐年快速上涨趋势。根据养老基金监管委员会的数据，私人养老保险计划近年的资产规模及人数见图 10-2。

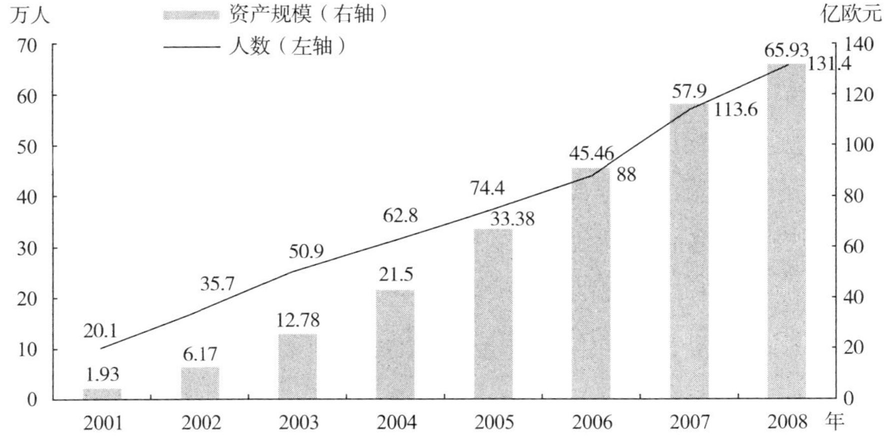

图 10-2　意大利私人养老金计划资产规模及人数（2001—2008 年）

（三）养老金投资

在意大利，第三支柱养老金是由银行、保险公司、基金管理公司等创立的独立财产，资产各自公司等根据发行的产品进行管理，但养老金待遇给付和任何附加的保险需委托给保险公司管理。其中，与第三支柱的开放式养老基金不同，保险公司的私人养老保险计划产品（如寿险年金类产品）不用经过养老基金监管委员会审批即可成立，但也需要符合保险监管局（Supervisory Authority for Private Insurance Undertakings and Insurance Undertakings of Public Interest，ISVAP）、私营保险监督协会（Institute for Private Insurance Surveillance）的规定，在私人养老保险计划产品的投资方面，保险公司可以自行投资也可委托给专业的资产管理公司进行管理，投资限制上不但需遵循保险行业的法规《209/2005 号法令》（*Code of Private Insurance*），但最主要的需遵循一个由养老基金监管委员会牵头制定的投资限制。

意大利养老金投资遵循审慎、长期的原则，为了防止封闭式养老基金、开放式养老基金与私人养老保险计划投资间的利益冲突，养老基金监管委员会将养老金计划的投资限制分为两类，一类规则由《124/1993号法令》和《703/1996号法令》共同组成，适用于封闭式养老基金、开放式养老基金；另一类规则遵循养老金计划的基本投资限制及《209/2005号法令》，适用于私人养老保险计划的所有产品。

总体上看，意大利养老金计划资产可投资的金融工具和房地产受到限制，这些限制旨在高标准的维护基金资产的安全性，并且不损害到基金的投资收益，具体的投资比例限制见表 10–9。

表 10–9　养老金计划的投资限制规定

资产类型		上限
流动性工具		20%
封闭式工具	证券和房地产投资基金	20%；封闭式投资基金价值的25%
债券和股权投资	由经合组织国家及其居民发行的，不在规范市场中交易的证券	50%；股权证券 10%；有经合组织国家的居民和国际组织发行的债券和股权证券 20%

续表

资产类型		上限
债券和股权投资	由非经合组织国家及其居民发行的，可以在规范市场中交易的证券	5%
	由单一机构或属于同一集团的机构发行的证券	15%
	由向基金缴费的公司或多个公司发行的股票或股本	如果是单一公司，为 20%；如果是类型基金，为 30%
	发放或要求的贷款	0
	由单一发行者发行的股票或股本	如果上市的，发行者所有股票或股本面值的 5%；如果是非上市的，则为 10%；在任何情况下，基金的购买比例不能超过发行人

（四）监管政策、税收支持政策

1. 产品的监管政策

各种商业养老金产品（封闭式养老基金、开放式养老基金、私人养老保险计划等）依据其属于第二支柱还是第三支柱，产品监管框架有所不同。

第一，属于第二支柱的养老基金，例如封闭式养老基金，由养老基金监管委员会直接进行监管，首先严格按照规定步骤审查计划的建立，在履行行政程序后方可批准封闭式基金并对其进行注册；在养老基金运作过程中，对其进行监控和检查。

第二，第三支柱的养老基金、寿险年金产品在行政程序上有所区别。开放式养老基金的行政程序由养老基金委员会和申请引入养老基金的机构所属部门的监管机构共同履行；寿险年金保单没有审批的行政程序。

在后期运作过程中，每年开放式养老基金公司或保险公司必须向参加计划的成员披露有关财务、经济和法律方面的完整信息，在信息披露时，开放式养老基金公司要依据养老基金监管委员会的规定，私人养老保险计划产品要依据保险管理局、私营保险监督协会的规定。

2. 给付方式及税收优惠

（1）给付方式

针对参加长期服务养老金计划的个人，养老金储蓄在满期或退休后方可提取，或者满足其年龄早于享有老龄养老金年龄不超过 5 岁且处于失业状态已超过 48 个月的情况，在领取时至少有 50% 比例的养老金需要转换成年金方式进行后续领取，否则会有财政税收的处罚。

此外，在特定情况下，参加计划的个人可在缴费累计期内根据特定的支出项目领取部分养老金，给付方式可见表 10–10。

表 10–10　养老金的给付方式

状态	用途及条件	领取比例	其他限制
在缴费累计期	医疗支出	最高 75%	
	购房及装修	最高 75%	参加计划 8 年后
	其他任何需要	最高 30%	参加计划 8 年后
退保	雇用劳动合约终止	部分	
	永久性残疾	全部	
满期或退休	退休领取或满足提前领取条件	转换为年金方式领取的比例需要大于 50%	

（2）缴费阶段的税收优惠政策

针对补充性的职业养老金计划，雇员的缴费在不超过收入总额的 12% 时享受减税待遇；雇主的缴费从正常的社会保障缴费中扣除并限于总体缴费的 10%，其缴费额全额享有减税待遇。

（3）投资阶段的税收优惠政策

养老基金的资产收益在扣除费用后纳税，投资收益的税率为 20%，相比其他类型投资收益 26%（除政府债券投资收益税率仅为 12.5%）的税率下降了 6%。

（4）领取阶段的税收优惠政策

在待遇给付阶段，根据养老金计划参与时间的长短，实行逐渐递减的税率政策，期限越长税率越低，此外作为基金收益已纳税的退休待遇可以免税。

以一次性给付时，受益人能够一次性提取不超过50%的养老金储蓄，一次性给付得益于分别征税，即如果一次性给付金额不超过全部待遇的33%，就只能对未作为养老基金收益已经纳税的那部分待遇征税。以年金给付时，受益人能够以年金的形式提取全部金额或一次性给付后余下的金额，未作为养老基金收益纳税的那部分待遇要缴纳与雇员收入相同的税收。

（五）商业养老保险体系的特点

1. 缴费确定及基金积累制

在意大利，基本上所有的商业养老保险计划均为缴费确定型，养老金计划承诺在退休后付给成员累计的缴费金额，也为计划参加人提供资产管理服务，但没有对最低投资回报率作出担保。因此，养老基金的最终收益取决于投资的表现，也取决于投资管理人的能力、管理成本和监管控制体系的有效性。

2. 养老金运作的独立性

独立性体现在参与养老金运作的各个不同的机构是独立分离的，都是一些自治的法人实体，养老资产由银行、保险公司、资产管理公司等进行管理，养老金待遇给付和任何附加的保险需委托给保险公司管理。例如，封闭式养老基金在法律上一般是自我管理，一般由雇主协会和雇员协会来共同决定公司治理的机构，参加养老基金管理的人员应满足法律要求的专业标准和从业经历，该基金由专门的独立机构养老基金监管委员会进行监管。

四、启示

（一）产品层面的启示

意大利商业养老保险产品的体系与中国高度相似，其产品种类基本均在中国目前各商业养老保险公司的主营业务中，可为中国商业养老保险的发展所借鉴。

封闭式养老基金类似于中国的企业年金计划，为公司及雇员提供补充性的职业养老金计划。有所不同的是，意大利的封闭式养老基金可由雇主协会和雇员协会通过达成协议而建立行业型养老基金，该类型基金目前在意大利发展迅速、覆盖面较广，形成了以六大行业为主的行业性封闭式养老基金，未来中国可充分利用行业特有的资源并结合该行业雇员的特点，提供以行业为基础的企业年金服务计划。

开放式养老基金类似于中国的养老保障管理产品，为团体客户提供的开放式养老基金作为封闭式养老基金的补充，而为个人提供的开放式养老基金则为个人提供相应的养老资金管理服务，这些方面与中国养老保障管理产品类型一致。养老保障管理产品未来在提高补充养老金的深度、广度方面有着重要作用，建议未来中国在制定税收等其他相关政策时，应将养老保障管理产品统一纳入补充养老金体系的建设中。

私人养老保险计划是一种寿险年金产品，与目前中国传统年金产品相比，主要有以下两个方面的不同：一是在投资方面，该类型产品引入了投资账户可自由分配并转换的特点，并包含保本收益投资类型可供选择；二是在保障方面，该类型产品在传统年金产品的基础上增加了缴费续存期内的死亡保障及长期护理保障。作为补充养老金体系中重要的保险产品类型，未来中国在产品的开发商上可借鉴意大利养老年金产品的特点，鼓励养老年金产品的创新。

（二）管理及监管层面的启示

在管理方面，参与意大利商业养老保险管理的机构有银行、保险公司、基金管理公司等，但在养老金待遇给付并提供附加保险时，产品需要委托给保险公司进行管理，这种在给付阶段由保险公司统一运作的方式，不但发挥了保险公司在负债管理方面的优势，为客户提供更为全面的服务与保障，同时也有利于各种监管机构对市场的管理，值得中国借鉴。

在监管方面，通过立法成立的养老基金监管委员会作为意大利商业养老体系中最高的管理机构履行监管职责，优势在于：一是在制定法规层面，养老基金监管委员会可作为商业养老保险体系唯一的管理机构，与劳动部、财政部等其他国家行政机构进行沟通，制定投资、税收等方面的法规，并将各类商业养老保险产品纳入统一的管理体系中，遵循这些相同的法规；二是在监管方面，养老基金监管委员会可协调、联合各类专业化监管部门对商业养老保险体系中的各参与方进行具体的监管工作。中国目前商业养老保险中各部分产品由人力资源和社会保障部、银保监会分别执行监管，不利于未来形成一个统一的商业养老保险法律、监管体系。

分报告十一　日　本

日本位于亚洲东部、太平洋西北，是八国集团、二十国集团、世界贸易组织、亚太经合组织等成员国，是世界第三大经济体、资本主义世界第二大经济强国。2015 年日本人口总数约为 1.27 亿人，GDP 约为 4 万亿美元，人均 GDP 约为 3.24 万美元。

日本养老金体系非常完善，在多支柱体系中，政府占主导地位，不仅提供基础国民养老金，还提供与个人收入挂钩的厚生年金。但日本是又富又老的国家典型，经济发展停滞，2015 年名义 GDP 增长率为 2.5%，实际 GDP 增长率为 0.4%，人口老龄化非常严重，65 岁以上人口占总人口比重达到 26.7%，远高于 OECD 国家的平均水平 16%。

2014 年主要经济社会指标详见表 11-1。

表 11-1　2014 年主要经济社会指标

	日本	OECD 平均
平均工资（USD）	40765	40007
公共养老金支出占 GDP 比重（%）	10.2	7.9
寿命期望（出生时）	83.5	80.0
（65 岁时）	21.9	19.3
65 岁以上人口占比（%）	26.4	16.2

数据来源：OECD（2015）, Pensions at a Glance 2015: OECD and G20 indicators, OECD Publishing, Paris. http://dx.doi.org/10.1787/pension_glance-2015-en.

一、养老金体系

日本国家养老保障制度是一个多层次、立体化的体系，覆盖面广，能够保障退休人员基本生活需要，是维护国家社会稳定的基石。

（一）现行架构

国家养老金体系经过几十年发展和完善，逐步成熟并形成公共养老金、公司养老金和个人养老金三大支柱。多支柱模式如图 11-1 所示。

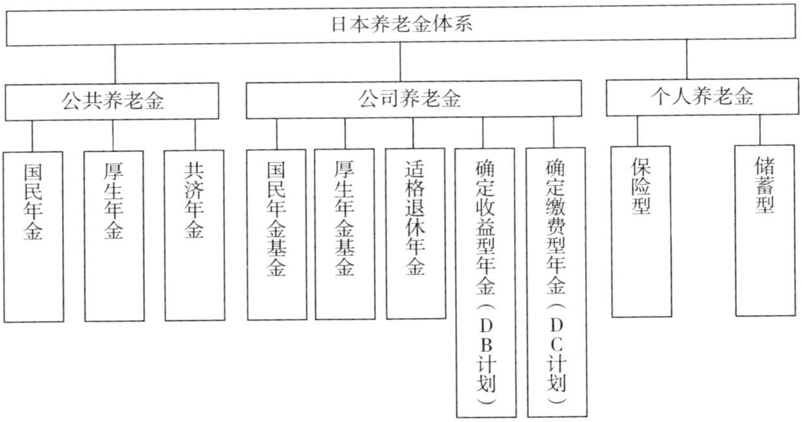

图 11-1　日本养老金体系

1. 第一支柱：公共养老金

日本的公共养老金是整个养老金制度的基础，包含两个层次：第一层次是针对所有日本居民的国民年金（基本养老金）制度，强制要求所有 20~60 岁的日本国民参加，参加者缴费满 25 年且大于 65 岁后，可领取定额基本养老金，其目的是保障老年人最基本的生活水平；第二层次是雇用者年金制度，即由厚生年金、各类共济年金构成的雇员养老金，各类共济年金包括国家公务员共济组合、地方公务员共济组合、私立学校教职工共济组合、农林渔业团体员工共济组合等，第二层次是以雇员在职工资为基础，雇主和雇员分别按工资的一定比例缴纳，加入厚生年金或各类共济年金的雇员除了可领取第一层次的定额养老金外，在年满 60 岁后还可以领取第二层次的雇员养老金。公共养老金通过政府主导，向全民强制性推行，由国家政府部门管理经营，社会保险经办机构提供相关服务。

2. 第二支柱：公司养老金

公共养老金的普惠性强，但不能满足更高层次养老保障的需求，为此，日本在此基础上设置了第二支柱，对起主导作用的公共养老金进行有效补充。日本的公司养老金主要包括国民年金基金、厚生年金基金、适格退休年金、确定收益型年金（DB 计划）、确定缴费型年金（DC 计划），其目的在于进一步提高老年人的生活水平。

国民年金基金的保障对象以个体经营者、农民等自雇者为主，保险费由个人缴纳，政府提供一定额度的免税优惠，免税上限为 68000 日元，领取一次性遗族年金全部非课税。

厚生年金基金主要面向 500 人以上的大型企业，雇员退休后除了享受政府提供的公共养老金外，还能享受雇主提供的公司养老金，给付方式可选择一次性给付也可以定期给付。

确定收益型年金（DB 计划）一般由企业发起建立，定期给付固定金额予退休职工，可以由信托公司或生命保险公司运作，可采取基金会、契约两种管理形式，收益固定。企业缴费可以当作损失处理，个人领取年金时需缴税。

确定缴费型年金（DC 计划）可以自主选择投资产品，委托年金管理机构进行管理运作，税收上采用 ETT 模式，雇主缴费全额扣除，个人缴费作为小企业共助保险费（最高限额以下）扣除，领取时作为其他所得（年金领取方式）或偶然所得（一次性领取）缴纳所得税。该计划可以雇主与雇员共同缴费，也可以在征得雇员或工会同意后，只由雇主供款，或者只由雇员或自营者个人供款。雇主缴费情况下，管理机构根据参与者的投资偏好指导受托机构进行投资，由受托机构直接在资本市场进行运作。雇员缴费情况下，日本通过设立国民养老基金协会，进行资本市场运作，雇员或自营者个人在协会开立专用账户，将款项放入此账户进行投资与日常账务查询，他们对投资选择结果负责，如雇员换公司，该账户可以轻松转换，具有较强的便携性。

3. 第三支柱：个人养老金

为进一步满足不同层次人员对退休后的生活水平的需求，日本养老金制度设立的第三支柱包括保险型、储蓄型两种，该制度是个人依靠私人储蓄和家庭支持自愿购买，个人对自己的投资选择与最终运营成果负责。由于个人在职时选择缴纳了更多的个人年金,因此在退休后可以领取更多的养老金。

1960 年，日本生命保险公司开始开办个人养老金保险，1975 年以后各金融机构相继参与，已形成寿险、银行、信托、农协、财险等多金融机构并存的局面。个人购买此保险产品的目的主要是应对低利息与通货膨胀的情况，为将来作准备，提供资产的增值。日本政府配套了对个人所得税扣除、收益的征税延迟、人寿保险金的免税等税收优惠政策鼓励个人购买，但由于第一支柱与第二支柱的高覆盖率，第三支柱下商业养老保险的个人年金保险产品占比不高，约占整体养老金制度比例的 10%。

（二）历史沿革

日本养老金体系始建于 19 世纪 60 年代，起源于以军人、官吏为对象的优抚制度，也称为“恩给制度”，相应的法规包括《海军退隐令》《陆军恩给令》与《官吏退休金令》等。

日本的明治维新改革时期，日本受西方资本主义工业文明冲击加大。20 世纪初，日本企业经营者建立起针对自己企业工人的年金制度，称为年金制度的伊始。伴随着社会的日益发展，日本将年金制度覆盖范围扩大到了一般劳动者，最初尝试于 1939 年，并于 1941 年颁布了《雇员年金法》；第二次世界大战期间，厚生省借鉴于德国的退休金制度，建立起了厚生年金保险制度，年金制度正式扩展到一般劳动者，真正意义的养老金制度开始形成。

第二次世界大战后，随着产业结构的变化与日本经济的恢复，国民收入逐步提高。为改善国民的福利待遇，20 世纪 60 年代，国家将农业劳动者、具体经营等非雇用者也纳入国民养老保险覆盖范围；20 世纪 80 年代，日本建立了覆盖全民的养老社会保障体系——国民基础年金制度。至此，日本实现全民养老保险制度，日本养老年金体系基本完成。

1985 年前，日本的养老金制度由公共养老金、企业年金制度、个人储蓄养老年金制度构成，三者互相独立。1985 年以后，日本政府分别于 1994 年、2000 年、2004 年、2009 年，以及 2012 年修正了养老金制度，这些改革既包括设定固定的缴费率、增加国家对基础年金的补贴比例、引入自动平衡机制等参量式改革，也包括在公共养老金、企业年金与个人储蓄养老年金三者间引入基础年金等结构式改革。其中，2004 年和 2012 年两次改革的幅度最大（见表 11–2、表 11–3）。

表 11–2　2004 年日本养老金制度改革方案的主要内容

改革目标	改革前	改革后
明确 100 年内养老金待遇与缴费的状况	为保持将来待遇与负担之间的平衡，每 5 年修订一次待遇与负担水平	基本保持 100 年间的待遇与负担的平衡，将来的保险费率固定不变，在这之前，保险费率的增长幅度在法律中作出明文规定 法律上明确规定出待遇水平的下限（确保高于就业人员平均收入的 50%）
极力控制保险费率的上升，将来固定不变	厚生年金保险费率为 13.58%，国民年金为 13300 日元	2017 年以后保险费率固定不变，厚生年金为 18.3%（每年提高 0.345%），国民年金为 16900 日元（每年提高 280 日元）（两者均为 2004 年价格）
改变养老金的调整机制	开始领取养老金时按工资增长率，以后按物价增长率调整养老金领取额	根据宏观经济指数调整养老金，即根据社会整体的工资总额增长率（就业人员人均工资 × 劳动人口）调整；用这种指数调整，即使平均工资增长，但如果在职职工减少，养老金就将下调
提高基础年金中的国库负担比例	基础年金的国库负担比例为 1/3	从 2004 年开始到 2009 年度逐步提高到 1/2

表 11-3　2012 年日本养老金制度改革方案的主要内容

改革细节	实施时间
最低缴费年限要求从 25 年降低到 10 年	2014 年 10 月
政府对国民年金的补贴比重永久性地设定在 1/2	2014 年 4 月
厚生年金保险向临时工扩面	2016 年 10 月
产假期间可以免除缴费	2014 年 4 月
遗属的基本年金向没有母亲的家庭支付	2014 年 4 月
雇员年金（厚生年金和共济年金）合并为一个统一的制度	2015 年 4 月
向低收入年金领取者发放保障津贴	2015 年 4 月

2004 年改革的主要目的是改善养老金账户的财政状况，实现养老金收入和支出的长期动态平衡。该改革从扩大财政投入、提高缴费率、调整养老金机制等方面着手，力图改善财政收支不平状况。一是扩大财政投入，从 2004 年开始，将国民年金的投入比例由过去的 1/3 提高到 1/2，减轻个人缴费比例，但此举将导致税率增加，有数据表明，以消费税作为基础，税率将从 5% 提高到 5.9% 才能解决财政融资问题。二是提高养老保险缴费率到 2017 年的 18.3%，较 2014 年提高约 8 个百分点。三是对现有养老金待遇机制进行调整。养老金支付待遇将按照工资总额增长率进行调整，即根据宏观经济指数进行调整，进而达到动态把控。通过上述三方面的调整，试图保持日本养老金账户待遇与负担的平衡。同时，日本还对医疗保险、老年保健及护理保险方面进行投影度建立与改革调整，以满足老龄人口数量上升带来的后续护理保健需要，化解财政负担。

2012 年的改革再次对公共养老金制度的参量进行了调整，包括向临时工扩面，也包括向低收入年金领取者发放保障津贴等。

（三）养老金体系的特点

1. 政府主导

日本政府在养老金体系中占主导地位，这可以从公共养老金在体系中的地位和政府对养老金的监管以及财政支持中体现出来，还可以从覆盖面来体现。

从覆盖面来看，日本政府通过公共养老金实现了全民皆年金制度目标（见图 11-2）。截至 2012 年日本公共养老金的第一层次——国民年金覆盖 6826 万人，在此基础上，公共养老金的第二层次——厚生年金和共济年金分别覆盖了 3441 万人和 442 万人；而同时期厚生年金基金、确定收益型年金、合格退休年金和确定缴费型年金等私人养老金分别只覆盖 447 万人、727 万人、126 万人和 371 万人。

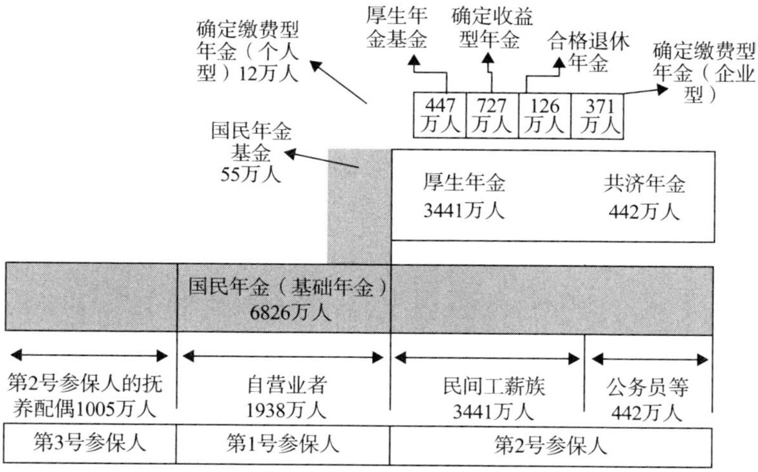

资料来源：翁仁木. 养老金调整机制国际比较研究[M]. 北京: 中国言实出版社, 2016.

图 11-2　日本养老金制度框架结构

从老龄人口家庭收入结构来看，公共养老金收入占老龄家庭平均收入的 71%，并且全日本有 61% 的老龄家庭仅仅依靠公共养老金维持生活（见图 11-3）。

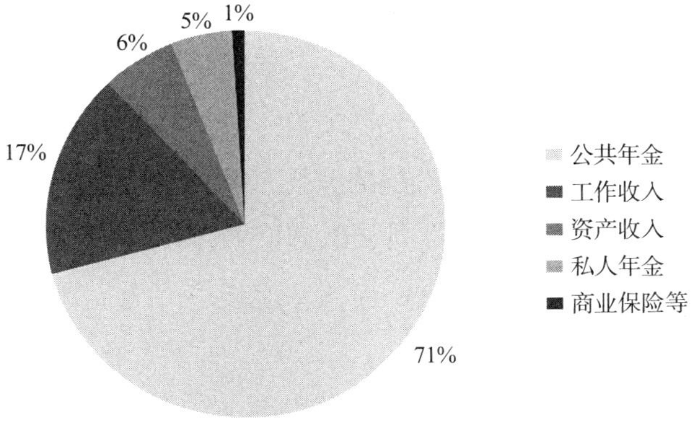

资料来源：郑秉文. 中国养老金发展报告2015[M]. 北京: 经济管理出版社, 2015.

图 11–3　日本老龄家庭收入构成

从养老金的管理和财政补贴来看，厚生年金和国民年金均由厚生省社会保险厅管理，而共济年金则由各互助协会自行管理。国民年金的三分之二收入来自收取的保险费，三分之一来自政府的财政补贴。此外，政府还承担了厚生年金和国民年金的全部管理费用，第一支柱下的财政负担过重，形成发展的极度不平衡。

2. 基金市场化运作

根据日本政府法律，日本养老保险基金须全部委托政府养老基金（GPIF）进行养老金投资运作，运作主要用于购买国债和长线投资，其余部分通过厚生年金福利事业团、地方政府和其他机构用于兴建各种福利设施，或贴息贷款给企业及被保险者建住宅。大藏省每年还要从养老基金运营收入中提取一定比例的还原融通资金，通过年金福利事业团用作养老住宅资金贷款和维持大型养老休养基地等事业，直接对提高和增进厚生养老保险及国民养老保险的被保险人的生活福利提供资助。

二、第三支柱

日本的第三支柱是前两个支柱的有效补充,产品形态多样可选择性强,缴费金额没有限制，可以满足不同层次人群的个性化养老需要。

（一）主要类型

日本的个人养老金分为保险型和储蓄型。通过委托市场专业的投资机构进行资本市场运作，投资品种包括股票、债券、基金等境内、境外的投资品种。

个人储蓄型养老金由个人将保费支付给国民年金基金协会（ANPF），建立专用账户后，由 ANPF 进行投资，具体投资流程如图 11–4 所示。

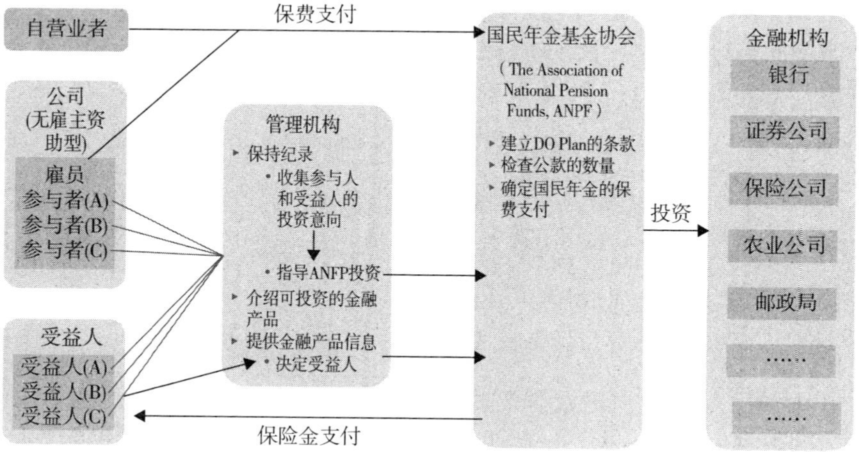

图 11–4　个人储蓄型年金投资流程

个人保险型养老金又可分为投资型年金保险、定额年金保险。

投资型年金保险保费一次性缴清，保费进入特别基金账户进行资金运用，可以运用的投资品种包括国内外的股票、债券及平衡基金等。运用期限到期后，转为运用业绩相应的年金资本，该金额为一次性领取或作为年金领取。如果运用期限被保险人死亡，可一次性领取最低保障的死亡津贴。该年金保险的投资期较长，资金运用的时间一般大于 10 年。

定额年金保险缴纳的保费以外币或日元为基准，在长期固定公积金利率的前提下，通过普通账户进行运用；资金运用期限一般为 5 年以上的资金运用，在运用期限到期后，转为签约时约定的年金资本，与投资型年金保险相似，可一次性领取或作为年金领取。定额年金保险是以外币形式储存的商品，可能受到外汇汇率的变动影响。

（二）监管政策体系

早期日本的监管采取集中单一制，保险业由寡头保险公司统治，监管权力集中于中央。日本经济萧条时期，大量的保险公司破产，金融机构状况持续恶化，在此情况下，为加强金融监管，日本于 1998 年设立了金融监管厅（于 2000 年更名为金融厅），下设保险监管课，负责对保险业的监管管理；并在 1996 年，日本制定了新《保险法》，建立起了以偿付能力为核心的监管政策。

从 2008 年起，日本在《商法》保险篇的基础上大规模修订成立了《保险法》，并于 2015 年正式实施。日本以修订《保险法》为契机，实行了整合商业保险监管职能、完善信息披露制度、加强偿付能力等多项改革措施，并形成了以引入风险分析手法、确立一体化监管模式、发挥经济手段的调节作用及强化企业自主规制等为特色的日本式商业保险监管体系。

整体来说，日本保险业的监管政策逐步发展，并经历了从封闭至开放、从寡头到自由竞争、从不透明到透明的态势。最初，保险业执行着严格的市场准入制，日本政府对本国保险业企业采取保护政策，并对外国保险公司执行了严格的准入制度；另外，最初的保单管理费率一直由日本费率算定委员会进行保险费率的预订，直到 20 世纪末后该局面才有所放松，即可由公司在纯费率基础上根据市场情况制定保单管理费率；偿付能力的监管制度的引入，日本经济萧条时期，由于保险公司的持续破产，保险公司的偿付能力问题逐步引起日本当局重视，效仿欧美进行以偿付能力为中心的监管政策；同时，加强信息披露机制，要求各保险公司将业务内容、经营状况编制成信息资料对外披露。

（三）税收支持政策

日本对消费者购买寿险和财险部分险种所支出的保费都有一定额度的免税扣除。例如，个人购买年金的免税扣除是 5 万日元。购买财险产品的免税扣除为：短期财险 2000 日元，长期财险 1 万日元。对地震保费国税实行全额免税扣除，地税实行 1/2 金额免税扣除。

对于个人年金（养老）保险，日本在所得税扣除、资金运用收益不课税、退休所得扣除和继承税收等方面均有不同程度的优惠。在所得税扣除方面，如个人购买商业保险的个人年金保险除寿险的免税扣除 5 万日元外，每年还有 5 万日元为限的所得扣除；在运用收益中通过资产运用获取的利益不被征税，如将收益放入本金账户，可大幅提高福利效果；对于购买个人年金保险后出现的继承税问题，如果从个人年金保险领取了死亡津贴，则每位法定继承人在 500 万日元以内将不会被征税。

三、商业保险发展

日本是仅次于美国的保险大国，日本保险业在亚洲排名第一，全世界排名第二，仅次于美国，属于成熟的保险市场。根据日本寿险业协会统计，截至 2014 年底，日本寿险业总资产达 367.25 万亿日元，当年保费收入为 37.22 万亿日元，日本寿险业务保险密度为 2926 美元 / 人，保险深度为 8.4%。

日本商业保险主要分为生命寿险与损害保险非寿险业务，其中寿险业务为商业保险最大业务，险种分为简易保险、特约保险与委托保险三类：简易保险有家庭保险与养老保险、特约保险有医疗保险、委托保险有火险与车险等。在 1 年以内的短期损害保险[①] 与寿险共同构成了商业保险的主要且庞大的业务体系。

日本保险业的发展和日本经济的发展密不可分，在日本经济发展的每个阶段，保险业的发展也呈现出不同的特点。20 世纪 60 年代，日本经济进入了高速发展的时期，1958 年至 1965 年年均经济增长率约为 9.8%，1965 年至 1971 年年均经济增长率为 8.5%[②]。经济的发展使得房地产、汽车等消费需求增加，居民用于储蓄消费水平提高。而高储蓄率意味着保险业潜力的扩大，20 世纪 70 年代寿险产品逐步发展，保险开始慢慢被大家接受。由于保险产品可视为另类的替代型储蓄产品，储蓄型、养老型的人寿保险开始慢慢被大家接受，逐步出现终身寿险、高保障的寿险产品。

进入 20 世纪 80 年代，日本经济步入“黄金时代”，日元持续升值，劳动力处于卖方市场，伴随着社会发展，保险业持续发展，对保险需求也出现多样化，终身寿险成为当时主要险种，购买方式也越来越激进。此时，日本经济泡沫开始出现，自 1972 年至 1995 年，经济增长开始放缓，年均增长率约为 5.4%。[③]

从 1990 年起，伴随着日本泡沫经济的破灭，日本经济处于萧条时期，日本经济出现停滞，日本老龄化问题开始凸显。为保持保险业的持续发展，保险业开始开发与创新产品设计。同时，由于经济的持续下降，国民保险与储蓄利率并不能支撑退休后经济生活，出于对退休后生活的恐惧，此阶段日本出现了老年人持续工作的情况。在此种情况下，保险业加快了个人年金险与商业养老保险、医疗等其他险种的创新与发展，商业保险在日本经济中发挥了重要作用。截至 2014 年底，日本寿险个险新单中，医疗保险和终身寿险占比分别为 25.3% 和 23.1%。

---

① 指火险、海上保险、责任保险、信用保险等险种。

② 赵新华, 徐永青. 日本保险业监管对我国的启示[J]. 保险世界, 2006（3）.

③ 赵新华, 徐永青. 日本保险业监管对我国的启示[J]. 保险世界, 2006（3）.

四、启示

通过对日本养老金制度及第三支柱的分析，结合当前中国养老金第三支柱的发展，日本目前的经验教训给中国的借鉴意义更为深远。

（一）应对人口老龄化要未雨绸缪

日本一直是人口老龄化程度较高的国家。从20世纪初开始，日本65岁上人口就占全国总人口的5.26%，到20世纪末期，日本老龄化加速，65岁以上人口占总人口的17.37%，老年人口数量绝对增长。据日本总务省统计[①]，截至2015年9月，日本65岁以上人口占总人口的比例为26.7%，为有史以来最高，预计2060年，65岁以上人口占日本总人口比例将达到39.9%。据报道，日本女性预期寿命是87岁，居世界之首，男性平均年龄在80岁，居世界第四位，百岁人口日益庞大[②]。截至21世纪初，日本高龄老人将快速上升至29.6%，2050年高龄老年人将超过总人口的1/3。据联合国估计，到2050年，日本大约有100万名左右的百岁翁，日本将成为世界人口高龄化程度最高的国家。

由于日本政府对于人口老龄化问题的估计不足，养老金体系并未及时作出结构式调整，公共养老金依然在体系中占主导地位，难以应对危机。这一教训值得后续人口老龄化社会国家吸取。

（二）要合理界定政府的职责

日本养老保障制度是一个多层次的体系，覆盖全面，公共养老金立足于满足国民的基本生活需要，政府究竟应该在养老金体系中承担什么样的职责，承担多大的职责，以及如何承担好这些职责，没有统一的模式。但如果政府在养老金问题上大包大揽，在经济增长时期，可以满足老龄人口

① 看日本如何应对老龄化[N/OL]. 新华社、新京报, 2015-11-11.
② 老龄化严重: 日本负担不起了[J/OL]. 观察者网, 2015-08-26.

需要，但随着经济趋势的下行，老龄化不断加剧，人口红利消失，养老金账户的不平衡问题就凸显出来，养老金的财务可持续性就会日益严峻。中国的养老金缴费率一直保持在职工工资的25%~28%，与此同时养老金收入的欠费率每年也在2%左右。所以对于中国而言，下一步改革的关键是需要利用资本市场和国有企业改革来化解转轨成本，做实个人账户实现个人积累制度，减少对第一支柱国家基本养老保障的依赖，同时通过税收优惠政策激励个人购买商业养老保险产品，才能从根本上解决养老金筹资困难、养老金财务危机和财政危机等问题。

（三）公众信心对于养老金制度可持续运营很关键

日本通过政府部门组织的基金管理机构进行养老金投资，在经济高速增长时期，日本公共养老金积累了巨额的资金规模，一度成为世界上最大公共养老储备基金。日本公共养老金早期通过的财投计划运作资金，但由于缺乏市场化的竞争及有效的监管政策，很大一部分公共年金变成了不良资产，加之日本较强的政府干预，养老金投资的收益并不高。近年来，日本经济下降萎缩，导致日经股指一路下跌，国民养老金严重亏损，直接导致国民对政府和养老金制度的不信任。为确保自己所缴的国民养老金不严重缩水，2002年约有37%的国民年金参与者拒绝缴纳保险费，20~29岁的参与者中50%以上拒绝缴纳国民年金保险费。

为避免同样情况出现，中国养老金制度应建立合理、有序的市场竞争机制，引入市场投资机构，提高养老金的投资收益。在第三支柱的投资运营中也同样如此，将第三支柱的个人年金交给专业机构操作，引入市场化竞争，优胜劣汰，提高第三支柱的投资效益，获得收益增值。

（四）加强监管

日本政府对养老金实施了较为严格的监管。日本的养老金制度主要由金融服务局行使监管金融机构的职能，这些金融机构负责管理养老基金的资产，同时劳动和福利部监管和管理所有的DB计划与DC计划运行。同时，日本政府制定了《国民年金法》《老人福利法》《老人保健法》《护理保险法》等重要的法律体系，完善老人福利保障体系，保证日本养老产业持续运转并不断完善。

对于承担养老金收益责任的外部资助机构，日本政府采取较大的税优政策，并反映在税收条款内容修订中。在2001年的养老金制度改革中，对税收政策方面，调整了关于养老金的税收条款内容，主要体现在三个方面：一是降低了用于退休津贴内部准备金的最大免税额。将达到正常退休年龄支付的一次性退职金全部收益免税降低至20%，进而降低企业成本。二是推迟年金资产的征税。三是通过减免税收提高企业年金计划供款筹集。该内容均有利于养老金资金的积累。除税收优惠之外，日本对于养老金制度还采取了不同的会计标准，对于一次性领取的退休金反映于资产负债表中。

分报告十二　中国香港

中华人民共和国香港特别行政区（简称中国香港），地处华南沿岸，在中国广东省珠江口以东，由香港岛、九龙半岛、新界内陆地区以及262个大小岛屿（离岛）组成，管辖陆地总面积1104.32平方公里。截至2015年底，全港总人口约731万人，人口密度居世界第三，出生率在全世界226个国家及地区中最低——每1000人中只有9.6个新生婴孩，同时中国香港是人均寿命最高的地区，2015年男性的预期寿命为81.24岁，女性则为87.32岁。2011年，65岁及以上人口占总人口的13%，估计2033年将会增长至27%。[①] 随着预期寿命延长以及生育率的显著降低，老龄化问题日趋严重。中国香港是中西文化交融的地方，也是全球最安全、富裕、繁荣和生活高水平的城市之一，以廉洁的政府、良好的治安、自由的经济体系以及完善的法治闻名于世。经济自由度指数位居世界首位。作为世界三大金融中心之一，中国香港建立了完善的欧美体系的金融制度和私人财富投资管理系统，世界上90%以上的名列世界500强的金融机构进驻中国香港。

中国香港因其独特的历史形成了中西结合的多元文化，养老制度构建也呈现出这一特色。一方面，受中国传统儒家文化的影响，强调个人在养老保障中应承担更多的责任，政府仅起到基本的扶贫济弱功能；另一方面，

① 预期寿命数据来自日本厚生劳动省2016年7月27日公布数据。“压力山大的香港人 平均寿命竟然拿世界第一了”，http://www.cn-healthcare.com/article/20160730/content-484587.html。

受西方（尤其是英国）养老金体系制度影响，逐步建立社会救助制度，并注重发挥私营金融机构运营管理养老金的作用。中国香港的养老制度比较复杂，不但有遵循世界银行建议建立的三支柱养老模式，还有全面、周到的养老服务，力求在养老制度的效率与公平之间取得平衡。在养老金三支柱体系构建中，私人托管的强制性供款计划，即强积金制度是核心，对仅承担保基本职能的第一支柱起到有效的补充，但在一定程度上也限制了第三支柱个人自愿性储蓄和保险的发展。

一、养老金体系

（一）三支柱体系架构

早在世界银行1994年提出三支柱养老模式之前，中国香港政府已于1966年就设立中央公积金的可行性开展研究，并在1987年、1991年、1993年和1995年作进一步研究，探索适合中国香港的养老金体系。1995年7月27日，立法局通过《强制性公积金计划条例》，于2000年12月推出强积金制度，形成了三支柱养老金体系（见图12-1），即由政府提供的预防和缓解贫困的强制性公共计划（综合社会保障援助计划和公共福利金计划）、维持退休收入的私人管理退休计划（强积金制度、职业退休计划）和个人养老储蓄计划。中国香港养老金体系属于现收现付制与累计基金制的混合制度，既有社会养老金的公共统筹账户，又有累计制的个人账户，力争在公平和效率间取得平衡。

强积金计划是整个养老金体系的核心，可以帮助劳动人口积累储蓄作退休保障；综合社会保障援助计划特别照顾有经济困难的长者，提供一定标准金额及特别津贴等；透过公共福利金计划，长者可获得高领津贴。此外，中国香港的养老服务对老年人口安享晚年生活也提供了较有特色的保障安排。

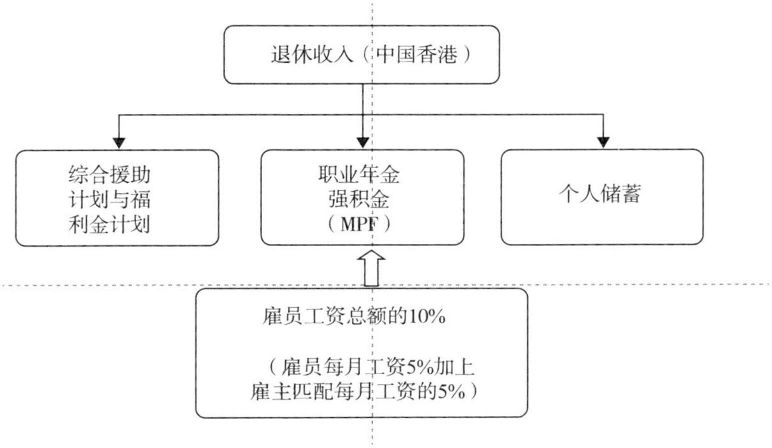

图 12-1　中国香港养老金三支柱体系（退休收入来源）

1. 综合社会保障援助计划和高龄津贴

中国香港养老金的第一层保障也是强制性公共支柱，主要是由综合社会保障援助计划（简称综援计划）和高龄津贴（俗称长者津贴）构成，由政府财政统一支出，以现收现付模式进行。

综援计划于 1993 年 7 月推出，取代 1971 年设立的公共援助计划，类似于中国内地的居民最低生活保障。综援具有非缴费、财政税收资助以及资产审查的特点，按家庭单位发放，每人每月 1000 港元。领取综援的人士须满 60 岁，其本人及家庭成员须接受经济状况调查，主要目的是为因年老、残疾、患病、低收入、失业或其他家庭状况而在经济上无法自给的个人或家庭提供现金援助，使他们的经济收入水平可以应付生活上的基本及特定需要，为那些在经济上无法自给的人士提供安全网。

高龄津贴分为普通高龄津贴和高额高龄津贴两种，属于公共福利金计划的范畴，主要是为严重残疾或年龄在65岁或以上的中国香港居民每月提供现金津贴。前者针对65~69岁的低收入长者，后者针对所有70岁以上的长者。高龄津贴要求申领者是中国香港居至少7年，及申请日前连续居港至少1年；而且没有领取本计划下的其他津贴或综合社会保障援助，普通高龄津贴对于申领的老人资产有要求，须经过经济状况调查，高额高龄津贴对于申领的老人资产没有要求。两种津贴的金额均为每月1000港元。

2. 强制性公积金和职业退休计划

中国香港养老的第二层保障统称为职业储蓄，包括强制性公积金和职业退休计划，是中国香港两大资金积累型的养老金计划。

强积金制度是中国香港政府于 2000 年 12 月开始推行的一项强制性退休金计划，目前是中国香港养老金体系中的核心。强积金带有强制色彩，根据《中国香港强制性公积金计划条例》的规定，为协助就业人士安度退休生活，任何 18~65 岁在职人士必须参加强积金计划，标准为雇员每月收入的 10%，其中 5% 由雇员缴纳，另外 5% 由雇主缴纳；自雇人士供款标准为其收入的 5%。雇员可自行选择投资计划，使用这笔钱进行投资，至 65 岁法定退休年龄时，雇员可一次性将累计收益及多年来累积投入的本金一次性取出。

职业退休计划（俗称公积金），是指在 2000 年 12 月 1 日强积金制度实施之前，由雇主自愿为雇员设立的职业退休保障计划。在中国香港政府实施强积金制度之前，中国香港不少雇主已经自愿设立退休计划，为雇员提供退休福利。在强积金制度实施后，中国香港强制性公积金计划管理局（中国香港强积金管理局）根据《强制性公积金计划（豁免）规例》豁免了若干符合资格的职业退休计划，这些自愿推行的计划根据《职业退休计划条例》的规定，至今仍有不少在继续运作。

3. 个人储蓄及家庭资助

中国香港市场上有丰富的养老投资理财产品，在职人士拥有多种选择可以为自己的养老投资。

中国香港养老服务的目标是协助老年人在所在社区安度晚年，并鼓励家庭成员在家中赡养和照料老年人，提高老年人的社区归属感和晚年生活质量。同时，还为有特殊需要的老年人提供包括护理安老院、护养院、老年宿舍等在内的院舍服务。由于中国香港 2000 年 12 月才推行强制性公积金制度，一部分老年人没有退休金保障。因此，中国香港社会老年服务体系的完善和成熟有力保证了老年人的养老需求，确保老年人有尊严地生活，安度晚年。

（二）历史沿革

长期以来，中国香港采取“小政府、大市场、低税制、自由贸易”的发展模式，是世界上最自由的经济体系，经济发展水平很高。但与此同时，香港社会贫富差距悬殊，基尼系数高达 0.537[①]，位列经济发达国家或地区之首。中国香港虽然长期处于“福利国家”英国的统治之下，却从来没有实行过福利主义。从文化历史层面看，中国香港深受中国传统儒家文化影响，注重对家庭的扶持。因此，中国香港社会保障制度深受其经济、政治、文化和历史背景的影响。

在 20 世纪 90 年代以前，中国香港政府认为退休保障计划会加重政府负担和妨碍自由竞争，仅仅通过综援计划等政府项目为老年人提供基本养老保障。此外，一些企业建立了职业退休计划，为雇员提供退休福利，以吸引和留住人才。在强积金制度推出之前，中国香港约 340 万人的就业人口中，只有 1/3 的人口享有退休金。由于中国香港人口出生率降低、人口急剧老化，建立全面的退休生活保障制度和体系对中国香港来说非常重要。为有效应对人口老龄化的快速发展，保证全体劳动者享有退休生活保障，中国香港政府于 1995 年 8 月通过《强制性公积金计划条例》，并于 2000 年 12 月 1 日正式推出和实施。

---

① 中国香港乐施会2013年11月13日发布的《香港贫穷报告：在职贫穷家庭状况（2003—2012）》显示，过去十年，中国香港的贫穷问题持续恶化，贫穷人口增至117万人，即每6名中国香港人便有一名穷人。同时，贫富差距进一步拉大，最富裕和最贫穷的一成住户，收入差距由23.3倍扩大至26倍，而最贫穷一成住户，平均每月入息在过去10年只增加400元，基尼系数达0.537，高于新加坡的0.482和美国的0.469。引自中国香港《紫荆论坛》2013年第1期“香港社会保障制度刍议”，http://blog.sina.com.cn/s/blog_c440516f0101bd8z.html。

强积金是强制性固定供款形式（Defined Contribution）的个人专户（Individual Account）退休制度，截至2012年9月底，中国香港接近100%的雇主和雇员，以及68%的自雇人士参加了强积金计划，强积金计划资产净值达4125亿港元。根据经济合作发展组织的报告，以一个退休前赚取中位数工资的雇员来说，如果参加强积金计划40年，退休后可以通过强积金计划获取相当于退休前工资收入40%的退休金。作为覆盖中国香港的退休生活保障计划，强积金制度运行近14年以来，中国香港强积金管理局通过不断完善法例对强积金基金的运行发展作出规范，保证强积金基金正常运行，为中国香港居民的退休生活提供了切实的保障，强积金制度已经成为中国香港整个养老保障体系的核心（见表12-1）。

表12-1　中国香港强积金发展里程①

日期	发展里程
1993年10月15日	实施《职业退休计划条例》（香港法例第426章）
1995年8月	制定《强制性公积金计划条例》（香港法例第485章），订明建立强积金制度的框架
1998年3月	制定《1998年公积金计划立法（修订）条例》，以修订主体条例，从而促进强积金制度运作，加强执法；并制定强积金附属法例，订明强积金计划有关成员资格、注册、营运及豁免等方面的事宜
1998年9月17日	成立积金局
2000年1月10日	从当年财经事务局辖下的职业退休计划注册处，正式接管职业退休计划注册处处长的职责
2000年12月1日	实施强积金制度
2002年2月和7月	制定《2002年强制性公积金计划（修订）条例》及《2002年强制性公积金计划（修订）（第2号）条例》，以改进强积金法例中的行政及运作事宜，提升强积金制度的效能效率

① 强制性公积金计划管理局网站，http://www.mpfa.org.hk/sch/mpf_system/milestones/index.jsp。

续表

日期	发展里程
2003年2月1日	强积金供款最低有关入息水平由4000港元上调至5000港元
2004年6月30日	公布《强积金投资基金披露守则》，以改善强积金基金收费及表现的资料披露
2004年7月	强积金计划净资产值超越1000亿港元
2005年7月28日	公布《强积金核准受托人合规标准》，协助强积金核准受托人建立严格的框架，以便自行监察在强积金制度下所须履行的法定职责
2006年6月14日	制定《2006年强制性公积金计划（一般）（修订）规例》以改进强积金投资规则
2006年7月7日	发表《强积金制度五年投资表现回顾》（2001年4月1日至2006年3月31日）
2006年12月	强积金计划净资产值超越2000亿港元
2007年7月13日	推出收费比较平台，有助于比较强积金基金收费
2008年1月9日和6月18日	制定《2008年强制性公积金计划（修订）条例》及《2008年强制性公积金计划（修订）（第2号）条例》，以改进强积金计划行政，并对违规雇主加强执法
2008年7月10日	制定《2008年强制性公积金计划（修订）（第3号）条例》，就执行政府向合资格强积金及职业退休计划成员账户注入供款的计划，为积金局提供法律框架
2009年7月8日	制定《2009年强制性公积金计划（修订）条例》，订明与雇员自选安排有关的条文
2009年12月	强积金计划净资产值超越3000亿港元
2011年4月	发表《强积金制度十年投资表现回顾》（2000年12月1日至2010年12月31日）
2011年5月4日	制定《2011年强制性公积金计划（修订）条例》，以保障破产的强积金成员于注册计划内的累算权益
2011年11月1日	强积金供款最低有关入息水平由5000港元上调至6500港元
2012年6月1日	强积金供款最高有关入息水平由20000港元上调至25000港元

续表

日期	发展里程
2012 年 6 月 21 日	制定《2012 年强制性公积金计划（修订）条例》，就规管强积金中介人的法定制度订定条文
2012 年 7 月 17 日	制定《2012 年强制性公积金计划（一般）（修订）规例》，以为补偿基金制定自动触发征费机制
2012 年 9 月	强积金计划净资产值超越 4000 亿港元
2012 年 9 月 28 日	推出受托人服务比较平台，提供不同强积金计划的服务资料
2012 年 11 月 1 日	实施雇员自选安排
2012 年 11 月 1 日	规管强积金中介人的法定制度生效
2013 年 10 月	强积金计划净资产值超越 5000 亿港元
2013 年 11 月 1 日	强积金供款最低有关入息水平由 6500 港元上调至 7100 港元
2014 年 6 月 1 日	强积金供款最高有关入息水平由 25000 港元上调至 30000 港元
2015 年 1 月 21 日	制定《2015 年强制性公积金计划（修订）条例》，以增加强积金累算权益提取安排的灵活性、便利精简强积金计划行政程序，并让积金局采取更有效的执法行动以保障计划成员的利益
2016 年 5 月	强积金计划净资产值超越 6000 亿港元
2016 年 5 月 26 日	制定《2016 年强制性公积金计划（修订）条例》，订明与预设投资策略有关的条文

（三）主要特点

1. 小政府、大社会，公共项目保基本

从中国香港养老金体系的历史演变可以看出，中国香港贯彻的是“选择主义”社会保障模式，即有重点、低覆盖、非全民性。与之相对应的是英国、欧洲等国在普遍主义模式下，建立的覆盖面广、“从摇篮到坟墓”的全面社会保障体系。根据选择主义模式，中国香港强调政府管得越少越好，减少政府对社会保障的责任，对失业、低收入和其他弱势群体提供支援，发挥“救火队式”的社会保障功能。基于此，中国香港的第一支柱公共养老金制度多停留在社会救助层面，补贴标准相对较低，覆盖范围有限，发挥保险基本的功能。

2. 强制建立第二支柱，覆盖率较高

为应对出生率降低及预期寿命延长所带来的人口老龄化挑战，中国香港政府引入了由私营机构管理的强制性供款计划（强积金），作为养老金的第二支柱，有效地增加了退休计划保障。因为公积金的强制推行，覆盖率较高。在实施强积金制度前，中国香港只有约三分之一的工作人口享有退休金保障。自强积金制度推行后，现时约有 85% 的总就业人口获强积金计划、职业退休计划、法定退休金或公积金计划（如为公务员或公立学校教师而设的计划）保障。

3. 第三支柱受到影响和挤压，第二、第三支柱发展有替代

目前参加强积金的人口数占总就业人口的 73%（见图 12-2），从人口规模和基金积累规模看，中国香港在三支柱体系为特征的国家和地区中属于典型的第二支柱独大的模式。与之相伴的是第三支柱的发展弱化，在一定程度上也说明第二、第三支柱发展有替代关系。

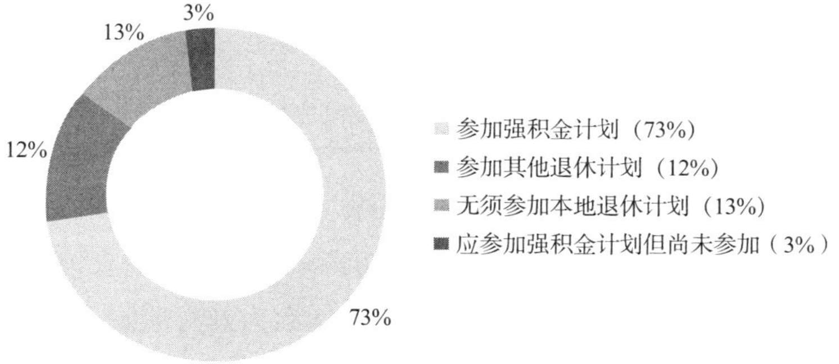

注：经四舍五入后，各项百分比的总和未必等同100%。

图 12-2　按退休计划种类划分的就业人口（截至 2016 年 12 月 31 日）

二、强积金

（一）制度介绍

1. 基本情况

根据《强制性公积金计划条例》，除部分豁免人士（公务员、公立学校教师、获取强基金豁免的职业退休计划成员等）外，凡年满18~65周岁并在中国香港居住和生活外，必须参与强积金计划。根据参加者不同，强积金计划分为集成信托计划、雇主营办计划和行业计划三类（表12–2）。

表 12–2　强积金计划类别

项目	集成信托计划	雇主营办计划	行业计划
参加者	公开让参与计划雇主的雇员、自雇人士及把累算权益从其他计划转移过来的人士参加	只限受雇于同一雇主或其有关联公司的雇员参加	特别为饮食业和建造业的雇员而设，尤其是临时雇员（由雇主按日雇用或雇用期少于60日的雇员）
特色	透过集合不同雇主及其雇员和自雇人士的供款，发挥规模经济效益，使计划管理更具效能	相当于内地的企业年金计划，受参与条件所限，雇主必须拥有庞大的雇员数目，计划运作方具成本效益	临时雇员如在该两个行业内转职，只要其前雇主及新雇主都是参加同一个行业计划，他们在转职时便无须转换计划

关于供款标准，雇员和雇主的供款额均为雇员有关收入的5%，并受限于最低及最高收入水平。就月薪雇员而言，最低及最高有关收入水平分别为7100港元及30000港元。自雇人士供款额为其有关收入的5%，并受限于最低及最高有关收入水平。自雇人士可选择按月或按年在供款日或之前作出强制性供款，其最低及最高有关收入水平分别为每月7100港元（或每年85200港元）及每月30000港元（或每年360000港元）。在强制性供款之外，可作出额外的自愿性供款。

强积金运用政府的力量强制性推动成员参与并缴款，然后交由私营机构委托管理。中国香港法律规定，所有强积金计划的资产均由证券及期货事务检查委员会注册的、在中国香港成立为法人团体的投资管理公司管理。为提高效率并确保资金安全，强积金采用受托人和投资人分开管理机制。截至 2017 年 1 月底，经中国香港强制性公积金计划管理局核准符合资格的参与强积金投资管理共有 22 家机构，分别为交通银行、中国人寿、恒生、美国万通、新地、友邦、银联、富达、汇丰、信安、渣打、尚乘、东亚、富卫、景顺、RCM、永明、安盛、中银宝诚、海通、宏利和施罗德。它们共管理 36 个强积金计划，包含 484 只核准成分基金。每个计划包含多只不同风险属性的基金组合（成分基金）供选择，主要为六大基金：股票基金、债券基金、混合资产基金、保证基金、保守基金、货币市场基金。中国香港强积金局要求每个计划中必须有一个保守基金（货币市场基金的一种），且只有当保守基金的月回报高于积金局每月公布的储蓄利率时，受托人才可收取管理费。

在强积金制度正式实行后，已经建立职业退休计划的雇主可以从以下五种方案中选择一种作为衔接：一是继续提供职业退休计划作为核心养老金计划，新、老雇员可以一次性选择参加职业退休计划或强积金计划；二是继续提供职业退休计划，但只是将该计划作为一项补充计划，为参加强积金计划的新、老雇员提供补充养老金；三是继续为老雇员提供职业退休计划，新、老雇员都参加强积金计划；四是老雇员职业退休计划继续运转但不再缴费，新、老雇员都参加强积金计划；五是结束职业退休计划，将其资产全部转移到强积金计划。

2. 主要特点

一是采用累积式的个人账户制。中国香港强积金采取 DC 模式（每月缴纳份额固定，退休后领取份额不确定），并采取个人账户，此举鼓励人们自觉缴费，也便于投资者更换基金管理人和根据个人风险偏好进行管理，强化基金投资管理竞争机制，提高收益。

二是商业化、专业化公司投资管理。强积金制度采取商业化模式运作和投资管理，受托人和投资管理人分开管理，保证较高的效率，同时对中国香港资本市场的发展和经济社会的持续繁荣稳定起到了重要作用。

三是雇主雇员强制性供款。截至 2017 年初，雇主和雇员均达到 100% 缴纳，自雇人士缴费率达 68%，强制性参与取得显著成效。

（二）支持政策

1. 税收优惠

有力的税收优惠政策是中国香港强积金计划参与率快速提高的重要原因之一。中国香港政府对强积金计划采取 EEE 模式的税收优惠政策：在缴费环节，雇主强制性缴费在税前扣减的最大额度为雇员每年总薪酬的 15%，雇员及自营劳动者年缴费可以免征个人所得税的最大额度为 12000 港元。同时，在投资环节和领取环节更是不需要纳税。

2. 投资市场化

强积金采用完全市场化的投资策略，投资过程中涉及托管人、受托人、账户管理人、投资管理人等多个角色，保险公司、基金投资管理公司和银行等许多金融机构都有资格参与市场竞争，争取运作和管理强积金基金。为满足不同雇员的风险偏好，每个强积金计划都会提供几种不同风险程度的基金组合，由低风险稳定增长到高风险高潜在增长类型兼备，雇员可以根据自己的情况作出选择。但同时，每个强积金计划都必须提供一个保本基金（强积金保守基金），保本基金的投资项目只限于银行存款或优质货币市场的金融工具，旨在为雇员提供低风险的投资选择，适合即将退休或不愿意承受短期市场波动风险的强积金计划成员。

3. 监管专业化

强积金计划累积权益是雇员退休生活的重要财政来源之一。强积金计划以信托形式设立，为确保雇员权益获得充分保障，所有强积金计划均由强积金受托人管理，而受托人由香港强积金管理局审批设立；强积金计划资产均交由合资格的金融机构妥善托管，并且必须与建立强积金计划的雇主、强积金受托人和其他服务提供者的资产分开。强积金计划的监管机构为中国香港强积金管理局和金融监管局、证券及期货事务监察委员会、保险业监管处。中国香港强积金管理局负责制度框架、催收缴费和协调各金融监管机构，后三者主要监管作为受托人、账户管理人、托管人和投资管理人的金融机构及其行为，重点监管金融机构的公司治理、市场行为和偿付能力。其中，强积金受托人必须定期呈交各项申报表、财务报表和内部管控报告，中国香港积金管理局也可以对强积金受托人进行实地检查，或委聘审计师进行特别审计和调查，以及制裁违反规定的强积金受托人。在强积金投资管理方面，鉴于强积金计划属于强制参与的退休保障制度，是为退休作储备的长线投资。

因此，所有强积金投资都须由经相关监管机构注册的投资经理进行，强积金受托人和投资经理均受到相关法规的约束，强积金必须投资于相关法规准许的投资项目。

4. 安全保障机制

中国香港政府对强积金制度设有“安全网”机制。一是资本充裕程度要求。建立针对强积金受托人资本充裕程度和财务稳健程度的核准准则，确保即使强积金受托人对强积金计划管理不善，仍有合理程度的财力赔偿损失和改善对强积金计划的管理。二是专业补偿保险。强积金受托人必须购买足够的补偿保险，如受托人或其委托的服务提供商作出失当或违法行为而导致强积金计划成员蒙受损失，则作出赔偿。三是补偿基金。如果受托人或其委托的服务提供商作出失当或违法行为而导致强积金计划成员蒙受损失，而专业补偿保险未能作出充分赔偿，强积金计划成员可以向补偿基金申请补偿。

（三）市场情况

根据 MPFA 的回顾与总结，15 年（2000 年 12 月至 2015 年 12 月）来强积金投资表现如下：第一，强积金作为长期投资，扣除收费后的年化回报率为3.1%，跑赢平均1.8%的中国香港年通货膨胀率。第二，强积金投资收益波动较大，范围为-25.9%~30.1%。第三，强积金收益波动大的主要原因是权益类资产配置比例较高（占强积金总资产超60%），尤其是中国香港股票占比高（占强积金总资产40%）。第四，截至2015年12月，强基金总资产达到5910亿港元。按照410万名成员计算，平均每位计划成员持有144000港元，2005—2015年人均权益增幅达170%。强积金普及率稳定上升，其供款账户（雇主支付）和个人账户（雇员支付）数目均稳定增长（见图12-3至图12-5）。

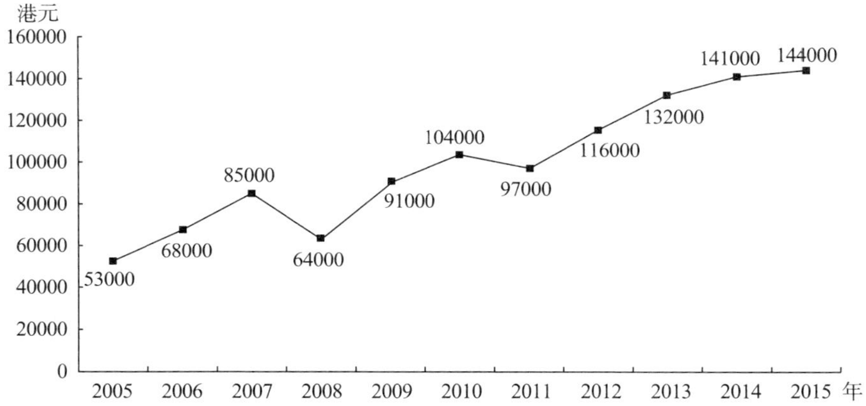

资料来源：强制性公积金计划——计划成员累算权益统计分析（截至2015年12月）。

图12-3　计划成员持有的平均累算权益款额的增长

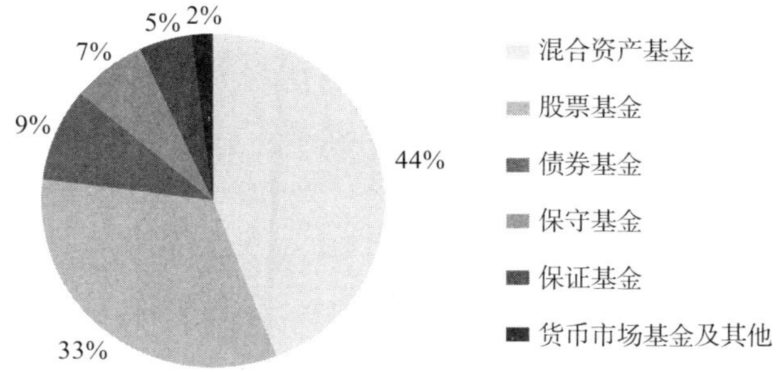

资料来源：强制性公积金计划管理局。

图12-4　强积金中各类成分基金数量占比情况（截至2017年1月底）

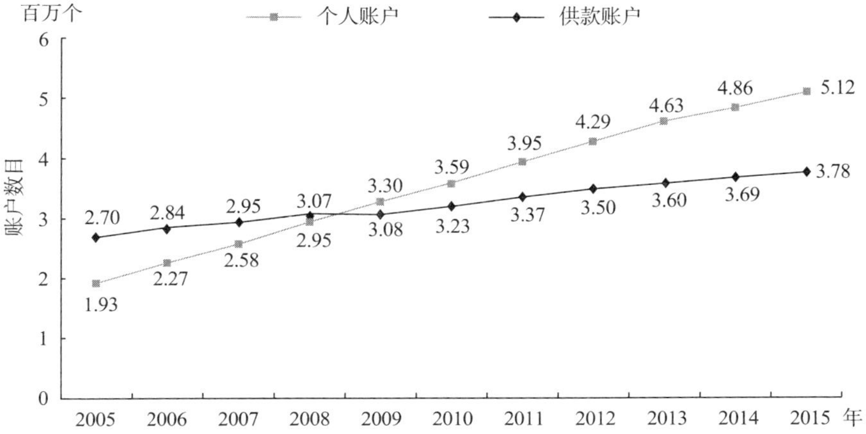

资料来源：强制性公积金计划——计划成员累计权益统计分析（截至2015年12月）。

图 12-5　供款账户及个人账户总数

三、启示

（一）采取市场化运作，减轻政府负担

以中国香港和中国内地占比最大的两种养老金模式对比（见表 12-3），中国香港强积金模式从供款来源到投资运营都是市场化运作模式，体现了中国香港政府少干预、市民自我依赖的价值取向，有利于增强个人在社会保障中的作用发挥，减轻政府负担。基金受托人多为规模较大、信誉良好的商业银行、投资银行、保险公司设立的信托机构，由中国香港强积金管理局核准资格和持续监管，确保其遵守所有强积金基金投资的规定、标准和指引，有效规范了市场竞争秩序，保障了强积金参保人的长期利益。

中国内地政府在基本养老保险制度中承担了过多的职能，背上了沉重的财政压力和负担，可以充分借鉴强积金的模式，清晰界定政府和个人责任的边界，减轻政府的养老负担，为第二、第三支柱的建立腾出空间。同时，引入市场化的运营管理模式，提升投资运营效率，确保基金保值增值。

表 12-3　中国香港强积金与中国内地基本养老保险对比

项目	中国香港强积金	中国内地基本养老保险
积累模式	个人账户（基金完全积累制）	统账结合（社会统筹与个人账户相结合）
供款来源	雇主和雇员，分别缴纳雇员月收入的 5%，其中设有上限和下限（分别为 20000 港元和 5000 港元）	政府、企业和个人，企业和个人按照一定工资比例缴费，国家财政进行统筹和保底
投资运营主体	私营部门，有多种计划供委托人选择（以信托形式成立，必须委任独立的信托基金公司托管资产）	政府部门
监管主体	政府部门（强基金管理局）	政府部门
监管责任	政府部门只负责监管一般事务，并不对基金投资是否盈亏负任何责任，雇员须自己对基金的盈亏负责	政府部门为养老保险投资的盈亏负全部责任

（二）采取强制方式提升覆盖面

在强积金制度推出之前，中国香港养老保障的覆盖面很低，老年贫困问题突出，约 340 万人的就业人口中，只有 1/3 的人口享有退休金保障。2000 年 12 月强积金制度实施之后，截至 2012 年 9 月底，中国香港接近 100% 的雇主和雇员，以及 68% 的自雇人士参加了强积金计划，强积金计划资产净值达 4125 亿港元，替代率达到 40%，为居民的退休生活提供补充保障。覆盖面扩大与中国香港政府的强制推行有密切关系。

中国内地第二支柱的企业年金与中国香港强积金类似，均由企业和员工缴费，政府为企业年金提供了税收优惠，覆盖面一直很低。截至 2016 年底，企业年金基金规模为 11075 亿元，占同期 GDP（74.4 万亿元）的 1.49%；参加企业年金人数为 2325 万人，占同期参加城镇职工基本养老保险人数（37862 万人）的 6.14%，其覆盖面和替代率都达不到强积金的水平。很重要的原因就是企业年金自愿设立，并非强制推行，除大型国企将企业年金作为员工福利的一种形式外，大部分企业从成本考虑，都没有建立企业年金计划。内地如果要推行企业年金，应有效借鉴强制推行的策略，以扩大覆盖面。

（三）建立养老金个人账户

中国香港强积金制度是个人账户的完全积累制，以个人身份证为标识，并由政府统一管理，既有助于明晰个人养老基金数额，同时雇员在转换工作时也能在全国范围内自由流动和转接。与个人账户相配套，强积金制度允许个人自主选择投资产品组合，个人可根据自己的年龄和风险承受能力，对投资组合进行多样化、动态的选择调整，提高参保人的缴费积极性和自主性，实现收益自享、风险自担。可借鉴强积金制度，做实个人账户的完全积累，完善养老资金投资管理机制，逐步建立全国统一的养老保障机制，实现个人账户全国自由转接，同时方便人才的全国流动。

（四）专业化监管私人养老金

中国香港积金局是根据《强制性公积金计划条例》于1998年9月成立的独立政府机构，负责强积金制度的立法和规管。中国香港积金局与中国香港金融管理局、保险业监督、证券及期货事务监察委员会明确分工，各司其职，建立了一套完整的监管体系，既维持了公平自由的市场竞争，提高了专业化监管能力和水平，又降低了政府的监管成本。

分报告十三　智　利

智利位于南美洲西南部，国土面积为756626平方公里，是南美洲第一个经济合作与发展组织成员国、亚太经合组织成员国。智利是世界上领土最狭长的国家，东西之间的宽度平均只有180公里，自然资源非常丰富，享有“铜矿王国”的美誉，境内的阿塔卡马沙漠被称为世界“干极”。智利拥有较高的竞争力和生活质量，具有稳定的政治环境，全球化的、自由的经济环境，以及相对较低的贫困率，被世界银行视为高收入经济体。

智利建立了完善的三支柱体系，第二支柱采取缴费确定型完全积累制养老金制度，个人账户养老金的缴费全部来自个人，投资决策完全由个人掌握，通过私营养老基金管理公司（AFPs）进行市场化运作。智利模式在世界范围内受到了普遍关注，对拉美和其他地区的发展中国家乃至发达国家都产生了重要影响。但第二支柱的个人账户养老金参保覆盖面窄，大多数穷人只能获得较低的来自第一支柱的社会团结养老金。

2014年主要经济社会指标详见表13-1。

表13-1　2014年主要经济社会指标

	智利	OECD平均
平均工资（USD）	11588	40007
公共养老金支出占GDP比重（%）	3.2	7.9
寿命期望（出生时）	79.8	80.0
（65岁时）	19.6	19.3

续表

	智利	OECD 平均
65 岁以上人口占比（%）	10.6	16.2

资料来源：OECD（2015）, Pensions at a Glance 2015: OECD and G20 indicators, OECD Publishing, Paris. http://dx.doi.org/10.1787/pension_glance-2015-en.

一、养老金体系

智利的三支柱体系具备明显的分层递进特征。第一支柱保障水平低，只有符合条件的老年贫困人口可以领取；第二、第三支柱具有明显的私有化特征，而第二支柱因政府强制性、个人账户完全积累制、统一投资等优势，在三支柱中占主要地位。

（一）现行架构

2008 年改革之后，智利建立起完善的三支柱养老金体系。第一支柱为国家建立的用于扶贫和社会再分配功能的社会团结养老金，第二支柱为强制储蓄型的由 AFPs 私营管理的个人账户养老金，第三支柱为自愿储蓄型的私人养老金（见图 13-1）。

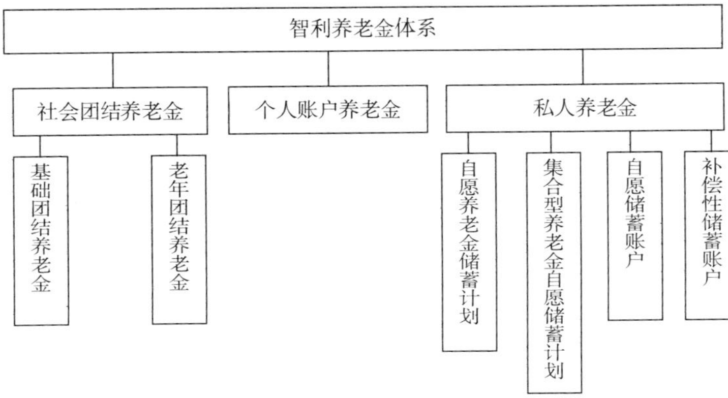

图 13-1 智利养老金体系

1. 第一支柱——社会团结养老金

社会团结养老金制度自2008年开始实施，分为基础团结养老金、老年团结养老金两个层次。基础团结养老金针对那些没有任何其他养老金收入来源且年轻时无力缴费的贫困人口，申请人需年满65岁、20岁后在智利居住满20年且申请前5年在智利连续居住、家庭成员收入属于60%的贫困人口范围，政府按照100%的消费物价指数每年调整给付金额，2012年的给付标准约为168美元，死亡时其家庭可领取一笔相当于3个月社会最低工资的丧葬费。老年团结养老金针对已有缴费积累，但账户金额低于一定标准的参保者，申请年龄、居住年限、家庭条件方面的要求与基础团结养老金相同，但每个人的领取金额随着个人账户金额增加而逐步下降，当账户养老金达到上限时，老年团结养老金下降到0。2009年社会团结养老金标准详见表13-2。

表13-2　2009年社会团结养老金标准　　单位：美元

个人账户养老金（个人缴费积累）	社会团结养老金	个人养老金总额
0	145	145
97	117	214
193	88	281
290	60	350
386	31	417
492	0	492

资料来源：Supnerintendency of Pensions:The Chilean Pension System 2010,2010,p.24.

智利第一支柱设计一定程度上体现了社会保障保底功能，低收入者可以获得基础养老金的保护；同时又体现激励功能，个人账户低于一定额度都可以获得对应的政府补贴，随着个人账户缴费金额增加，个人获得补贴额逐步下降但总额上升。此外，为了加强对社会弱势群体的保障，智利政府对残疾人、妇女及青年人等群体提供缴费补贴。

2. 第二支柱——个人账户养老金

智利个人账户养老金具有明显的私有化特征，每个参保人均有个人账户，退休后个人账户积累资产以退休金方式发放给个人。与现收现付制不同，个人账户基金积累制下个人缴费被完全储蓄下来，消除了传统现收现付制度下的远期债务问题。

个人账户养老金制度是强制性的，特别是在2008年改革后，所有雇员都要加入AFPs体系，自雇者有三年缓冲期，如果自雇者未明确说明不参加将视为自动加入，通过所得税形式扣除养老金缴费，到2012年之后，自雇者全部强制加入养老金制度。养老账户中的缴费完全由个人缴纳，雇主不需要承担供款义务，雇主在每月核发工资的10日内按雇员每月工资的10%代扣代缴，以每月72.3UF的限额（该限额由政府每年公布，2014年相当于7.9倍的最低工资，约17000元人民币），缴费从税前工资中扣除，存入雇员选择的AFPs管理的雇员个人账户，雇员需要支付AFPs管理佣金。

3. 第三支柱——私人养老金

智利的私人养老金是强制参加的第二支柱有效补充，主要有四类，分别是自愿养老金储蓄计划、集合型养老金自愿储蓄计划、自愿储蓄账户、补偿性储蓄账户。自1981年以来，第三支柱就一直存在，但没有获得很好发展，直到2002年智利通过立法允许参保者在强制性个人缴费基础上额外缴费，附加缴费同样可以享受税收优惠，第三支柱才真正发展起来。

（二）历史沿革

1. 私有化改革前

1952年以前，智利最早期的养老保障制度并不是单纯的现收现付制，养老金缴费结余还建立了“集合的资本化基金”，不过由于后来基金管理效益很差以及给付支出的上升，从1952年完全转变到现收现付制。1974年各项社保项目缴费率平均高达工资的61.9%，养老金缴费率平均为22.8%，企业负担重、逃缴费现象普遍以及养老金给付水平盲目提高、公立管理机构效率低下。到20世纪70年代后期，养老金入不敷出，国家陷入了严重的财政危机，公共养老金制度面临困境，难以为继。从1973年军政府上台到1981年实施改革，新制度经历了一个漫长的酝酿过程。1979年2月，政府公布第2448号法令，统一了参保人的退休年龄和待遇给付标准，取消政府行政部门和私营部门间待遇差别。

2. 1981年私有化改革

20世纪70年代末期，伴随着智利政治、经济形势的变化，存在自身缺陷的养老金制度改革已迫在眉睫。智利于1981年进行了养老金私有化改革。1980年11月，在军政府的推动下，养老金制度改革3500号法令正式公布，废除原有的现收现付制，引入个人账户养老金计划。新制度自1981年5月起正式实施，强制要求自1983年1月1日后参加工作的所有正式部门雇员（军职人员除外）都要加入，自雇者和非正式部门的从业人员可自愿参加。改革的基本内容为：第一，为每个雇员建立养老金个人账户，雇员缴费全部存入该账户；第二，成立单一经营目标的养老金管理公司（AFPs），负责对账户养老基金进行管理；第三，雇员自由选择AFPs，退休时养老金给付由账户积累资产转化为年金或按计划领取；第四，成立养老基金监管局（SAFP），负责对AFPs的监管，并且由政府对最低养老金进行担保。新制度在养老保险领域，建立起全新的以个人账户积累为基础，以私营化管理为基本特征，强调自我积累、自我保障、经营性原则的养老保险运行机制。

1981年的养老体制改革要求实行完全的个人账户制。该制度模式最重要的特点是对养老基金投资运营提出非常高的要求，只有通过投资收益回报才能实现个人账户积累制的可持续发展。20世纪90年代，智利养老金参与了国有企业私营化改革，投资回报率高于工资增长率，智利平均养老金替代率明显上升。据测算，2012年男性和女性的平均养老金替代率分别达到63%和50%。但根据OECD的预测，由于预期寿命提高及高投资回报率难以再现，2012年新入职的劳动者，将来领取的平均养老金替代率仅为 41.9%。由于完全积累的养老金制度完全体现“多缴多得、少缴少得、长缴多得”，没有横向的再分配机制，缺乏互济功能，不同收入、不同性别人群的养老金待遇差距悬殊，例如，收入为社会平均工资的 200% 和 50% 的劳动者，所领取的养老金替代率替代分别为 74.7% 和 28.6%。特别是缴不起费的低收入群体没有养老金，导致贫富差距扩大、贫困人口增加等社会问题。据统计，2010 年智利的贫困率为 18%，基尼系数自 1987 年以来一直维持在 0.5~0.6 的水平，是 OECD 国家中最高的。

3. 2008 年再改革

20 世纪 80 年代养老金私有化改革后，运行的 20 多年中取得了显著成效，历史平均投资回报率达到了近 10% 的水平，但也逐步暴露出一些问题，如覆盖面较小、无法实现社会收入再分配、运营成本居高不下等问题，社会上对养老金制度的批判越来越多，很多人被排除在养老金体系外，管理费用占用了大量资源，基金管理者们享受了丰厚的利润。

2008年，智利颁布养老金改革法案，建立社会团结养老金。2008年之前，智利社会养老金第一支柱只有两个层次，分别为社会救济养老金、社会最低养老金，这两个计划都是靠国家财政补贴。社会团结养老金主要针对无力缴费且没有其他养老金收入来源的工人，以及有账户积累但账户金额低于一定标准的参保者，新法案有效扩大了第一支柱养老金制度覆盖面。

（三）养老金体系的特点

从智利养老保险的运行来看，其最大的特点就是劳动者的养老问题个人负责制，同时将政府的管理责任转移给私人管理公司，利用资本市场进行有偿运营，投保者既能够分享较高的收益回报，也可能因投资失败而遭受损失。政府的直接责任被缩小到最小限度，而个人的责任却被扩大到最大限度，是社会保障私有化的一种典型的表现形态。

1. 养老金投资市场化竞争，减轻政府财政负担

在传统的政府负责的基金管理模式中，由于缺乏竞争机制，养老金的投资收益率普遍较低。智利鼓励私营的基金管理机构运用市场管理机制来管理社会保险基金，参保职工个人可以自主选择投资收益率高的公司，若不满意可以更换公司，从而激励基金管理机构不断追求基金收益的最大化。加之政府对基金管理机构的严格监控管理，从而使得这种私营竞争的管理方式不但在很大程度上减轻了政府的负担，而且还有效地提高了基金收益率。智利养老保险基金年度的盈利都较高，一般都在12%以上。政府由过去的基金主要筹集者角色转换为养老保险市场监管者角色，从负无限责任转变为负有限责任，即只对低收入阶层提供最低收入保障，从而大大减轻了政府的财政负担。现在，政府对养老保险的开支只占财政支出的较小比例，政府可以把大量资金用于经济建设上，从而有助于经济的快速发展。

2. 养老保险基金实行个人账户管理

在智利，劳动者在劳动期间缴纳养老保险费用，实现在缴费阶段的个人账户积累，再通过私营养老金管理公司对个人账户资金的投资运营来获得收益。养老金的缴费全部由雇员承担，按照雇员缴费工资的 10% 缴费，费用存入养老保险基金管理公司个人账户中，而且参保个人可以在强制缴费的基础之上自愿的多缴纳费用，同样也存入个人账户中。除此之外，参保人员还须向养老保险基金管理公司支付一定的佣金，除弥补一定的公司成本以及利润外，还有一部分用于伤残和遗属两项保险费用。这种管理模式不但充分调动了个人参与养老保险基金管理的积极性，而且由于基金的增长性和积累性，还可以形成一个比较稳定的资金来源，因此在经济的周期波动中可以表现出较强的适应性。

3. 养老保险基金投资多样化

在养老金改革之初，智利的养老保险基金只能投资政府公债。随着改革的不断深入，养老保险基金的投资范围也逐步放宽。如今运营者可以通

过选择不同的投资工具在国内外市场进行投资，其中可选择的投资工具有政府债券、公司债券、商业票据、国外股票、风险投资等。为了保障投资运营的安全性，在养老保险基金管理公司作出投资计划之后，需要经过政府的养老金投资委员会的审核，并且最终决定养老金的具体投资项目。在这一过程中，资产组合由单一性逐步过渡到多样化、分散化，进而通过多方位、多层次的基金投资实现基金投资的高收益。

4. 投资风险控制在一定范围之内

私营养老基金投资的关键问题之一就在于保障养老基金的安全性，避免由制度安排疏漏造成对参保人员养老金权益的损害，还要防范金融市场风险带来的投资损失。智利政府在养老基金的投资监管上，采取了非常严格的监管措施，如对 AFPs 的单一经营目标、资产托管要求、投资风险的评估制度以及针对每类投资工具的数量限制等方面的政策，有效地保障了养老基金的安全性。在过去 20 多年中，智利经历过多次金融危机，但养老基金并没有出现太大的损失。

5. 养老金促进资本市场发展

在过去 20 多年中，智利金融市场得到了快速发展。1980 年底金融资产占 GDP 的比重为 65%，到 2003 年底已上升到 217%，就资本市场规模占 GDP 的比重看，智利的水平在拉美国家中仅次于阿根廷，甚至高于一些富裕的经济合作发展组织国家。养老基金作为重要的机构投资者，对资本市场发展起到了巨大的推动作用。如表 13–3 所示，到 2003 年底养老金是智利国内定期存款和银行债券、政府债券和可抵押债券的最大投资者，是公司债券的第二大投资者（仅次于保险公司）。同时，养老基金还持有大量份额的股票投资。私营养老金体制改革对金融系统的影响是广泛而又深刻的，主要体现在加快金融市场立法进程，创新金融产品，改善公司治理结构，加强金融监管，提高市场信息透明度，提高专业化和信息技术水平，以及对金融文化的影响等方面。

表 13–3　2003 年底机构投资者投资资产占各类金融市场份额

单位：%

	银行资金	养老基金	保险资金	共同基金	合计
政府债券	30	48	12	5	95
抵押债券	8	43	30	6	87
公司债券	4	29	37	1	72
股份	0	8	1	2	11
存款和银行债券	6	24	4	15	50

资料来源: Juan Ye r mo. The Contribution of Pension Funds to Capital Market Development in Chile, Oxford University and OECD, September 2005.

（四）养老金制度改革与宏观经济发展的关系

1. 对国内储蓄水平的影响

自 20 世纪 80 年代养老金制度改革以来，统计表明智利国内储蓄水平有了大幅度提高，从 20 世纪 80 年代占 GDP 的 5% 左右上升到 2000 年以来超过 20% 的水平。已有的研究结果表明，1981—2002 年，养老金制度改革对国内平均储蓄率增长的贡献为 GDP 的 2.3%，占储蓄增长的 47%；对投资的贡献为 GDP 的 1.2%，占投资增长的 57%。

2. 对劳动就业的促进作用

养老金制度改革对劳动力市场的影响通过两个渠道来实现。一是改革降低了养老金缴费率，减少劳动成本，因此提高了劳动参与率。二是通过建立 DC 型的个人账户养老金计划，缴费和给付之间的关联性加强，从而激励劳动就业增加。

3. 对 GDP 增长率的贡献

已有的研究结果表明，在1981年至2001年，智利养老金制度改革通过影响储蓄和投资、劳动力市场和全要素生产率等因素，对GDP增长率的贡献为0.49个百分点，大约占到了这20年期间经济增长率（4.63%）的1/10。

二、第三支柱

（一）主要类型

1. 自愿养老金储蓄计划

自愿养老金储蓄分为自愿缴费计划、协议存款两种形式。

自愿缴费计划是在第二支柱基础上，允许参保者进行额外缴费，进入同一个个人账户，额外缴费同样享受税收优惠，最高缴费限额为 50UF。雇员可以随时提取自愿缴费计划中的累积，但需要缴纳一定的费用。对于非纳税的低收入者，缴费时可以免税，领取养老金时仅需支付投资收益部分的税。另外，符合条件的雇员还可以申请相当于个人自愿储蓄金额 15% 的政府津贴。APFs、寿险公司、共同基金、银行等金融机构都可以进行自愿缴费计划的管理。

协议存款方式下，雇员与雇主协商一致，在第二支柱的个人账户下存入一笔资金，该资金独立于个人账户中的强制性缴费和自愿缴费计划资金，以雇员每月纳税工资的一定比例或者定额缴纳。协议存款缴纳时免征个人所得税，领取时需要纳税，与自愿缴费计划不同，协议存款只有退休时才可领取。

2. 集合型自愿储蓄计划

集合型自愿储蓄计划是由雇主发起，雇主、雇员共同缴费，由雇主代表雇员与寿险公司、银行、基金养老金管理机构签订管理协议，提供一个或多个集合型养老自愿储蓄计划。为增强该计划的普惠性，一般要求参保人数不低于公司员工的 30% 或者 300 人（二者取小），如果初始参与人数不足可在一年内补充。雇员为公司工作年限满足一定条件后，雇主缴费部分可归属雇员。

3. 自愿储蓄账户

自愿储蓄账户独立于第二支柱下的个人养老金账户，雇员缴费金额、缴费频率非常灵活，每年资金提取次数不超过六次。自雇者可以将自愿储蓄账户的资金转入第二支柱下的强制性个人账户，以弥补个人账户余额不足。退休时，允许参保者将所有自愿储蓄账户资金转入强制性个人账户。

4. 补偿性储蓄账户

补偿性储蓄账户是针对家庭佣工的一次性补偿。所有家庭佣工的雇主都要为雇工开设补偿性储蓄账户，并缴纳相应费用，最低缴费为每月纳税工资的 4.11%，期限为 11 年。该账户资金用于补偿雇工在接触劳动关系时，用于补偿经济损失。缴费不超过每月工资的 8.33% 免税，投资收益部分也免于征税。

（二）监管政策、税收支持

1. 监管政策

政府在制度运行中起着重要作用，1981 年制定的《养老金制度改革法案》明确界定："政府在养老金制度中的作用将集中在为某些收益提供资金担保，为养老金制度的良性运转制定法规和进行监督指导。"伴随着养老金制度改革的深入，智利相继颁布了一系列新的法律法规，以规范养老基金管理公司的发展。这对民营公司管理养老基金尤为重要。

为加强对三支柱养老金体系的统一监管，智利重新组建了养老金监管局（Superintendence of Pensions）。该机构负责对养老金体系下的所有规则进行标准化，协调不同法律条文间的适用统一，主要职能包括审批养老金管理机构的设立申请、确保养老金管理公司满足最低资本和强制性储备金要求、推动法律和监管政策方面的改革等。

2. 税收支持

为推动第三支柱个人养老金发展，智利政府给予个人一系列的税收优惠政策，极大地促进个人补充养老金积累储蓄。2002 年 3 月，政府通过 19768 号法令，允许个人账户中的个人自愿缴费享受税收优惠。此外，第三支柱中的协议存款、自愿储蓄账户、补偿性储蓄账户，在缴纳时都可以免税，领取时缴纳个人所得税。

三、启示

（一）第一支柱定位于提供基础社会公共保障，体现社会再分配功能并做实个人账户

智利的个人账户积累制度有许多成功之处和优点，但由于在养老保险基金管理过程中，缴费完全由个人承担，退休后养老金资金完全取决于个人账户积累，这种模式下雇员之间的社会共济功能弱，无法实现收入再分配。因此，智利在2008年开始进行养老金体制改革：一是建立社会团结养老金，针对老年贫困人口提供基本养老金补助；二是向低收入人群进行补贴，个人账户低于一定标准后，由政府提供相应补助保障。社会团结养老金由国家财政资助，起到社会财富再分配作用，但由于标准低、门槛高也受到广泛指责。中国实行现收现付与个人账户积累相结合的基本养老保险制度，基本养老保险主要是由个人和企业共同缴费，充分体现了社会共济功能，但对缴费个人激励作用有限，中国应逐步减少对第一支柱国家基本养老保障的依赖，降低企业养老金缴费负担，第一支柱仅定位于提供基础社会公共保障，加大个人账户积累。

（二）通过税收激励、产品创新等措施做大第三支柱，加强个人在养老保障中的作用

智利政府为了鼓励第三支柱个人自愿性储蓄的发展，对符合条件的个人养老金产品提供税收优惠政策。智利养老金税收优惠政策为“EET”型，即在养老保险缴费和投资阶段不征收个人所得税，但是在领取养老金时，税务机关会根据当时个人所获得的全部收入，按照相应的税率等级征收个人所得税。中国应借鉴智利政府对第三支柱的税收优惠措施，通过政府在

税收方面让利于民激发个人养老金产业的发展，同时鼓励商业性养老金管理公司创新产品，形成各家养老金公司市场竞争机制，提升个人养老金在三支柱体系中所占比例，减轻政府基本养老保障压力。

（三）基金的投资运营应当引入市场化管理

智利模式实行的是多家养老保险基金公司竞争的市场化管理。由于私营养老金管理机构投资收益率高、效率高，因此在这一举措下，智利的养老金状况得到大幅度改善，通过市场化的投资运营，实现了基金的保值增值，避免了货币贬值等不可控因素对养老基金的冲击。我国的养老基金投资渠道主要集中于国债投资，这种投资方式虽然稳定但收益率低，有时甚至低于通货膨胀率，从而导致养老保险基金不断缩水贬值。在这种情况之下，中国应当借鉴智利模式，引入基金管理的市场竞争机制，通过一些专门的投资机构和公司来进行投资。

分报告十四　澳大利亚

澳大利亚位于南太平洋和印度洋之间，国土面积为7686850平方公里，人口为2380万人（2015年），是南半球经济最发达的国家，全球第12大经济体，全球第四大农产品出口国，亚太经合组织的创始成员，也是联合国、20国集团、英联邦、太平洋安全保障条约及太平洋岛国论坛的成员。澳大利亚GDP总计1.34万亿美元（2015年，国际汇率），人均GDP为56328美元（2015年，国际汇率）。澳大利亚对国际贸易依赖较大，与130多个国家和地区有贸易关系，主要贸易伙伴依次为中国、日本、美国、新加坡、英国、韩国、新西兰、泰国、德国和马来西亚。

澳大利亚人口老龄化严重，65岁以上老年人口已占总人口的12%，且呈迅速增长趋势，65岁以上老年人口已占总人口的14.4%（2013年），且以每年3.7%的速度递增。澳大利亚在20世纪80年代开始对养老金制度进行改革，核心特点是建立超级年金计划，强制雇主给雇员缴费并完全计入个人账户。通过养老金制度改革建立起三支柱体系，形成国家统一立法、政府行政监督、专门机构监管、基金市场运营、社区综合服务的制度体系。

2014年主要经济社会指标详见表14–1。

表14–1　2014年主要经济社会指标

	澳大利亚	OECD平均
平均工资（USD）	65195	40007

续表

	澳大利亚	OECD 平均
公共养老金支出占 GDP 比重（%）	3.5	7.9
寿命期望（出生时）	82.4	80.0
（65 岁时）	20.8	19.3
65 岁以上人口占比（%）	15.0	16.2

资料来源：OECD（2015）, Pensions at a Glance 2015: OECD and G20 indicators, OECD Publishing, Paris. http://dx.doi.org/10.1787/pension_glance-2015-en.

一、养老金体系

经过一百多年的发展，澳大利亚已经形成了较为完善的三支柱养老保障体系。在制度安排及实践中，澳大利亚养老金体系形成以第一支柱国家税收财政托底，第二支柱强制性企业缴费为主导，第三支柱个人自愿性补充的三支柱体系。澳大利亚养老保障制度的三支柱体系分工合作、相互配合，为雇员的退休生活提供了一个相当安全的保护网。

（一）现行架构

澳大利亚现行三支柱架构是由第一支柱基本养老金、第二支柱强制性超级年金、第三支柱个人储蓄型养老金组成。架构如图 14–1 所示。

1. 第一支柱——基本养老金

由澳大利亚政府提供的基本养老金，资金由政府财政支付，来源于税收，在澳大利亚称为安全净值养老金（safety net pension）。基本养老金领取的条件是退休后收入达到全国最低收入水平并通过中联机构申请获家庭与社区服务部批准；可领取年龄为男 65 岁，女 61 岁（今后将逐步统一为 65 岁）；替代率为男性周工资的 25%；每两周支付一次（约为 400 澳元），支付期限至身故为止；职能是为劳动者提供最基本的老年生活保障。退休年龄从 2017 年 7 月 1 日起分步递增，到 2023 年 7 月 1 日该年龄将提高到 67 岁。这一支柱是澳大利亚传统养老保险制度的继续。

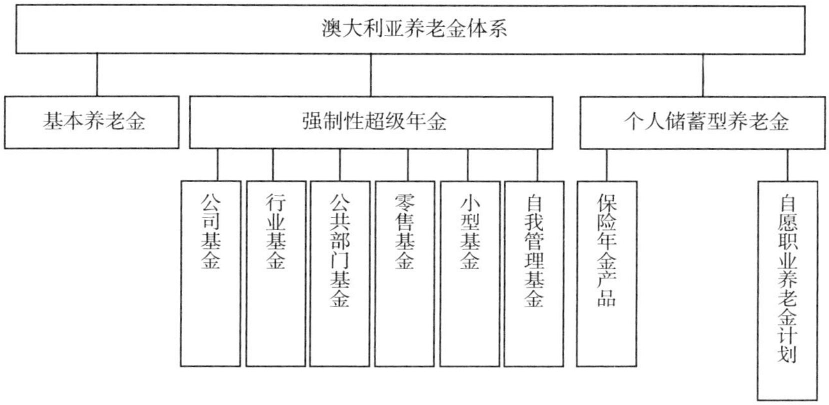

图 14-1　澳大利亚养老金体系

2. 第二支柱——强制性超级年金

第二支柱在澳大利亚称为超级年金（super annuation），资金来源于强制雇主缴费，原费率为 8%，到 2002 年 7 月 1 日提高到 9%，随后缴费额进一步增长至 9.5%，目前政府已经提出到 2025 年将雇主养老金缴费额逐步提升至 12%。

缴费者和受益人享受税收优惠；缴费存入个人账户，连同投资收益一并形成超级年金基金。超级年金基金由证券与投资委员会批准的信托机构管理，信托机构再委托基金公司投资运营（信托机构与基金管理公司可以是同一家机构），可选择多种投资方式，包括投向国债、基金、房地产、本国股市和海外股市等。超级年金领取标准依个人账户积累额计算，可一次性领取，也可按月领取；积累 35~40 年，预计替代率约为 40%。政府采用优惠税收政策鼓励按月领取，超级年金成为退休收入的主要来源，以减轻政府为应对人口老龄化而日益增加的财政负担。

从基金类型看，澳大利亚超级年金采取 DC 型、DB 型和混合型三类基金在市场中相互竞争，截至 2015 年 6 月各类型所管理的资产额分别为

11751 亿澳大利亚元、610 亿澳大利亚元和 922 亿澳大利亚元，其中，DC 型基金制度尤以政策优惠多、操作简单、与市场化投资体制更吻合而呈现不断增长的趋势。

在整个澳大利亚超级年金体系中，包括公司基金、行业基金、公共部门基金、零售基金、小型基金和自我管理基金六类管理实体。其中，公司基金是单个或几个雇主为其雇员发起设立的基金，由雇员和雇主共同控制；行业基金是面向同一行业或几个相关行业的雇主为其雇员而发起设立的基金，最初通过职业协议来组织，但 2005 年允许雇主选择基金后开始向行业外普通公众开放；公共部门基金是州或联邦政府为政府雇员或法定机构的雇员而发起设立的基金；零售基金是基于商业性质而面向所有雇员发起设立的基金，其成员主要从寿险代理商、投资顾问公司等中介机构购买保单或投资单位的方式参加；小型基金和自我管理基金则主要包括由审慎监管局监管的小于 5 名成员的小型基金和由税务办公室监管的小型自我管理基金。

3. 第三支柱——个人储蓄型养老金

第三支柱在澳大利亚称为个人储蓄型养老金（voluntary savings）。澳大利亚政府积极鼓励个人自愿储蓄，使人们更多地依靠自身力量来保障退休后的生活。个人储蓄型养老金主要包括保险公司购买的年金产品，或强制雇主缴费职业养老金中的雇员自愿缴费部分。三支柱体系详见表 14–2。

表 14–2　三支柱体系

	老年养老金	超级年金	自愿退休储蓄
支柱	第一支柱（政府养老金）	第二支柱（强制储蓄）	第三支柱（自愿储蓄）
建立时间	1909 年（开始支付福利）	1992 年（制度建立）	1850 年前后（首次引入）
资金来源	政府财政收入（约占 GDP 的 2.7%）（现有纳税人承担）	雇主支付	雇主或个人支付；政府对符合一定条件者进行补贴

续表

	老年养老金	超级年金	自愿退休储蓄
缴费方	无须缴费	至少按正常工作时间收入的 9.5% 缴费	自愿
法定税率	个人所得税税率	缴费和投资收益统一按 15% 征税 对于年收入超过 25 万澳大利亚元的人士，按 30% 征税	如用税后收入缴费，不征税 如用税前收入缴费，按 15% 征税 投资收益按 15% 征税
潜在覆盖面积	适用于所有居民，男性 65 岁及以上、女性 63.5 岁及以上可申请领取，需经过收入资产测试	对 18~70 岁且月收入超过 450 澳大利亚元的员工，雇主都需为其缴纳养老金	税收折扣（从 1915 年起），税前工资缴付，政府对年收入低于 61920 澳大利亚元的员工或自雇人士进行补贴
实际覆盖率	约 68% 符合年龄条件的退休人员可以领取政府养老金 约 56% 满足领取全额政府养老金的条件	第二支柱和第三支柱覆盖了超过 90% 的澳大利亚劳动力，其中包括 96% 的全职员工（编制内）、80% 的兼职员工（编制内）、73% 的编制外员工和自雇人士	
管理	政府福利署	各持牌养老金公司个人账户	
福利设置	统一金额（无地区调整），终身领取 每年根据指数调整。根据婚姻状况及收入资产测试结果，福利金额也会进行相应调整	可选择一次性提取或分期领取，领取额受缴费率、工资、投资收益、在职时间长短等多种因素影响，福利金额最早在 55 岁后方可领取（符合一定条件），不能提早支取	

（二）历史沿革

养老保障制度是澳大利亚社会保障体系的重要组成部分。自 20 世纪 70 年代澳大利亚就迈入了人口老龄化国家的行列，预计到 2051 年，65 岁以上老人将达到 630 万人，占总人口的 26%。老龄化趋势日益严峻，给澳大利亚的社会与经济的发展带来一定的影响。对此，澳大利亚政府十分重视养老保障制度的发展和完善。当前的澳大利亚养老保障制度之所以相对成功，是因为经历了几十年逐步健全的过程。

在1986年养老保障制度改革前，作为英联邦国家的澳大利亚，沿用了当时英国的养老金制度，即澳大利亚人退休后领取的养老金主要有两种：一种是创立于1909年，由联邦政府提供的养老金，通过当年的总税收支付养老金费用，统一发放给所有符合条件的退休人员。其主要目的是为低收入的老年人（男性65岁以上、女性60岁以上）提供生活帮助，满足最基本的生存需求。个人的工作记录与能否领取政府养老金并不挂钩，前提条件是只要是澳大利亚的公民，并接受严格的收入和财产状况调查。虽然这种养老金覆盖面很广，但是保障程度很低，大约是工人平均工资的25%，一对夫妇获得的养老金收益是平均工资的40%，其开支均来源于当年的总税收收入，总税收包括了个人收入税、公司税等，并没有其他资金渠道。另一种是只有小部分人享有的职业养老金，是由一些雇主为了挽留高素质的人才自愿设立的一项福利项目，大约有40%的人享受到了这类计划（主要的受益人是政府雇员和白领阶层），其覆盖面也比较窄，而且雇员在更换工作时，可以将这种职业养老金一次性领取完，所以多数人会在退休前支取大部分的企业养老金，导致了这些雇员的养老负担仍需要政府来承担。

可以说，在20世纪80年代中期以前，澳大利亚养老保险实行政府年金制度，靠税收筹集资金，主要用于支付政府雇员、大公司管理者的退休金和低收入者老年救济，多数劳动者基本没有养老保险，是一种覆盖面窄、现收现付、独脚拐棍式的养老保险制度。

1985年，工会和劳动行政管理部门达成一项协议，要求雇主增加支付工资的3%，为雇员提供养老保险。此后，企业年金逐步建立起来。1992年，澳大利亚通过了《退休金保障法》，政府要求所有雇主为全部员工提供退休金保障，最低缴费水平从1992年7月1日占工资的3%逐年增长到9%，分十年到位，这是澳政府在国民年金之外建立的养老保险金，故称其为超级年金。起初由于缺乏法律约束，许多雇主并不情愿为雇员缴纳这笔增加的年金。1993 年 6 月，曾担任过澳大利亚就业教育与培训部、商业部、财政部高级官员的著名专家文森特·费茨格雷（Vincent W. FitzGerald）向政府提交了一份题为《国民储蓄》的政策咨询报告（著名的《费茨格雷德报告》），提出了在全国强制实行超年金计划、鼓励雇员自愿缴费投保以及基金运营、税收等建议和一系列政策法律实施要点。政府采纳了报告所提建议，于 1994 年颁布了《超年金监管条例》（SIS），加强了对超级年金的管理，强制雇主加入该计划，不缴费者将受到严厉税收处罚。澳大利亚超级年金覆盖了澳大利亚绝大部分工作人口，数据显示，95% 的雇员参加了超级年金制度。未加入的主要是艺术家、记者等自由职业者以及周工作不足 30 个小时的人员。截至 2015 年底，超级年金资产规模已达到 2.0 万亿澳大利亚元。据最新估计，到 2022 年，超级年金积累资金将达到 4.99 万亿澳大利亚元。同时，政府鼓励个人自愿储蓄投资养老保险。

澳大利亚改革养老保险制度的动因，一方面是迫于人口迅速老龄化的压力；另一方面也是为了更好地分担责任，分散风险。仅靠税收维持年金，政府已不堪重负，而继续加大税负，将直接影响企业生产经营，拖经济发展的后腿，以致税源萎缩，反过来影响养老基金来源，难以保障老年基本生活。因此，为保证国民在退休后能有基本的收入，必须开辟新的养老保险基金来源，这是在制度模式上选择三支柱架构的重要原因。

在这场制度变革中，核心是超级年金制度的设计。该制度的优点在于：一是减轻了政府财政负担；二是明确了国家、企业、个人责任，分散了退休风险；三是推动了个人储蓄的增长，个人账户为养老提供了实实在在的资金积累；四是提高了人们对养老保险投资的理解和认同；五是促进了资本市场的发展，为股票和证券市场补充了资金。澳大利亚养老金发展历程详见表 14–3。

表 14-3　澳大利亚养老金发展历程

年代	重要事项	行业影响	同时期安保的发展历程
1986 年之前		双支柱的养老金体系：老年金 + 自愿性储蓄 所有养老依赖于政府出资	寿险代理是主要分销渠道，产品以保险和个人储蓄为主，局限于存款、债券、澳洲股票 主要为大型私企和上市公司提供雇主养老金计划，基金形式为待遇确定型
1986 年	州政府及联邦政府开始实施各自出台的行业规定	开始对公务员、某些行业及高级职员实施 3% 强制雇主养老金；和目前中国市场的企业年金、职业年金类似；雇主决定默认投资、养老金计划等，雇主是主要决策人 养老金覆盖率达到约 40%	保险和投资产品开始分离。投资挂钩型产品出现，养老金产品开始向缴费确定型转变 逐步将寿险代理转型培养成理财规划师，以提供全方位财富管理服务
1992 年	养老金保证（SG）、强制性雇主缴纳养老金政策正式出台	对所有员工实施 3% 的强制雇主养老金，覆盖率达到了 90%；缴费要求从开始的 3% 逐渐增加，2002 年开始达到 9% 强制雇主养老金不需要员工个人缴纳，3%~9% 全部为雇主缴纳；个人可以自主缴纳养老金，有税收优惠（养老金税率为 15%vs 平均个人边际税率约为 25%） 资产规模达到 1480 亿澳大利亚元	养老金投资开始扩展到境外投资，包括另类资产（不动产和基础设施） 养老金产品开始提供多元化投资和平衡基金选项

续表

年代	重要事项	行业影响	同时期安保的发展历程
1999 年	立法通过允许个人建立自主管理型养老金（SMSF）	开始对成员开放多种投资选项，但是90%成员并不选择，仍留在默认选项 个人自管养老金开始增长 资产规模达到5500亿澳大利亚元	由于覆盖率已达到90%，市场饱和情况下赢得新客户更具挑战，客户留存和交叉销售变得越来越重要，和雇主的关系维护以及教育服务成为关键所在 大部分养老金计划都已经是缴费确定型计划 理财规划师迅速增长（随着个人选择权放开、自管养老金等）
2005 年	养老金选择：成员可以自主选择自己的养老金计划	个人不同养老金账户的金额可以互相转移，成员可以在转换雇主后仍使用自己原本的养老金账户 养老金合并：成员可以同时拥有多个养老金账户，因此政府鼓励个人将不同养老金合并到一个账户中进行管理 大部分待遇确定型基金不再接收新成员加入，新成员进入到缴费固定型模式	Flexible Super, Signature Super – 集合信托产品（受托投管账管一体化） eSuper– 缴费转账电子化，对安保和客户都更有效率 个人包裹账户出现（个人养老金 / 投资 / 存款一站式管理） 雇主仍是安保赢得业务的关键，但是同时开始关注成员，希望成员主动选择 AMP– 开始注重提供成员教育
2014 年	政府规定默认投资选项（MySuper）& 养老金电子化（Super Stream）	强制雇主缴费要求增加到9.5%，在2025年底前要求达到12% 对于不自主选择投资选项的成员，必须为他们提供符合政府 MySuper 要求的默认投资选项，该默认选项需要提供保险，保费从养老金账户中扣除 养老金的大部分业务必须3天内通过电子化来完成（而不是传统上手动，纸质） 2015年底资产规模已达到2万亿澳大利亚元	生命周期成为默认投资选项 30%的成员自主选择养老金计划，而不是留在雇主为他们提供的计划，所以“以终端消费者（个人成员）为中心”成为成功的关键 开始关注退休领取期产品 增进电子化体验，让成员可以随时随地和我们互动 自管养老金持续增长——个人自主，个人成员有更多掌控和灵活性，安保成为最大的自管养老金管理供应商

（三）养老金体系特点

经过 20 多年的改革，澳大利亚的养老保险制度发生了深刻变化。

1. 从独脚拐棍转向三个支柱

基本养老金、强制性超级年金和个人储蓄型养老金，构成了澳大利亚现行养老保险制度。特别是超级年金发展最快，覆盖面迅速扩大，成为澳大利亚养老保险制度的重要支柱。澳大利亚养老保险制度已从政府包办、独脚拐棍式年金制度转变为三支柱式养老制度。

2. 从收益确定转向缴费确定

由于制度体系的变革，养老保险基金筹集方式和养老金计发办法也发生了根本性变化，逐步从收益确定型向缴费确定型转变。过去由政府提供的年金完全靠国家税收筹集资金，直接由政府预算支付，向低收入退休者提供基本生活保障，支付水平为男性周平均工资的 25%，不断增加的支出只有靠增加税收来弥补。实行超级年金计划改变了养老保险基金的筹集方式及年金支付办法，采用完全积累方式，由雇主缴纳，全部计入个人账户，积累的基金委托国家依法认定的信托机构管理，由专业公司负责投资运营，保值增值。投保人退休时，依据个人账户积累额计算养老金领取额，目前法律规定，这笔养老金可以按月领取，也可一次性领取。按照 9% 的缴费率测算，积累 35~40 年，超级年金的替代率约为 40%，大大减轻了政府的财政负担。

3. 从政府责任转向社会责任

由一支柱转向三支柱，不仅是养老保险制度体系的转换，而且也体现了政府责任向社会责任的转变，特别是个人的责任增大了。过去，机构和个人作为纳税人，只要照章纳税就行了，养老保险是政府的事。在澳大利亚，长期实行高税收、高福利的社会经济政策，人们没有储蓄的习惯。工资收入除纳税外，几乎全部用于即时消费，甚至超前消费。实行超级年金计划，实际上是强制人们为未来储蓄，同时采用个人账户、税收优惠、鼓励投资等措施，把养老保险从单纯政府责任逐步转向社会责任，大大增加了个人对自己老年保障的关注。

（四）监管体系

为了保障政府年金和超级年金制度顺利实施和基金安全有效运营，澳政府由家庭和社区服务部（1998 年组建，原为社会保障部）负责政府年金计划和支付管理；由审慎监管局负责监督管理超级年金信托机构并确保超级年金和个人自愿储蓄养老基金的安全；由证券投资委员会负责维护消费者利益并确保市场公平竞争；由税务局负责确保雇主按时足额缴费并符合税务规定，并监管小型基金。各部门各司其职，又相互配合，组成养老保险监管系统，保证了新制度一开始就步入依法规范实施的轨道，使社会各方面都承担起应负的责任。

澳大利亚养老保险制度改革后，为了加强社会化服务，1997 年，经联邦政府总理批准，成立了中央联接机构（简称中联，英文名称为 Centre Link，是政府出资设立的非营利性事业机构）。该机构与政府各部门保持联系，承担委托的各种服务项目，受家庭与社区服务部委托发放养老金是其主要任务之一。该机构总部设在首都堪培拉，在全澳各地社区有 1000 多个服务网点，共有 22000 名职员，仅各种支付服务就有 70 多项，每年由该机构支付的金额高达 510 亿澳大利亚元。该机构负责养老金领取人情况登记、费用申报和通知发放，工作一直做到家庭，同时负责收集汇总全国养老金申领发放信息。该机构拥有全澳第四大 IT 网络系统。该机构现有 640 万名服务客户，约占澳大利亚总人口的 1/3；每年要给客户发出大约 1 亿封信件，接待 650 万人次来访，答复 2200 万个电话咨询，处理 29 亿条计算机业务往来，提供 230 万个互联网页供用户查询。中联机构的设立，使政府从繁杂的具体事务中解脱出来，形成了一个从中央到地方、从城市到乡村、从社区到家庭疏而不漏的社会服务网。

在澳大利亚，规定雇主必须参加超级年金计划并按法律规定缴纳相关费用的法律为《退休保障法》和《产业关系法》；受托人的成立与注册、相应的义务与职责、基金的投资限制与缴纳比例、基金实体日常事务管理及具体运作等内容主要由《超级年金监管条例》《信托法》和《养老金行业监管法》进行设定。澳大利亚对超级年金基金的主要监管机构为澳大利亚审慎监管局、澳大利亚证券投资委员会以及澳大利亚税务局。

澳大利亚审慎监管局为澳大利亚超级年金基金主要监管部门，1998年7月1日成立于悉尼，其性质为事业部门。它主要由政府相关部门的高级管理人员组成，最高决策机构为董事会，主要运营资金来源由其监管下的相应金融实体提供，政府不负责对其提供财务支持。它通过选择性地进行非现场检查（如年度报告、大型基金的季度报告）及不定期现场检查，对超级年金基金的受托人和有关管理运营实体进行监管，监管内容主要为受托人内部管理状况、人事安排、机构设置等方面。虽然法律对于澳大利亚审慎监管局职能阐述比较模糊（它指出审慎监管局的设立是为将其作为财政部门里的一个监管实体，且不能违背其他相关审慎人监管原则或者退休收入条例的法律），但审慎监管局在监管目标的设定上比较清晰，其使命为“建立和执行审慎性监管标准和原则，并确保在稳定、高效和竞争性的金融体系内等一切合理的情况下，由审慎监管局监督的超级年金基金实体务必实现其财务承诺”。在超级年金基金监管中引进风险导向下的监管方法就是对这一条款很好的释义——风险导向下的监管方法目标为最大程度减小基金破产给基金成员和相关受益人带来的损失。通过对超级年金基金的运作状况进行评估，及时发现和解决问题，降低风险，保证超级年金基金的安全。2002年10月，澳大利亚审慎监管局引进了新的风险评估和监管工具——概率和影响评级系统以及监管监督及应对系统，并成为审慎监管局风险导向下监管方法不可缺少的部分。在引进破产概率和影响评级系统与监管监督及应对系统前，澳大利亚第二大保险公司破产。随后（但与此破产事件无直接联系），审慎监管局对其监管水平进行了多方面的提升，主要集中在以下四点：一是作出更准确的风险判断；二是在必要时更迅速并持续地作出监管反馈；三是提高监管人员能力以求监管活动更有效率；四是加强对问题机构的监管。

对于企业年金基金来说，澳大利亚证券投资委员会是为相关基金管理运营机构及基金实体进行注册登记，并对其进行监管的政府机构。一般情况下，它关注的是市场完整性、企业行为指引和消费者保护等问题。在超级年金基金运营方面主要是对基金实体市场行为、具体运作情况、投资水平、经营业绩、信息披露、有无欺诈误导行为等进行监管。此外，它还建立了相应的投诉举报制度和专门的仲裁机构，以供在基金管理运营状况或服务水平受到基金成员投诉或发生冲突时，可以有专门的部门进行调查和处理。其监管的目的性在于保护基金成员的权利，并在此基础上促进市场有效运作。

在超级年金基金监督方面，澳大利亚税务局以监测相关基金实体或雇主的法定费用支付为主要责任。雇主的缴费和超级年金基金运营状况都会受到它的定期检查，以确保基金实体与缴费义务人遵守了相关的法律要求。此外，自我管理超级年金基金的监管也由澳大利亚税务局负责。这三个部门既职责明确又相互配合，组成了澳大利亚超级年金基金的监管组织框架，保证了超级年金基金的有效运转。

（五）市场情况

经过二十多年的发展，澳大利亚的超级年金制度取得了举世瞩目的成功。首先，从总体发展看，截至2013年6月底，其总资产规模达1.62万亿美元，年均增速为15.7%。该体系目前覆盖了70%以上的工作人口，预计到2028年整个澳大利亚养老金资产规模将达到7万亿美元。其次，从全球视角来看，澳大利亚也是养老金市场的主要成员，它持有OECD国家养老基金总资产的6.7%，仅次于美国、日本和英国而位列第四。再次，从各类型基金的基本特征看，截至2013年6月底，小型基金是基金数量和管理资产最多的基金，占总资产的31.4%，随后是零售基金占26.1%，行业基金占20.1%，公共部门基金占15.9%，公司基金占3.8%。在2013财年，前四类大型养老基金都取得了10%以上的收益率，而且在过去十年间的收益率的波动性基本相当，除零售基金外的历史平均收益率在6.5%~7.0%，完全实现了基金的保值增值。小型基金数量过多让整个制度看上去碎片化严重，因此大型基金在过去十年间合并的趋势非常明显。根据韬睿惠悦2012年的统计，澳大利亚已有4只养老基金排进全球100名，15只排进全球300名，合计管理养老金资产3900亿美元，是五年前的两倍。最后，从资产配置看，67.7%的基金管理实体为成员提供了投资选择，但仍有43.7%的养老金资产投资于默认投资策略组合。2013年6月底，默认投资组合的资产配置为：国内股票（26.5%）、国外股票（24.9%）、不动产（9.5%）、国内债券（8.5%）、国外债券（5.9%）、现金（8.2%）、其他资产（16.5%）。可见，它们在追求收益性、流动性和安全性等保障性目标的前提下很好地实现了资产类别和投资地域的多样化。

二、第三支柱

澳大利亚三支柱的模式中，第一支柱的基本养老金的保障水平较低，第二支柱的超级年金在不断发展中，积累水平相对较低，建立第三支柱的个人储蓄型养老金显得尤为重要。

（一）主要类型

第三支柱分为保险年金产品和自愿职业养老金计划两种类型。大部分保险年金产品包含死亡、永久性残疾、暂时性残疾等保险责任，所有成员享受一样或相似的保险计划，成员现在可以自主选择。自愿性的职业养老金计划包括了两个部分：一是雇主为雇员缴费中超出缴费工资的 9% 的部分；二是雇员用税后收入额外缴费到职业养老金基金账户中的那部分，也包括自雇者为自己缴费，在 8% 的费率以内缴费可享受税收优惠。另外，一些雇员还与雇主磋商，希望从税前工资中支付额外的超级年金缴费，将此部分缴费通过雇主缴费的形式进入养老金，享受税收优惠政策。所有进入基金中的缴费，根据个人意愿投资，收益归己所有，退休时可一次性领取，其职能是满足个人对退休养老的个性化安排。

自愿职业养老金计划与强制性雇主缴费的超级年金计划有着深厚的历史渊源。可以说强制性的超级年金计划是建立在自愿性的养老金政策之上，并不断发展完善的。目前，自愿性和强制性超年金的合计平均缴费率已达年度工资总额的13%，第二支柱和第三支柱覆盖了超过90%的澳大利亚劳动力，其中包括96%的全职员工（编制内）、80%的兼职员工（编制内）和73%的编制外员工和自雇人士。伴随着人们养老储蓄观念的加强，第三支柱的发展尤为迅速，有43%的雇员参加到自愿职业养老金计划。

（二）支持政策

澳大利亚居民在退休养老方面一直过度依赖政府的福利政策，为减轻日益加重的财政负担，政府也希望企业和个人分担养老保险责任，以分散风险。尤其是澳大利亚人没有储蓄的习惯，政府采用税收优惠和多渠道投资措施激励人们自愿缴费，为个人养老储蓄投资。

对于第三支柱个人自愿退休储蓄部分，如果用税后收入缴费不征税，如果用税前收入缴费税率降低50%，投资收益部分纳税率由30%减为15%。从2003年至2004年起，中低收入群体用税后收入缴费时，可以获得政府缴费补助，对于年收入低于28000澳大利亚元，税后缴费达1000澳大利亚元时，最高可以获得政府缴费补助1500澳大利亚元；随收入提高，政府补助相应降低，当年收入高于58000澳大利亚元时不再享有政府补助。2006年5月以后，取消60岁以上成员的养老金税和年领取养老金的限额，无论是一次性领取还是分期领取，超过标准限额后才征税，而一次性领取的税率很高。

三、启示

（一）统一养老保障制度，增加对社保基金的财政投入

中国政府目前提供的社会基本养老保障覆盖率较高，机关事业单位、城镇企业和农村的基本养老保障还处于各自为政的割裂状态，而城镇企业职工的基本养老保障实施社会统筹与个人账户相结合的制度。这种分立的养老保障制度不仅在制度上造成不同地域和职业间公民的基本养老收入不平等，而且也使得中国基本养老保障资金一直存在缺口，未来政府财政压力将异常巨大。

澳大利亚也曾经历过与中国养老保障制度相似的财政支付巨大的问题。为保证政府未来有能力继续维持由其负责的养老保险支出，2006 年 3 月澳大利亚国会通过《未来基金法》设立专业基金，进行投资以积累资金，帮助政府在 2020 年前弥补可能出现的对政府雇员的养老保障透支部分。2006 年澳大利亚政府直接拨付了 180 亿澳大利亚元资金作为未来基金的起始资金，2007 年又累计拨付了约 382 亿澳大利亚元资金至未来基金的专有账户。澳大利亚未来基金的覆盖范围虽然小于我国的社保基金，但成立基金的目的都是弥补政府负责部分的养老金亏空。澳大利亚未来基金更显得未雨绸缪，它实际上是在弥补政府未来可能会产生的养老保险支出，而不是现在的财政支出，并且通过取消、限制固定收益模式等方式，未来基金预计将在 2020 年前完成任务。

中国的社保基金甚至还无法弥补养老保险基金的当前亏空，更谈不上去弥补未来的养老保险基金亏空。这主要是因为存在固定收益模式，现行城镇养老基金还未实现全国统筹等问题所造成的。当然，解决基本养老保障资金欠缺的最终途径还是改革中国的养老保障制度，在增加基本养老保险覆盖面和统筹范围的同时，持续推进机关事业单位的养老保障制度改革，鼓励农村人口以互助形式加入基本养老保障体系，鼓励全社会成员积极参

加补充养老金制度，最终实现中国养老保障制度在全国范围内的统一。借鉴澳大利亚未来基金的模式，中国应尽早、尽快增加对社保基金的财政预算拨款，不仅使社保基金可以肩负目前的养老金支付责任，而且可以完成未来中国全社会的基本养老保障之需。

（二）通过积极的财政、税收以及投资政策，引导企业与个人参加补充养老保险

为支持和促进养老金体制的改革，澳大利亚政府采取了一些积极的财政政策和税收政策来引导自愿缴纳的年金基金的发展。在养老保障制度体系构建上，建立多层次、全方位的养老保障制度体系已经成为各国的共识。世界银行建议各国实现养老金体系多样化，既有维持最低生活标准的公共部分，又包含私人管理和私人筹资部分，同时强调养老金改革与促进经济成长和发展的内在联系。中国应当借鉴澳大利亚采取的政府、企业与个人共同承担养老保障的做法，在政府继续承担公民基本养老责任的基础上，加强第二支柱和第三支柱补充养老基金的建设。对养老基金的税收激励，中国在制度上显得落后，作为第二支柱的企业年金制度虽然已经建立，但企业和个人得到的税收优惠却比较有限，特别是第三支柱尚无税收优惠政策支持，社会公众的缴纳积极性不高。

此外，澳大利亚政府十分尊重个人对自己养老基金的投资策略选择，大众有自主选择补充养老金的投资权利，人们可以自由地将自己的养老金资产从一个年金基金转到另一个年金基金，有些人则选择自我管理养老金投资。这种自由的选择权一方面可以增加年金基金间的竞争性，另一方面也强调了对养老保障中个人责任。中国在未来的养老保障制度改革中，应加快财政的积极转移和扩大有关补充养老保障的税收优惠，并可以考虑给予个人更为灵活的投资选择，比如放开个人对自己个人账户的投资选择权，这些改革措施的目的是激励企业和个人积极参加年金制度，做实做强养老保障的第二支柱和第三支柱。

（三）完善法律体系，建立具有竞争性的审慎监管格局

澳大利亚对年金基金行业实行了一种功能监管模式，各监管机构按照各自的法定职责，针对年金基金行业的不同问题进行监管。功能型监管的优点在于金融监管的协调性高，监管中的盲点容易被发现并能得到及时处理，金融机构资产组合总体风险容易判断；由于采用统一的监管尺度来管理金融机构的相同业务，相对比较容易创造一个公平竞争的市场环境。除了功能监管模式外，单一目的原则是澳大利亚年金基金审慎监管中又一重要原则。根据《年金基金行业监督法》，年金基金的受托人必须确保养老基金的运作和管理必须仅为基金的参与人或其收益人的养老目的，而不能有其他不相关目的。单一目的原则可以确保不同监管机构采取相同的监管尺度，保证澳大利亚年金基金行业的健康、有序和协调发展。中国对养老基金的监管还未形成富有效率的监管体系。中央和地方相互分散的监管体系，延长了养老基金的管理链条，从而也增加了监管难度；而部分监管者同时兼立法、管理、监督于一身的监管模式，不仅容易使监管流于形式，而且监管透明度低，缺乏效率，甚至还会滋生腐败行为。从一元养老基金监管模式向多元养老金监管模式的转变是世界各国养老基金监管的一个趋势，在这方面，中国可以借鉴澳大利亚完善的养老保险法律体系和多元化的功能监管模式，逐步建立起包含有“单一目的原则”的多元审慎监管格局。

（四）逐步从政府责任转变为社会责任

中国的养老保障制度改革必须在最大程度上实现社会公平，以保障公民最低生活标准为目标，如何为养老保障体制提供良好的运行环境，这是政府首要考虑的。我们可以看到在澳大利亚养老保障制度中，其养老保障体制由改革前的单一支柱向多方支持的三支柱转变，不仅体现了制度体系的转换，同时也体现了政府责任向社会责任的转变，特别是个人的责任被强调、被扩大。实行强制性雇主缴费的职业养老金计划，实际上是强制人

们为未来储蓄，以抵御未来的老龄风险。同时，税收优惠、鼓励投资等措施，把养老保险从单纯政府责任逐步转向社会责任，增强人们自主保障的积极性。从澳大利亚的养老保障制度研究中，我们可以看到，第二层次强制性雇主缴费的职业养老金保障制度，为了鼓励中低收入人群自愿地为职业养老金账户缴费储，政府提出了“共同缴费计划”，这样的计划对于澳洲政府和个人来说，都是“双赢”的。一方面，政府在一定程度上减轻了财政压力；另一方面，个人得到了实惠，积累后的缴费全都作为个人的退休收入。同时，澳大利亚政府还通过一系列的减税措施来鼓励更多公众自愿储蓄。在推动社会责任的同时，政府也加强了对其的监管。虽然我国的国情与澳大利亚有很大不同，但我们可以借鉴澳洲的经验。比方说，中国在企业年金发展过程中，政府应该做到“有所为，有所不为”，充分发挥市场的作用，使政府与市场在养老保障问题上达到新的均衡，以保证制度的可持续发展。

附 录

国务院办公厅关于加快发展商业养老保险的若干意见

（国办发〔2017〕59号）

各省、自治区、直辖市人民政府，国务院各部委、各直属机构：

商业养老保险是商业保险机构提供的，以养老风险保障、养老资金管理等为主要内容的保险产品和服务，是养老保障体系的重要组成部分。发展商业养老保险，对于健全多层次养老保障体系，促进养老服务业多层次多样化发展，应对人口老龄化趋势和就业形态新变化，进一步保障和改善民生，促进社会和谐稳定等具有重要意义。为深入贯彻落实《中共中央关于全面深化改革若干重大问题的决定》、《国务院关于加快发展养老服务业的若干意见》（国发〔2013〕35号）、《国务院关于加快发展现代保险服务业的若干意见》（国发〔2014〕29号）等文件要求，经国务院同意，现就加快发展商业养老保险提出以下意见：

一、总体要求

（一）指导思想。

全面贯彻党的十八大和十八届三中、四中、五中、六中全会精神，深入贯彻习近平总书记系列重要讲话精神和治国理政新理念新思想新战略，认真落实党中央、国务院决策部署，牢固树立新发展理念，以提高发展质量和效益为中心，以推进供给侧结构性改革为主线，以应对人口老龄化、满足人民群众日益增长的养老保障需求、促进社会和谐稳定为出发点，以完善养老风险保障机制、提升养老资金运用效率、优化养老金融服务体系为方向，依托商业保险机构专业优势和市场机制作用，扩大商业养老保险产品供给，拓宽服务领域，提升保障能力，充分发挥商业养老保险在健全养老保障体系、推动养老服务业发展、促进经济提质增效升级等方面的生力军作用。

（二）基本原则。

坚持改革创新，提升保障水平。以应对人口老龄化、保障和改善民生为导向，坚持专注主业，深化商业养老保险体制机制改革，激发创新活力，增加养老保障产品和服务供给，提高服务质量和效率，更好满足人民群众多样化、多层次养老保障需求。

坚持政策引导，强化市场机制。更好发挥政府引导和推动作用，给予商业养老保险发展必要政策支持，创造良好政策环境。充分发挥市场在资源配置中的决定性作用，鼓励市场主体及相关业务特色化、差异化发展。

坚持完善监管，规范市场秩序。始终把维护保险消费者合法权益作为商业养老保险监管的出发点和立足点，坚持底线思维，完善制度体系，加强监管协同，强化制度执行，杜绝行政摊派、强买强卖，营造平等参与、公平竞争、诚信规范的市场环境。

（三）主要目标。

到2020年，基本建立运营安全稳健、产品形态多样、服务领域较广、专业能力较强、持续适度盈利、经营诚信规范的商业养老保险体系，商业养老保险成为个人和家庭商业养老保障计划的主要承担者、企业发起的商业养老保障计划的重要提供者、社会养老保障市场化运作的积极参与者、养老服务业健康发展的有力促进者、金融安全和经济增长的稳定支持者。

二、创新商业养老保险产品和服务

（四）丰富商业养老保险产品供给，为个人和家庭提供个性化、差异化养老保障。支持商业保险机构开发多样化商业养老保险产品，满足个人和家庭在风险保障、财富管理等方面的需求。积极发展安全性高、保障性强、满足长期或终身领取要求的商业养老年金保险。支持符合条件的商业保险机构积极参与个人税收递延型商业养老保险试点。针对独生子女家庭、无子女家庭、“空巢”家庭等特殊群体养老保障需求，探索发展涵盖多种保险产品和服务的综合养老保障计划。允许商业养老保险机构依法合规发展具备长期养老功能、符合生命周期管理特点的个人养老保障管理业务。

（五）推动商业保险机构提供企业（职业）年金计划等产品和服务。鼓励商业保险机构发展与企业（职业）年金领取相衔接的商业保险业务，强化基金养老功能。支持符合条件的商业保险机构申请相关资质，积极参与企业年金基金和职业年金基金管理，在基金受托、账户管理、投资管理等方面提供优质高效服务。鼓励商业保险机构面向创新创业企业就业群体的市场需求，丰富商业养老保险产品供给，优化相关服务，提供多样化养老保障选择。

（六）鼓励商业保险机构充分发挥行业优势，提供商业服务和支持。充分发挥商业保险机构在精算管理和服务资源等方面的优势，为养老保险制度改革提供技术支持和相关服务。支持符合条件的商业保险机构利用资产管理优势，依法依规有序参与基本养老保险基金和全国社会保障基金投资运营，促进养老保险基金和社会保障基金保值增值。

三、促进养老服务业健康发展

（七）鼓励商业保险机构投资养老服务产业。发挥商业养老保险资金长期性、稳定性优势，遵循依法合规、稳健安全原则，以投资新建、参股、并购、租赁、托管等方式，积极兴办养老社区以及养老养生、健康体检、康复管理、医疗护理、休闲康养等养老健康服务设施和机构，为相关机构研发生产老年用品提供支持，增加养老服务供给。鼓励商业保险机构积极参与养老服务业综合改革试点，加快推进试点地区养老服务体系建设。

（八）支持商业保险机构为养老机构提供风险保障服务。探索商业保险机构与各类养老机构合作模式，发展适应养老机构经营管理风险要求的综合责任保险，提升养老机构运营效率和稳健性。支持商业保险机构发展针对社区日间照料中心、老年活动中心、托老所、互助型社区养老服务中心等老年人短期托养和文体休闲活动机构的责任保险。

（九）建立完善老年人综合养老保障计划。针对老年人养老保障需求，坚持保障适度、保费合理、保单通俗原则，大力发展老年人意外伤害保险、老年人长期护理保险、老年人住房反向抵押养老保险等适老性强的商业保险，完善保单贷款、多样化养老金支付形式等配套金融服务。逐步建立老年人长期照护、康养结合、医养结合等综合养老保障计划，健全养老、康复、护理、医疗等服务保障体系。

四、推进商业养老保险资金安全稳健运营

（十）发挥商业养老保险资金长期投资优势。坚持风险可控、商业可持续原则，推进商业养老保险资金稳步有序参与国家重大战略实施。支持商业养老保险资金通过债权投资计划、股权投资计划、不动产投资计划、资产支持计划、保险资产管理产品等形式，参与重大基础设施、棚户区改造、新型城镇化建设等重大项目和民生工程建设，服务科技型企业、小微企业、战略性新兴产业、生活性服务新业态等发展，助力国有企业混合所有制改革。

（十一）促进商业养老保险资金与资本市场协调发展。发挥商业保险机构作为资本市场长期机构投资者的积极作用，依法有序参与股票、债券、

证券投资基金等领域投资，为资本市场平稳健康发展提供长期稳定资金支持，规范有序参与资本市场建设。

（十二）审慎开展商业养老保险资金境外投资。在风险可控前提下，稳步发展商业养老保险资金境外投资业务，合理配置境外资产，优化配置结构。支持商业养老保险资金通过相关自贸试验区开展境外市场投资；按照商业可持续原则，有序参与丝路基金、亚洲基础设施投资银行和金砖国家新开发银行等主导的投资项目，更好服务国家"走出去"战略。

五、提升管理服务水平

（十三）加强制度建设。坚持制度先行，健全商业养老保险管理运行制度体系，优化业务流程，提升运营效率，增强商业养老保险业务运作规范性。细化完善商业养老保险资金重点投资领域业务规则，强化限额管理，探索建立境外投资分级管理机制。完善商业养老保险服务国家战略的引导政策和支持实体经济发展的配套政策。

（十四）提升服务质量。制定完善商业养老保险服务标准，构建以保险消费者满意度为核心的服务评价体系。深入推进以客户为中心的运营管理体系建设，运用现代技术手段，促进销售渠道和服务模式创新，为保险消费者提供高效便捷的服务。突出销售、承保、赔付等关键服务环节，着力改进服务质量，提升保险消费者消费体验，巩固培育商业品牌和信誉。

（十五）发展专业机构。提升商业养老保险从业人员职业道德和专业素质，加大专业人才培养和引进力度，完善职业教育。支持符合条件的商业保险机构发起设立商业养老保险机构，拓宽民间资本参与商业养老保险机构投资运营渠道，允许专业能力强、市场信誉度高的境外专业机构投资商业养老保险机构。

（十六）强化监督管理。完善商业养老保险监管政策，加强监督检查，规范商业养老保险市场秩序，强化保险消费者权益保护。落实偿付能力监管制度要求，加强商业养老保险资金运用监管，健全风险监测预警和信息披露机制。督促商业保险机构加强投资能力和风险管控能力建设，强化资产负债匹配管理和风险控制，防范投资运用风险，实现商业养老保险资金保值及合理回报，提升保险保障水平。

六、完善支持政策

（十七）加强组织领导与部门协同。各地区、各有关部门要将加快发展商业养老保险纳入完善养老保障体系和加快发展养老服务业的总体部署，加强沟通配合，创新体制机制，积极研究解决商业养老保险发展中的重大问题。有关部门可根据本意见精神，细化完善配套政策措施。各省（区、市）人民政府可结合实际制定具体实施意见，促进本地区商业养老保险持续健康发展。

（十八）加强投资和财税等政策支持。研究制定商业养老保险服务实体经济的投资支持政策，完善风险保障机制，为商业养老保险资金服务国家战略、投资重大项目、支持民生工程建设提供绿色通道和优先支持。落实好国家支持现代保险服务业和养老服务业发展的税收优惠政策，对商业保险机构一年期以上人身保险保费收入免征增值税。2017 年底前启动个人税收递延型商业养老保险试点。研究制定商业保险机构参与全国社会保障基金投资运营的相关政策。

（十九）完善地方保障支持政策。各省（区、市）人民政府要统筹规划养老服务业发展，鼓励符合条件的商业保险机构投资养老服务业，落实好养老服务设施的用地保障政策。支持商业保险机构依法依规在投资开办的养老机构内设置医院、门诊、康复中心等医疗机构，符合条件的可按规定纳入城乡基本医疗保险定点范围。支持商业保险机构开展住房反向抵押养老保险业务，在房地产交易、登记、公证等机构设立绿色通道，降低收费标准，简化办事程序，提升服务效率。

（二十）营造良好环境。大力普及商业养老保险知识，增强人民群众商业养老保险意识。以商业养老保险满足人民群众多样化养老保障需求为重点，加大宣传力度，积极推广成熟经验。加强保险业诚信体系建设，推动落实守信联合激励和失信联合惩戒机制。强化行业自律，倡导公平竞争合作，为商业养老保险健康发展营造良好环境。

国务院办公厅

2017 年 6 月 29 日

关于开展个人税收递延型商业养老保险试点的通知

（财税〔2018〕22号）

上海市、江苏省、福建省、厦门市财政厅（局）、地方税务局、人力资源社会保障厅（局）、银监局、证监局、保监局：

为贯彻落实党的十九大精神，推进多层次养老保险体系建设，对养老保险第三支柱进行有益探索，现就开展个人税收递延型商业养老保险试点有关问题通知如下：

一、关于试点政策

（一）试点地区及时间。

自2018年5月1日起，在上海市、福建省（含厦门市）和苏州工业园区实施个人税收递延型商业养老保险试点。试点期限暂定一年。

（二）试点政策内容。

对试点地区个人通过个人商业养老资金账户购买符合规定的商业养老保险产品的支出，允许在一定标准内税前扣除；计入个人商业养老资金账户的投资收益，暂不征收个人所得税；个人领取商业养老金时再征收个人所得税。具体规定如下：

1. 个人缴费税前扣除标准。取得工资薪金、连续性劳务报酬所得的个人，其缴纳的保费准予在申报扣除当月计算应纳税所得额时予以限额据实扣除，扣除限额按照当月工资薪金、连续性劳务报酬收入的 6% 和 1000 元孰低办法确定。取得个体工商户生产经营所得、对企事业单位的承包承租经营所得的个体工商户业主、个人独资企业投资者、合伙企业自然人合伙人和承包承租经营者，其缴纳的保费准予在申报扣除当年计算应纳税所得额时予以限额据实扣除，扣除限额按照不超过当年应税收入的 6% 和 12000 元孰低办法确定。

2. 账户资金收益暂不征税。计入个人商业养老资金账户的投资收益，在缴费期间暂不征收个人所得税。

3. 个人领取商业养老金征税。个人达到国家规定的退休年龄时，可按月或按年领取商业养老金，领取期限原则上为终身或不少于 15 年。个人身故、发生保险合同约定的全残或罹患重大疾病的，可以一次性领取商业养老金。

对个人达到规定条件时领取的商业养老金收入，其中 25% 部分予以免税，其余 75% 部分按照 10% 的比例税率计算缴纳个人所得税，税款计入“其他所得”项目。

（三）试点政策适用对象。

适用试点税收政策的纳税人，是指在试点地区取得工资薪金、连续性劳务报酬所得的个人，以及取得个体工商户生产经营所得、对企事业单位的承包承租经营所得的个体工商户业主、个人独资企业投资者、合伙企业自然人合伙人和承包承租经营者，其工资薪金、连续性劳务报酬的个人所得税扣缴单位，或者个体工商户、承包承租单位、个人独资企业、合伙企业的实际经营地均位于试点地区内。

取得连续性劳务报酬所得，是指纳税人连续 6 个月以上（含 6 个月）为同一单位提供劳务而取得的所得。

（四）试点期间个人商业养老资金账户和信息平台。

1. 个人商业养老资金账户是由纳税人指定的、用于归集税收递延型商业养老保险缴费、收益以及资金领取等的商业银行个人专用账户。该账户封闭运行，与居民身份证件绑定，具有唯一性。

2. 试点期间使用中国保险信息技术管理有限责任公司建立的信息平台（以下简称“中保信平台”）。个人商业养老资金账户在中保信平台进行登记，校验其唯一性。个人商业养老资金账户变更银行须经中保信平台校验后，进行账户结转，每年允许结转一次。中保信平台与税务系统、商业保险机构和商业银行对接，提供账户管理、信息查询、税务稽核、外部监管等基础性服务。

（五）试点期间商业养老保险产品及管理。

个人商业养老保险产品按稳健型产品为主、风险型产品为辅的原则选择，采取名录方式确定。试点期间的产品是指由保险公司开发，符合“收益稳健、长期锁定、终身领取、精算平衡”原则，满足参保人对养老账户资金安全性、收益性和长期性管理要求的商业养老保险产品。具体商业养老保险产品指引由中国银行保险监督管理委员会提出，商财政部、人社部、税务总局后发布。

（六）试点期间税收征管。

1. 关于缴费税前扣除。个人购买符合规定的商业养老保险产品、享受递延纳税优惠时，以中保信平台出具的税延养老扣除凭证为扣税凭据。取得工资、薪金所得和连续性劳务报酬所得的个人，应及时将相关凭证提供给扣缴单位。扣缴单位应按照本通知有关要求，认真落实个人税收递延型商业养老保险试点政策，为纳税人办理税前扣除有关事项。

个人在试点地区范围内从两处或者两处以上取得所得的，只能选择在其中一处享受试点政策。

2. 关于领取商业养老金时的税款征收。个人按规定领取商业养老金时，由保险公司代扣代缴其应缴的个人所得税。

二、试点期间其他相关准备工作

试点期间，中国银行保险监督管理委员会、证监会做好相关准备工作，完善养老账户管理制度，制定银行、公募基金类产品指引等相关规定，指导相关金融机构产品开发。做好中国证券登记结算有限责任公司信息平台（以下简称“中登公司平台”）与商业银行、税务等信息系统的对接准备工作。同时，由人社部、财政部牵头，联合税务总局、中国银行保险监督管理委员会、证监会等单位，共同研究建立第三支柱制度和管理服务信息平台。

试点结束后，根据试点情况，结合养老保险第三支柱制度建设的有关情况，有序扩大参与的金融机构和产品范围，将公募基金等产品纳入个人商业养老账户投资范围，相应将中登公司平台作为信息平台，与中保信平台同步运行。第三支柱制度和管理服务信息平台建成以后，中登公司平台、中保信平台与第三支柱制度和管理服务信息平台对接，实现养老保险第三支柱宏观监管。

三、部门协作

（一）信息平台应向税务机关提供个人税收递延型商业养老保险有关信息，并配合税务机关做好相关税收征管工作。

（二）保险公司在销售个人税收递延型商业养老保险产品时，应为购买商业养老保险产品的个人开具发票和保单凭证，载明产品名称及缴费金额等信息。保险公司与信息平台实时对接，保证信息真实准确。

（三）试点地区财政、人社、税务、金融监管等相关部门应各司其职，密切配合，认真组织落实本通知，并及时总结、动态评估试点经验。对实施过程中遇到的困难和问题，及时向财政部、人社部、税务总局和金融监管部门反映。

财政部　税务总局　人力资源社会保障部

中国银行保险监督管理委员会　证监会

2018 年 4 月 2 日

关于印发《个人税收递延型商业养老保险产品开发指引》的通知

（银保监发〔2018〕20 号）

各保监局，各银监局，上海市、江苏省、福建省、厦门市财政厅（局）、人力资源社会保障厅（局）、地方税务局，各人身保险公司：

为贯彻落实党的十九大精神，促进个人税收递延型商业养老保险试点健康发展，规范保险公司个人税收递延型商业养老保险产品开发设计行为，根据《财政部　税务总局　人力资源社会保障部　中国银行保险监督管理委员会　证监会关于开展个人税收递延型商业养老保险试点的通知》（财税〔2018〕22 号）有关规定，中国银行保险监督管理委员会商财政部、人力资源社会保障部、税务总局，制定了《个人税收递延型商业养老保险产品开发指引》。现印发给你们，请遵照执行。

中国银行保险监督管理委员会　中华人民共和国财政部
中华人民共和国人力资源和社会保障部　国家税务总局
2018 年 4 月 25 日

个人税收递延型商业养老保险产品开发指引

个人税收递延型商业养老保险产品（以下简称税延养老保险产品）开发指引，是个人税收递延型商业养老保险试点期间，保险公司开发设计税延养老保险产品的基本要求和统一规范。参与试点的保险公司应按照本指引和相关规定，开发设计税延养老保险产品。

一、设计原则

保险公司开发设计税延养老保险产品应当以“收益稳健、长期锁定、终身领取、精算平衡”为原则，满足参保人对养老资金安全性、收益性和长期性管理要求。

本指引是保险公司开发设计税延养老保险产品的基本保险保障要求，保险公司在开发产品时可以在此基础上，按有利于参保人的原则进一步提高保险保障水平。

二、产品要素

（一）参保人

凡16周岁以上、未达到国家规定退休年龄，且符合《财政部 税务总局 人力资源社会保障部 中国银行保险监督管理委员会 证监会关于开展个人税收递延型商业养老保险试点的通知》（财税〔2018〕22号）规定的个人，均可参保税延养老保险产品。

（二）保险期间

终身或长期，包括积累期和领取期两个阶段。

（三）交费方式

月交或年交。

（四）交费期间

保险合同生效后至参保人达到国家规定退休年龄前。

（五）积累期和领取期

1. 积累期，是指参保人按照保险合同约定进行养老资金积累的阶段，参保人开始领取养老年金前均为积累期。在产品积累期，保险公司应为参保人购买的税延养老保险产品建立产品账户，记录所交保费和资金收益等信息。

2. 领取期，是指参保人按照保险合同约定开始领取养老年金的阶段。在产品领取期，保险公司应当根据参保人选择的养老年金领取方式，按照参保时提供的养老年金领取金额表，将参保人在养老年金开始领取日的产品账户价值，转换为每月或每年领取的养老年金，养老年金给付直至参保人身故，或约定的领取期结束。

（六）收益类型

税延养老保险产品积累期养老资金的收益类型，分为收益确定型、收益保底型、收益浮动型，分别对应 A、B、C 三类产品。

1. A 类产品，即收益确定型产品，是指在积累期提供确定收益率（年复利）的产品，每月结算一次收益。

2. B 类产品，即收益保底型产品，是指在积累期提供保底收益率（年复利），同时可根据投资情况提供额外收益的产品，每月或每季度结算一次收益。根据结算频率不同，分为 B1 类产品（每月结算）和 B2 类产品（每季度结算）。

3. C 类产品，即收益浮动型产品，是指在积累期按照实际投资情况进行结算的产品，至少每周结算一次。

（七）保险责任

税延养老保险产品可提供养老年金给付、全残保障和身故保障三项保险责任。

养老年金给付，是指参保人达到国家规定退休年龄或约定的领取年龄（不早于国家规定退休年龄）时，保险公司按照保险合同约定提供终身或长期领取的养老年金，并扣除对应的递延税款。

全残保障和身故保障，是指参保人发生保险合同约定的全残或身故保险事故的，保险公司一次性给付产品账户价值并扣除对应的递延税款，同时根据保险合同约定额外给付保险金。参保人在年满 60 周岁前且未开始领取养老年金时发生全残或身故的，保险公司一次性给付产品账户价值并扣除对应的递延税款，同时按照产品账户价值的 5% 额外给付保险金。参保人年满 60 周岁后且未开始领取养老年金时发生全残或身故的，保险公司一次性给付产品账户价值并扣除对应的递延税款。

（八）领取方式

保险公司按照精算平衡原理，向参保人提供终身领取、领取期限不少于 15 年的长期领取等领取方式，并确定相应的养老年金领取金额。参保人可在开始领取养老年金前申请变更养老年金领取方式。

保险公司应至少提供保证返还账户价值终身月领（或年领）的养老年金领取方式。除此之外，保险公司还可提供固定期限 15（或 20）年月领（或年领）等其他领取方式。

1. 保证返还账户价值终身月领（或年领）。

在养老年金开始领取日及其后每月（或每年）的对应日，如参保人生存，保险公司按固定标准给付养老年金，直至参保人身故。如参保人身故时，保险公司已给付的养老年金总和小于养老年金开始领取日的产品账户价值，保险公司按养老年金开始领取日的产品账户价值与已给付的养老年金总和的差额，一次性给付养老年金，保险合同终止。

2. 固定期限 15（或 20）年月领（或年领）。

在养老年金开始领取日及其后每月（或每年）的对应日，如参保人生存，保险公司按固定标准给付养老年金，直至固定领取期限届满；如参保人在固定领取期限届满前身故，保险公司按固定领取期内尚未给付的养老年金之和，一次性给付养老年金，保险合同终止。

（九）费用收取

保险公司可向参保人收取的费用包括初始费、资产管理费和产品转换费。保险公司应当向参保人明示收取的费用项目和费用水平，并在保险合同中载明。费用收取应体现让利客户原则，确保清晰透明、水平合理。

1. 初始费：是指保险公司按照参保人每笔交纳保险费的一定比例收取的费用。A、B、C 类产品可收取初始费用，其中，A、B 类产品收取比例不超过 2%，C 类产品收取比例不超过 1%。

2. 资产管理费：是指保险公司按照税延养老保险产品投资账户资产净值的一定比例收取的费用。C 类产品可收取资产管理费，收取比例不超过 1%。

3. 产品转换费：是指保险公司按照参保人转出的产品账户价值的一定比例收取的费用。A、B、C 三类产品发生转换时，可收取产品转换费，公司内部产品转换时，每次收取比例不高于 0.5%；跨公司产品转换时，前三个保单年度的收取比例依次不超过 3%、2%、1%，第四个保单年度起不再收取。

三、产品管理

（一）投保管理

保险公司应当为参保人开具发票和保险凭证，载明税延养老保险产品名称和交费金额等信息。

（二）承保管理

保险公司应当通过中国保险信息技术管理有限责任公司个人税收递延型商业养老保险信息平台（以下简称中保信平台），对参保人身份等信息进行验证，符合条件方可承保。

（三）退保管理

参保人发生以下情形，可以申请退保，保险公司按照保险合同约定一次性给付产品账户价值并扣除对应的递延税款。

1. 在开始领取养老年金前，因保险合同约定的责任免除事项导致全残或身故；

2. 患保险合同约定的重大疾病。

（四）产品转换

1. 参保人在开始领取养老年金前，可进行产品转换，包括同一保险公司内的产品转换，或跨保险公司的产品转换。

2. 同一保险公司内的产品转换，是指参保人将一类产品的产品账户价值转移至同一保险公司的其他类产品。跨保险公司的产品转换，是指参保人将当前保险公司的税延养老保险产品账户价值转移至另一保险公司的税延养老保险产品。

3. 对于参保人进行跨保险公司产品转换的，由本人向保险公司申请。

4. 保险公司发生产品转换操作时，应当及时向中保信平台提交有关信息，跨保险公司的产品转换应当通过中保信平台完成有关操作。

5. 试点结束后，对于参保人提出转换为其他金融产品的要求，保险公司应予支持。

（五）精算评估

保险公司应当遵循“公平、合理、审慎”原则，根据精算原理和有关保险监管规定，对税延养老保险产品计提各项准备金，并定期进行充足性测试。

四、名词释义

1. 养老年金。

根据《人身保险公司保险条款和保险费率管理办法（2015年修订）》（保监会令〔2015〕3号）规定，养老年金保险是指以养老保障为目的的年金保险。养老年金保险应当符合下列条件：

（1）保险合同约定给付被保险人生存保险金的年龄不得小于国家规定退休年龄；

（2）相邻两次给付的时间间隔不得超过一年。

2. 国家规定退休年龄。

指国家法律规定的正常退休年龄，参保人实际办理退休时的年龄小于国家规定退休年龄的，以实际退休年龄为准。退休年龄应为周岁年龄，周岁年龄以法定有效身份证件中记载的出生日期为计算基础。

3. 产品账户价值。

指在产品积累期参保人所交纳的保险费与养老资金收益之和扣减相关费用后的余额。

4. 全残。

指下列情形之一：

（1）双目永久完全失明；

（2）两上肢腕关节以上或两下肢踝关节以上缺失；

（3）一上肢腕关节以上及一下肢踝关节以上缺失；

（4）一目永久完全失明及一上肢腕关节以上缺失；

（5）一目永久完全失明及一下肢踝关节以上缺失；

（6）四肢关节机能永久完全丧失；

（7）咀嚼、吞咽机能永久完全丧失；

（8）中枢神经系统机能或胸、腹部脏器机能极度障碍，导致终身不能从事任何工作，为维持生命必要的日常生活活动，全需他人扶助的。

失明：包括眼球缺失或摘除、或不能辨别明暗、或仅能辨别眼前手动者，最佳矫正视力低于国际标准视力表0.02，或视野半径小于5度，且病程持续超过180天（眼球缺失或摘除不在此限），并由保险公司认可鉴定机构出具鉴定书。

关节机能的丧失：指关节永久完全僵硬、或麻痹、或关节不能随意识活动。

咀嚼、吞咽机能的丧失：指由于牙齿以外的原因引起器质障碍或机能障碍，以致不能做咀嚼、吞咽运动，除流质食物外不能摄取或吞咽的状态。

为维持生命必要的日常生活活动，全需他人扶助：指食物摄取、大小便始末、穿脱衣服、起居、步行、入浴等，皆不能自己为之，需要他人帮助。

5. 重大疾病。

指中国保险行业协会颁布的《重大疾病保险的疾病定义使用规范》（中保协寿〔2007〕9号）规定的25种重大疾病，以及疾病名称和疾病定义。

如中国保险行业协会重新修订或颁布重大疾病保险的疾病定义等内容，按重新修订或颁布的内容执行。

中国银行保险监督管理委员会关于印发《个人税收递延型商业养老保险业务管理暂行办法》的通知

（银保监发〔2018〕23号）

各保监局，各人身保险公司：

为贯彻落实党的十九大精神，促进个人税收递延型商业养老保险试点健康发展，服务多层次养老保障体系建设，根据《财政部　税务总局　人力资源社会保障部　中国银行保险监督管理委员会　证监会关于开展个人税收递延型商业养老保险试点的通知》（财税〔2018〕22号）和《中国银行保险监督管理委员会　财政部　人力资源社会保障部　税务总局关于印发〈个人税收递延型商业养老保险产品开发指引〉的通知》（银保监发〔2018〕20号）有关规定，我会制定了《个人税收递延型商业养老保险业务管理暂行办法》。现予以印发，请遵照执行。

中国银行保险监督管理委员会

2018年5月16日

个人税收递延型商业养老保险业务管理暂行办法

第一章 总 则

第一条 为促进个人税收递延型商业养老保险（以下简称“税延养老保险”）健康发展，保护各方当事人的合法权益，根据《中华人民共和国保险法》《财政部 税务总局 人力资源社会保障部 中国银行保险监督管理委员会 证监会关于开展个人税收递延型商业养老保险试点的通知》（财税〔2018〕22号）、《中国银行保险监督管理委员会 财政部 人力资源社会保障部 税务总局关于印发〈个人税收递延型商业养老保险产品开发指引〉的通知》（银保监发〔2018〕20号）（以下简称《产品指引》）等法律、行政法规和有关规定，制定本办法。

第二条 本办法所称税延养老保险产品，是指经中国银行保险监督管理委员会批准，由具备经营条件的保险公司开办的，符合《产品指引》要求和本办法规定的商业养老保险产品。

第三条 本办法所称保险公司是指人身保险公司及其分支机构。

第四条 保险公司开展税延养老保险业务，适用本办法。

第二章 经营要求

第五条 保险公司开展税延养老保险业务应当具备以下条件：

（一）注册资本金和净资产均不低于人民币15亿元；

（二）满足保险公司偿付能力管理有关规定，上一年度末和最近季度末的综合偿付能力充足率不低于150%、核心偿付能力充足率不低于100%，仅经营受托型业务的养老保险公司除外；

（三）在中国境内（不含香港、澳门和台湾地区，下同）连续经营养老年金保险或养老资金管理等养老保险业务三年以上，具有成熟的养老保险业务经营管理经验；

（四）具备较强的产品精算技术能力，精算团队中具有三年以上精算工作从业经验且取得精算师正会员资格证书的专业人员原则上不低于五人；

（五）具备较强的长期资金投资管理能力，投资团队中具有五年以上养老金资产管理经验的专业人员原则上不低于五人；

（六）具备完善的税延养老保险信息管理系统，能够与中国保险信息技术管理有限责任公司建立的税延养老保险信息平台（以下简称“中保信平台”）对接，并获得中国保险信息技术管理有限责任公司（以下简称“中保信”）出具的验收合格证明；

（七）具备完善的分支机构和服务网络，能够在中国境内履行税延养老保险的各项保险责任和相关服务；

（八）具备较强的资产负债管理能力；

（九）具备完善的公司治理结构；

（十）具备完善的税延养老保险业务管理、财务管理、销售管理和信息披露管理制度；

（十一）最近三年内未受到重大行政处罚；

（十二）中国银行保险监督管理委员会规定的其他条件。

第六条 险公司经营税延养老保险业务，应当持续具备以下条件：

（一）年度综合偿付能力充足率不低于150%，且核心偿付能力充足率不低于100%；

（二）符合第五条（一）（四）（五）的要求；

（三）中国银行保险监督管理委员会规定的其他条件。

第七条 保险公司根据本办法规定向中国银行保险监督管理委员会报送开展税延养老保险业务的报告，并附中保信出具的信息系统验收合格证明，报告内容应当真实准确、有据可查。

中国银行保险监督管理委员会根据本办法，公布并及时更新符合要求的保险公司总公司名单。

第三章 产品管理

第八条 保险公司开发设计税延养老保险产品应当以“收益稳健、长期锁定、终身领取、精算平衡”为原则，满足参保人对养老资金安全性、收益性和长期性的管理要求。

第九条 参保人通过保险公司建立税延养老保险计划，在计划内完成产品选择、交费、查询、转换、领取等操作。

第十条 税延养老保险产品可提供养老年金给付、全残保障和身故保障三项保险责任。

养老年金给付，是指参保人达到国家规定退休年龄或约定的领取年龄（不早于国家规定退休年龄）时，保险公司按照保险合同约定给付终身或长期的养老年金，并扣除对应的应纳税款。

全残保障和身故保障，是指参保人发生保险合同约定的全残或身故保险事故的，保险公司一次性给付产品账户价值并扣除对应的应纳税款，同时根据保险合同约定额外给付保险金。参保人在年满 60 周岁前且未开始领取养老年金时发生全残或身故的，保险公司一次性给付产品账户价值并扣除对应的应纳税款，同时按照产品账户价值的 5% 额外给付保险金。参保人年满 60 周岁后且未开始领取养老年金时发生全残或身故的，保险公司一次性给付产品账户价值并扣除对应的应纳税款。

第十一条 税延养老保险产品分为积累期和领取期两个阶段。积累期，是指参保人按照保险合同约定进行养老资金积累的阶段，参保人开始领取养老年金前均为积累期。领取期，是指参保人按照保险合同约定开始领取养老年金的阶段。

税延养老保险产品积累期养老资金的收益类型，分为收益确定型、收益保底型、收益浮动型，分别对应 A、B、C 三类产品：

A 类产品，即收益确定型产品，是指在积累期提供确定收益率（年复利）的产品，每月结算一次收益。

B 类产品，即收益保底型产品，是指在积累期提供保底收益率（年复利），同时可根据投资情况提供额外收益的产品，每月或每季度结算一次收益。根据结算频率不同，分为 B1 款产品（每月结算）和 B2 款产品（每季度结算）。

C 类产品，即收益浮动型产品，是指在积累期按照实际投资情况进行结算的产品，至少每周结算一次。

第十二条 保险公司按照精算平衡原理，向参保人提供终身领取、领取期限不少于 15 年的长期领取等领取方式，并提供相应的养老年金领取金额。参保人可在开始领取养老年金前申请变更养老年金领取方式。

保险公司应至少提供保证返还账户价值终身月领 (或年领) 的养老年金领取方式。除此之外，保险公司还可提供固定期限 15（或 20）年月领 (或年领) 等其他领取方式。

第十三条 参保人在开始领取养老年金前，可进行产品转换，包括同一保险公司内的产品转换，或跨保险公司的产品转换。

同一保险公司内的产品转换，是指参保人将一类产品的产品账户价值转移至同一保险公司的其他类产品。跨保险公司的产品转换，是指参保人将当前保险公司的税延养老保险产品账户价值转移至另一保险公司的税延养老保险产品。

对于参保人进行跨保险公司产品转换的，由本人向拟转入保险公司申请。

保险公司发生产品转换操作时，应当及时向中保信平台提交有关信息，跨保险公司的产品转换应当通过中保信平台完成有关操作。

第十四条 保险公司可向参保人收取的费用包括初始费、资产管理费和产品转换费。保险公司应当向参保人明示收取的费用项目和费用水平，并在保险合同中载明。费用收取应体现让利客户原则，确保清晰透明、水平合理。

初始费，是指保险公司按照参保人每笔交纳保险费的一定比例收取的费用。A、B、C类产品可收取初始费，其中，A、B类产品收取比例不超过2%，C类产品收取比例不超过1%。

资产管理费，是指保险公司按照税延养老保险产品投资账户资产净值的一定比例收取的费用。C类产品可收取资产管理费，收取比例不超过1%。

产品转换费，是指保险公司按照参保人转出的产品账户价值的一定比例收取的费用。A、B、C三类产品发生转换时，可收取产品转换费，公司内部产品转换时，每次收取比例不高于0.5%；跨公司产品转换时，前三个保单年度的收取比例依次不超过3%、2%、1%，第四个保单年度起不再收取。

第十五条 参保人发生以下情形，可以申请退保税延养老保险，保险公司按照保险合同约定一次性给付并扣除对应的应纳税款。

（一）在开始领取养老年金前，因保险合同约定的责任免除事项导致全残或身故；

（二）患保险合同约定的重大疾病。重大疾病，参照中国保险行业协会制定的重大疾病定义相关规范。

除上述情形外，参保人不可退保。

第十六条 保险公司应当按照《产品指引》和本办法所附示范条款开发税延养老保险产品。

第十七条 保险公司开发的税延养老保险产品，应当报中国银行保险监督管理委员会审批。

产品命名格式为：保险公司名称＋品个人税收递延型养老年金保险”人产品类型（A、B1、B2、C款）＋（年度）。

除中国银行保险监督管理委员会已规定的产品审批材料外，保险公司经营C类产品的，应当建立投资经理管理制度，明确产品投资经理，加强对投资经理的资质审核和考核管理，相关制度性文件及投资经理情况应一并上报。

第十八条 保险公司应当按照“公平、合理、审慎”原则，根据精算原理和有关保险监管规定，对税延养老保险产品计提各项准备金，并定期进行充足性测试。

第十九条 保险公司应当逐月跟踪税延养老保险的资金积累、投资收益和养老年金给付情况，根据实际经营情况不断优化税延养老保险精算平衡模型，持续提升测算和评估的科学性、有效性，确保业务长期健康发展。

第四章 销售管理

第二十条 保险公司应当加强对税延养老保险销售人员的培训与管理，提高其职业道德和专业素质，不得引导或纵容销售人员进行违背诚信原则的活动。

第二十一条 鼓励保险公司运用现代科技手段，通过移动终端等互联网模式销售税延养老保险产品，简化投保流程。

第二十二条 保险公司在销售过程中应当对B类产品进行利益演示，并就长期资金的合理投资收益预期和利益演示的不确定性向参保人进行充分解释说明。B类产品适用两档演示利率，第一档演示利率为保底收益率（年复利），第二档演示利率上限为4.5%（年复利）。

C类产品不得进行利益演示。

第二十三条 保险公司应当对购买C类产品的参保人进行风险承受能力评估，并根据评估结果协助参保人选择产品。参保人年龄大于55周岁的，保险公司不得向其销售C类产品。

参保人每次交费（含转入产品账户价值）时，购买C类产品不得超过其当次交费的50%。参保人进行产品转换时，C类产品账户价值不得超过其全部产品账户价值的50%。

第二十四条 保险公司不得误导公众，不得夸大投资收益，不得强制搭售其他商业保险产品。

第五章 业务管理

第二十五条 保险公司应当通过中保信平台，对参保人身份等信息进行验证，符合条件方可承保。

第二十六条 保险公司在确认收到参保人交费后，应当为参保人开具发票和保险凭证，载明税延养老保险产品名称和交费金额等信息。

保险公司应当建立税延养老保险业务保险凭证管理制度，保险凭证应当由保险公司总公司统一设计、印制或授权分支机构印制，并建立样本档案。

第二十七条 参保人以中保信平台出具的税延养老保险扣除凭证为扣除凭据，扣除凭证可通过中保信平台获取。

第二十八条 试点期间，参保人达到规定条件领取养老年金、退保或理赔时，保险公司在参保人购买税延养老保险的最后一次交费地办理个人所得税扣缴申报。

第六章 投资管理

第二十九条 税延养老保险资金运用应当遵循安全审慎、长期稳健原则，根据资金性质开展资产负债管理和全面风险管理，追求长期保值增值，确保资金安全性、收益性和流动性。

第三十条 税延养老保险资金可委托符合条件的投资管理人进行投资管理。

保险公司应当优先选择具备长久期负债资金管理经验，具有完善的资产配置体系，固定收益投资、权益投资和另类投资经验丰富，风险管控机制健全的投资管理人。

第三十一条 不同税延养老保险产品应当设立单独的投资账户，并在资产隔离、资产配置、投资管理、估值核算等环节，独立于自有资金和其他保险产品。

第三十二条 保险公司应当建立健全税延养老保险业务资金运用的管理制度、内部控制和风险管理机制，定期对资产负债管理、资产配置、业务策略和投资策略、风险状况等进行识别、监控和评估，防范和化解风险。

第三十三条 税延养老保险业务的资金运用，在资金运用范围、比例限制、投资能力、投资管理等方面应当符合保险资金运用的监管规定，中国银行保险监督管理委员会另有规定的除外。

第七章 财务管理

第三十四条 保险公司应当对税延养老保险业务进行单独核算，单独出具利润表等财务报告。

第三十五条 保险公司应当加强税延养老保险的资金管理，按照收支两条线的要求，严格划拨和使用资金。

第三十六条 保险公司应当按照中国银行保险监督管理委员会费用分摊有关规定，对税延养老保险进行费用认定和分摊。

第三十七条 保险公司应当据实列支税延养老保险业务经营管理费用，加强费用控制力度，提高费用管理水平。

第八章 信息平台管理

第三十八条 中国银行保险监督管理委员会组织中保信开发建设中保信平台，并与税务系统、保险公司、商业银行等进行对接，为税延养老保险的账户管理、信息查询、税务稽核、业务监管等提供基础性服务。具体包括以下服务功能：

（一）资金账户校验，登记参保人的个人商业养老资金账户，并进行唯一性校验；

（二）账户信息管理，记录参保人税延养老保险有关信息，支持税延养老保险的承保、产品转换等信息的集中和处理，支持有关涉税操作等；

税延养老保险有关信息，包括个人基本信息、个人权益信息和个人税前扣除信息。个人基本信息，包括参保人姓名、性别、出生日期、身份证件号码、首次参保日期、资金账户等；个人权益信息，包括交费明细、费用支出、产品账户收益、产品账户余额、养老年金给付等；个人税前扣除信息，包括累计已扣除金额、待扣除金额等。

（三）扣除凭证出具，为参保人出具税延养老保险扣除凭证；

（四）账户信息查询，为参保人提供自助式税延养老保险信息查询服务；

（五）产品名录公示，向社会公布经中国银行保险监督管理委员会批准通过的税延养老保险产品清单；

（六）监管信息报送，向中国银行保险监督管理委员会报送税延养老保险统计数据；

（七）税务稽核，向税务机关报送税延养老保险业务有关信息，支持税务机关要求的税务稽核有关操作；

（八）中国银行保险监督管理委员会规定的其他功能。

第三十九条 保险公司负责采集参保人的个人基本信息和个人权益信息，与中保信平台实现系统对接、信息报送和数据交互，并确保信息报送和数据交互过程中有关数据的真实性、准确性和完整性。

第四十条 保险公司、中保信应当建立税延养老保险信息保密制度，严格用户权限管理，切实保护参保人信息安全。

第九章　服务管理

第四十一条　保险公司经营税延养老保险业务，应当完善组织架构，健全规章制度，加强人员配备，向参保人提供全生命周期的运营管理服务。

第四十二条　保险公司应当遵循“便民、高效、快捷”的服务原则，向参保人提供移动终端、柜面、电话、网络等多种服务形式，满足差异化服务需求，匹配线上线下一体化系统支持平台。

第四十三条　保险公司应当以移动终端、书面等形式每年至少一次向参保人主动提供个人账户信息和产品信息，并向参保人提供通过移动终端的实时查询服务。保险公司通过各种形式提供的服务信息应保持一致。

第四十四条　保险公司税延养老保险业务服务网点应配备具有明确标识的柜台或服务人员，具备政策宣传、业务咨询、信息查询、投诉受理等服务能力，为客户提供便捷服务。

第四十五条　保险公司应能够在中国境内提供异地的养老年金给付、全残保险金给付、身故保险金给付、产品转换等服务，满足参保人异地服务需求。

第四十六条　保险公司应当建立投诉处理机制，积极解决与客户之间的争议，切实维护客户合法权益。

第十章　信息披露

第四十七条　保险公司、中保信应当按照中国银行保险监督管理委员会的有关规定对税延养老保险进行信息披露。

第四十八条　保险公司应当在其官方网站的显著位置，向社会公众公布税延养老保险产品的保险条款、服务内容、服务承诺、养老年金领取和保险金给付流程、C 类产品投资经理信息、咨询投诉方式、客户服务联系方式等信息，接受社会监督。

第四十九条 保险公司的信息披露材料应由总公司统一管理，确保所披露材料的真实性、准确性和完整性。

第五十条 中保信应通过中保信平台向社会公布开展税延养老保险业务的保险公司及产品名单、业务办理流程、咨询方式等信息，接受社会监督。

第十一章 监督管理

第五十一条 中国银行保险监督管理委员会对税延养老保险业务进行监管。保险公司应当按照有关要求定期向中国银行保险监督管理委员会报送税延养老保险业务相关报告。

第五十二条 中国银行保险监督管理委员会派出机构在中国银行保险监督管理委员会授权范围内履行监管职责。派出机构应当与地方财政、税务、人社等部门做好沟通配合，加强对辖区内税延养老保险业务的动态评估，总结试点经验，维护市场秩序，发现问题及时上报。

第五十三条 税延养老保险业务经营情况应当接受当地财政、税务、人社、审计等政府部门和社会公众的监督，公开透明运行。

第五十四条 保险公司不满足第六条有关条件时，应当停止开展税延养老保险新业务直至其重新满足有关条件。

第五十五条 保险公司开展税延养老保险业务存在违法违规行为的，中国银行保险监督管理委员会依据《中华人民共和国保险法》及中国银行保险监督管理委员会有关规定给予行政处罚。

第十二章 附 则

第五十六条 本办法规定的重大行政处罚，是指保险公司受到下列行政处罚：

（一）单次罚款金额在 150 万元人民币以上（含 150 万元）的；

（二）限制业务范围的；

（三）责令停止接受新业务一年以上（含一年）的；

（四）责令停业整顿的；

（五）计划单列市分公司或省级分公司被吊销业务许可证的；

（六）董事长、总经理被撤销任职资格或行业禁入的；

（七）中国银行保险监督管理委员会规定的其他重大行政处罚。

第五十七条　本办法由中国银行保险监督管理委员会负责解释。

第五十八条　本办法自发布之日起施行。

附件：个人税收递延型养老年金保险产品示范条款（略）

参 考 文 献

[1] 朱进元, 殷剑峰. 转型与发展——从保险大国到保险强国[M]. 北京: 社会科学文献出版社, 2015.

[2] 江生忠, 薄滂沱. 商业养老保险及其产业链延伸国际比较研究[M]. 天津: 南开大学出版社, 2015.

[3] 孙祁祥, 郑伟. 2016年中国保险业发展报告[M]. 北京: 北京大学出版社, 2016.

[4] 郑秉文. 中国养老金发展报告2015——“第三支柱”商业养老保险顶层设计[M]. 北京: 经济管理出版社, 2016.

[5] 国家应对人口老龄化战略研究、养老保险制度改革与发展研究课题组. 养老保险制度改革与发展研究[M]. 北京: 华龄出版社, 2014.

[6] 郑秉文. 拉美养老金改革面临的平衡与挑战[M]. 北京: 中国劳动社会保障出版社, 2012.

[7] 林义. 养老金计划管理[M]. 北京: 中国劳动社会保障出版社，2003.

[8] 张雁云. 大数据对保险业改革创新与保险监管影响研究[M]. 北京: 中国金融出版社, 2016.

[9] 郑秉文. 拯救未来——加拿大养老金“1997改革”纪实[M]. 北京: 中国劳动社会保障出版社, 2017.

[10] 蔡向东. 统账结合的城镇职工基本养老保险制度可持续性系统研究, 2015.

[11] 王小平. 保险支持以房养老研究[M]. 北京: 中国金融出版社, 2014.

[12] 翁仁木. 养老金调整机制国际比较研究[M]. 北京: 中国言实出版社, 2016.

[13] 张淑方. 中国人口变动与养老保险发展研究[M]. 北京: 经济科学出版社, 2015.

[14] 佛朗哥·莫迪利亚尼. 养老金改革与反思[M]. 北京: 中国人民大学出版社, 2013.

[15] 余桔云. 养老保险：理论与政策[M]. 上海: 复旦大学出版社, 2015.

[16] 张伊丽. 人口老龄化背景下的日本公共养老金制度[M]. 上海: 华东师范大学出版社, 2015.

[17] 曾益. 中国养老保险基金支付缺口及应对策略[M]. 北京: 对外经济贸易大学出版社, 2016.

[18] 关博. 建立更加公平的养老保险制度理论分析与中国实践[M]. 北京: 经济管理出版社, 2016.

[19] 房连泉. 智力养老金制度改革[M]. 北京: 中国社会科学出版社, 2015.

[20] 吕学静. 社会保障国际比较[M]. 北京: 首都经济贸易大学出版社, 2016.

[21] 董克用. 养老金趋势与挑战[M]. 北京: 中国发展出版社, 2007.

[22] 郑秉文. 养老金规范与监管[M]. 北京: 中国发展出版社, 2007.

[23] 王佐发. 发达经济体与新兴市场经济体公共养老金改革的挑战[M]. 北京: 中国金融出版社, 2015.

[24] 蒲新微. 养老保障与政府责任[M]. 北京: 中国劳动社会保障出版社, 2016.

[25] 李连芬. 我国基本养老保险全国统筹问题研究[M]. 北京: 经济日报出版社, 2015.

[26] 成欢. 我国多层次养老保险体系的制度优化与路径选择[M]. 成都: 西南财经大学出版社, 2016.

[27] 袁志刚, 封进等. 养老保险经济学——解读中国面临的挑战[M]. 北京: 中信出版社, 2016.

[28] 贾康, 苏京春. 中国人的坎——如何跨越中等收入陷阱[M]. 北京: 中信出版社, 2016.

[29] 沈国华. 养老金革命[M]. 北京: 机械工业出版社, 2016.

[30] 艾慧. 中国城镇职工养老保险制度的可持续性研究[M]. 上海: 上海大学出版社, 2015.

[31] 卓贤. 政策制度的艺术——一位经济学家的从政感悟[M]. 北京: 中信出版社, 2016.

[32] 吴敬琏等. 供给侧改革——经济转型重塑中国布局[M]. 北京: 中国文史出版社, 2016.

[33] 法律出版社法规中心. 养老保险、退休、养老金法规政策速查手册[M]. 北京: 法律出版社, 2015.

[34] 胡继晔. 论养老金监管立法[M]. 北京: 中国政法大学出版社, 2013.

[35] 史建平等译. 养老金制度与体系[M]. 北京: 中国发展出版社, 2007.

[36] 王莉莉. 养老金经济学[M]. 北京: 机械工业出版社, 2014.

[37] 丁建定. 社会保障制度论——西方的实践与中国的探索[M]. 北京: 社会科学文献出版社, 2016.

[38] 尼古拉斯·巴尔, 彼得·戴蒙德. 养老金改革：理论精要[M]. 郑秉文等译. 北京: 中国劳动社会保障出版社, 2013.

[39] 中国养老金融50人论坛. 2016中国养老金融发展报告[M]. 北京: 社会科学文献出版社, 2016.

[40] 林羿. 美国企业养老金的监督与管理[M]. 北京: 中国财政经济出版社, 2006.

[41] 童星, 庞绍堂. 社会保障经济名著导读[M]. 北京: 北京大学出版社, 2016.

[42] 郭林. 公共养老金个人账户制度嬗变研究[M]. 北京: 社会科学文

献出版社, 2016.

[43] 周建再. 商业养老保险参与中国农村养老保障体系建设研究[M]. 镇江: 江苏大学出版社, 2015.

[44] 劳伦斯·汤普森. 老而弥智——养老保险经济学[M]. 孙树菡等译. 北京: 中国劳动社会保障出版社, 2003.

[45] 董克用. 养老保险[M]. 北京: 中国人民大学出版社, 2000.

[46] 大卫·布莱克. 养老金金融学[M]. 尹隆, 王蒙译. 北京: 机械工业出版社, 2014.

[47] 郝勇. 养老金替代率适度水平的确定研究[M]. 北京: 高等教育出版社, 2015.

[48] 张水辉. 中东欧国家养老保险制度改革的回顾与展望[M]. 上海: 上海人民出版社, 2016.

[49] 封进. 可持续的养老保险水平[M]. 北京: 中信出版社, 2016.

[50] 王立剑. 农村社会养老保险制度的演讲路径与目标模式[M]. 北京: 科学出版社, 2017.

[51] 于小东等. 养老金发展与改革[M]. 北京: 中国发展出版社, 2007.

[52] 邬沧萍, 全面建成小康社会积极应对人口老龄化[M]. 北京: 中国人口出版社, 2016.

[53] 邓智平. 从劳动保险到社会保险：中国社会保障制度模式转型及其逻辑[M]. 北京: 中国社会科学出版社, 2015.